RESEARCH ON UNDERTAKING SERVICE OUTSOURCING OF SMALL AND MEDIUM-SIZED CITIES: TAKING ZHENJIANG AS AN EXAMPLE

张伟清　江心英　谈沁磊　编著

中小城市

承接服务外包研究

以镇江市为例

江苏大学出版社
JIANGSU UNIVERSITY PRESS

镇　江

图书在版编目(CIP)数据

中小城市承接服务外包研究:以镇江市为例/张伟清,江心英,谈沁磊编著. —镇江:江苏大学出版社,2014.3

ISBN 978-7-81130-592-0

Ⅰ.①中… Ⅱ.①张… ②江… ③谈… Ⅲ.①中小城市—服务业—对外承包—研究—镇江市 Ⅳ.①F719

中国版本图书馆 CIP 数据核字(2014)第 055755 号

中小城市承接服务外包研究——以镇江市为例
ZHONG XIAO CHENGSHI CHENGJIE FUWU WAIBAO YANJIU
——YI ZHENJIANG SHI WEILI

编　　著/张伟清　江心英　谈沁磊
责任编辑/李菊萍
出版发行/江苏大学出版社
地　　址/江苏省镇江市梦溪园巷 30 号(邮编:212003)
电　　话/0511-84446464(传真)
网　　址/http://press.ujs.edu.cn
排　　版/镇江文苑制版印刷有限责任公司
印　　刷/丹阳市兴华印刷厂
经　　销/江苏省新华书店
开　　本/718 mm×1 000 mm　1/16
印　　张/12.5
字　　数/236 千字
版　　次/2014 年 3 月第 1 版　2014 年 3 月第 1 次印刷
书　　号/ISBN 978-7-81130-592-0
定　　价/36.00 元

如有印装质量问题请与本社营销部联系(电话:0511-84440882)

编委会名单

主　　任：张伟清　　江心英　　谈沁磊

委　　员：周祝全　　许　伟　　刘　强

　　　　　殷利春　　张　津　　杨　高

　　　　　张　勇　　张婷婷　　吴　群

◆ 前 言 ◆

信息技术的发展,国际生产分工的深化,促进了全球服务外包的迅速发展,改变了区域经济的发展模式。正如《世界是平的》作者所言,跨国外包和供应链重组将消除边界摩擦,使世界变平,从而提高效率和竞争力。《中国服务外包发展报告 2012》指出,美国是全球最大的离岸服务外包发包方,2011 年占全球离岸服务外包市场的 61.9%。在美国 2 600 多万家企业中,采用项目外包方式的企业已占 2/3。该报告指出,"美国已成为中国第一大离岸服务外包需求市场",美国有 8 万多家软件企业,其中 50% 的企业都在寻找机会发包,美国硅谷的 2 万家 IT 企业中有 53% 的企业希望将自己的部分软件开发和测试项目外包给劳动成本较低的国家。报告还指出,目前中国占日本离岸服务交易总额的 80% 左右。可见,全球服务外包正蓬勃发展。

国际服务外包的蓬勃发展,不仅为发达国家的经济发展做出了贡献,也使得发展中国家从中受益。印度已成为"世界办公室",爱尔兰变成了"世界IT 大国","中国服务"正与"中国制造"并驾齐驱。根据国际数据公司(IDC)预测,2009—2014 年中国离岸软件外包市场年均复合增长率约为22.4%。中国服务外包高度集中在 21 个国家级示范城市。但近年来,越来越多的非国家级示范城市开始重视并培育服务外包产业,大力加强园区的建设力度,为引进服务外包企业入驻、引进和培养服务外包人才搭建载体设施,优化产业环境。同时,随着我国服务外包从一线城市向二三线城市转移趋势的不断加强,拥有较多土地资源存量的二三线城市,已成为建设服务外包园区的主力军。2011 年 TOP10 研究结果显示,非国家级示范城市的园区新增比例远远大于国家级示范城市,占总数的 74%,而国家级示范城市只占其中的 26%;非国家级示范城市外包园区的建设比例从 2010 年的39% 提升到 2011 年的 42%,在新增以及扩建园区的城市中,非国家级示范城市的崛起显而易见。

我国中小城市在资源禀赋、要素供给与产品市场等诸多方面不同于大城市,决定了中小城市承接服务外包的动力机制、发展路径、运营模式等具有个体特征。基于此,研究我国中小城市承接服务外包的理论与实践,具有重要的战略和现实意义。2009年，以镇江市政府办公室、市发改委和商务局为主，与江苏大学有关专家学者组建建立镇江市服务外包发展战略研究课题组，开始对镇江市发展服务外包进行战略研究。2011年，由课题组组长张伟清同志以及谈沁磊、江心英同志主导，进一步深化对该课题的研究，以镇江市为例，将研究层次提升扩大到对我国中小城市发展服务外包业的战略研究。经过大家的共同努力，特别是江苏大学江心英教授自始至终做了大量工作，形成了《中小城市承接服务外包研究——以镇江市为例》这一学术课题研究成果。

本书以镇江市为例，探讨我国中小城市承接服务外包的相关内容。全书共分七章：第一章，概述服务外包全球发展态势与发展动因，研究服务外包区位选择的相关内容；第二章，从经济增长、产业结构、就业效应三个方面，探讨承接服务外包的经济效应；第三章，实证研究中国承接服务外包的就业增长效应；第四章，探讨中国中小城市基本特征与承接服务外包实践，具体研究大庆、昆山、泰州、扬州等中小城市成功发展服务外包业的实践；第五章，概述镇江自2006年以来承接服务外包的基本特征，评估镇江市承接服务外包的区位引力；第六章，实证研究镇江市承接服务外包的产业结构优化效应；第七章，在对镇江承接物联网服务外包的SWOT-CLPV分析基础上，探讨物联网背景下镇江承接服务外包的战略选择。

本书在编写时兼顾学术的严谨性与可读性等因素，努力做到既有翔实的理论研究，又有丰富的案例剖析，以期能够使这一研究成果既可作为研究机构、政府部门、各类园区管理部门进行服务外包决策的参考依据，也可为服务外包企业管理者提供发展思路，还可作为高等院校教学与科研的参考资料。

由于我们学识有限，疏漏与差错之处难免，望读者不吝批评指正。

编著者

2013年9月于镇江

◆ 目 录 ◆

第一章　服务外包发展概述与发展动因

管理大师德鲁克(Drucker,1989)在其《大变革时代的管理》中指出,"再过 10 或 15 年,企业也许会将所有'支持性'而不'产生收入'的工作,以及所有不提供升入高级管理层职业机会的活动都委托给外单位去做"。近年来外包在制造业和服务业中的广泛应用和迅速发展,证实了德鲁克的预言。服务外包已成为当前全球关注的焦点。

第一节　服务外包全球发展概述

一、服务外包的含义与分类

(一) 服务外包的含义

服务外包(service outsourcing)的概念至今没有统一界定。一般地,外包意味着"外部资源利用",是指组织在充分提升自身核心竞争力的基础上,整合与利用外部的专业化资源,从而降低成本、提高生产效率与资金使用效率以及增强组织应变能力的一种业务运作方式。与"一揽子转移"不同,外包有一个基本特征,即特定组织在保持最终产出或产出组合不变的前提下,转移某些投入性活动。因而,外包是"投入性环节活动"的外部转移,而不是"产出活动整体"的外部转移。

1. 国内外学者给出的典型定义

Greaver Ⅱ(1998)认为,外包是一个组织将内部重复发生的活动及决策权通过合同的方式转移给外部供应商的行为。Heywood(2001)认为,外包是将企业内部的一项或多项业务职能,连同其相关的资产,转移给一个外部供应商或服务商,由这个供应商或服务商在特定时期内按照某一价格提供服务。朱晓明(2006)指出,服务外包是指通过服务提供商向服务需求方提供包括 IT 系统框架、应用管理以及业务流程优化在内的产品支持和服务,以满足后者的业务目标。严启发(2006)认为,服务外包是指近年来发达国家将高科技产业或服务业的部分业务外包到成本相对较低的国家或地区的经营方式。江小娟等(2008)指出,服务外包是服务企业或制造企业价值链中原来由自我提供的部分流程或服务环节以合同方式委托给外部服务提供商来完成的经济活动,委托方成为发包方,受托方成为接包方,如果服务外包合同的发包方与接包方属于不同国家,则称为国际服务外包。

2. 行业知名机构给出的定义

行业知名机构也对服务外包给出了不同的界定。

国际数据公司(IDC)认为,软件与信息技术外包和业务流程外包共同组成了服务外包市场。软件与信息技术外包市场主要包括 IT 外包、咨询及系统集成市场(C&SI)以及技术产品支持市场(TPS);业务流程外包主要包括采购、财务会计、培训人力资源、客户服务等业务流程外包服务。

Gartner 公司按最终用户与 IT 服务提供商所使用的主要购买方法将 IT 服务市场分为离散式服务和外包(即服务外包)。软件与信息技术外包可以包括产品支持与专业服务的组合,用于向客户提供 IT 基础设施,从而确保客户在业务方面取得成功。业务流程外包是"把一个或多个 IT 密集型业务流程委托给一家外部提供商,让其拥有管理和控制选定的流程"。

印度软件和服务业企业行业协会(NASSCOM)是印度信息技术和软件业最具有影响力的组织。NASSCOM 认为,服务外包是基于 IT 技术的业务流程外包(IT-BPO),建立在 IT 技术和网络平台之上的 IT 技术外包、业务流程外包、研发外包经数据化之后,转移出去的业务流程和办公作业,均属于服务外包。

毕博管理咨询公司认为,服务外包是指企业为了将有限资源专注于其核心竞争力,以信息技术为依托,利用外部专业服务商,完成原来由企业内部完成的工作,从而达到降低成本、提高效率、提升企业对市场环境迅速应变的能力并优化企业核心竞争力的一种服务模式。[①]

美国 Outsourcing Institute 指出,外包是一种通过有选择地将一些功能(及其日常管理)转交给第三方供应商来围绕核心能力进行的企业重新设计(王立明,刘丽文,2007)。

3. 我国政府机构给出的定义

为进一步推进我国服务外包产业的发展,落实国务院办公厅《关于促进服务外包产业发展问题的复函》(国办函〔2009〕9 号)提出的"研究制定我国服务外包产业相关标准"和国务院办公厅《关于鼓励服务外包产业加快发展的复函》(国办函〔2010〕69 号)提出的"完善服务外包统计制度"的具体要求,商务部服务贸易和商贸服务业司委托有关机构完成了《服务外包统计标准》的研究工

---

① 毕博管理咨询:《2007 年度中国服务外包产业发展战略报告》,2007 年 6 月,第 2 页。

作。在国家商务部《服务外包统计标准》(征求意见稿)中,有关服务外包的定义如下:企业或机构将内部的某些流程或职能,转移给外部专业服务提供商,借助信息技术和现代通信手段进行交付的经济活动。文稿分别从参与主体、本质属性、技术要求、业务范围、合同周期4个方面对该定义进行了阐述,说明了服务外包与服务贸易之间的关系,分析了服务外包与服务业外包的差异性。[①]

(二)服务外包的分类

根据不同的分类标准,服务外包有不同的类型划分。

1. 按照业务范围标准

根据业务范围,服务外包可分为信息技术外包(information technology outsourcing,简称 ITO)、业务流程外包(business process outsourcing,简称 BPO)和知识流程外包(knowledge process outsourcing,简称 KPO)。ITO 是指服务外包发包方以合同的方式委托信息技术服务外包提供方提供部分或全部的信息技术服务功能。ITO 服务内容包括系统操作服务、系统应用服务和基础技术服务(如图 1-1 所示)。

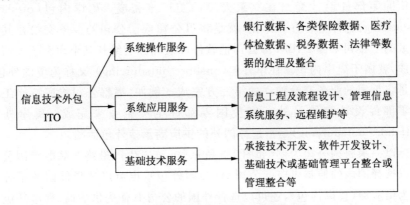

图 1-1 信息技术外包(ITO)服务内容

BPO 是指发包方将一种或多种企业内部的职能外包给外部服务提供商,由外部提供商拥有、运作、管理上述特定的业务活动(如图 1-2 所示)。KPO 是指企业把部分知识创新、研发环节的业务活动进行外包的活动,该外包活动主要涉及知识密集型业务流程。KPO 的核心是通过提供业务专业知识而不是流程专业知识为客户创造价值,它将业务从简单的"标准过程"执行演变为要求高级分析和技巧的专业技术以及准确的判断过程。

---

① 服务外包是各行业内部剥离出来的业务,是借助外部智力资源为内部某些业务或流程服务,能标准化、可分解、模块化,最后可以用数据的方式进行交付。而服务业外包,则仅限于服务业机构的业务外包,其对采用的技术手段及交易市场和交易规则均不作特别要求。

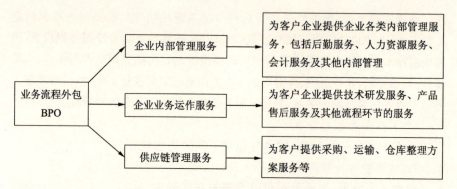

图 1-2　业务流程外包(BPO)服务内容

2. 按照服务外包发生地标准

按照外包发生的国家和公司,服务外包可以分为:在岸内包、离岸内包、在岸外包和离岸外包。在岸内包(onshore insourcing)是将母公司或子公司的业务外包给公司集团内的其他子公司来完成。例如,福特公司将底特律工厂的零部件设计交给在克莱夫兰的工厂来完成。离岸内包(offshore insourcing)也称为垂直一体化,就是将母公司或子公司的业务交给在其他国家的子公司来做。IBM 母公司把软件开发任务交给其某个印度子公司来完成,就属于离岸内包。在岸外包(onshore outsourcing) 又称为境内外包,就是将公司的业务交给独立的第三方完成。例如,福特公司将底特律工厂的零部件设计交给另外一家美国零部件生产企业来完成。离岸外包(offshore outsourcing)是指选择国外的供应商承接外包活动。

以一家跨国公司为例(如图 1-3 所示[①]),这家生产最终产品的跨国公司可以选择国内的原料供应商公司 A(在岸外包),也可以选择外国的子公司作为供应商(离岸内包),还可以选择外国的公司 B 作为供应商(离岸外包)。

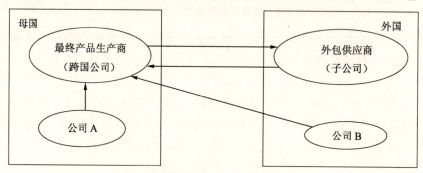

图 1-3　服务外包类型划分

---

① 景瑞琴:《服务外包的发展趋势及其对发包方的就业效应分析》,《当代亚太》,2006 年第 2 期。

3. 按照价值层面标准

根据价值层面,还可将服务外包细分为基础技术外包、商业应用程序外包、业务流程外包和业务改造外包4种类别。

二、服务外包全球发展综述

20世纪90年代以来,经济全球化进程不断加快,越来越多的国家和地区被纳入全球市场经济体系。面对急剧扩大的全球市场和激烈的国际竞争,企业将有限的资源用于集中培育核心业务,而将非核心业务外包给专业公司,从而为外包发展提供了强大动力和广阔空间。近年来,全球服务外包快速发展,不但在成交数量、速度、规模、合同金额等方面有重大突破,而且在内涵及知识、科技含量等方面都有明显提升(朱正圻,2009;杨丹辉,2010)。

(一)服务外包产生的背景

服务外包的兴起和发展有其深刻的时代背景和客观因素。

1. 科学技术的快速发展

20世纪90年代以来,信息技术的发展促进了不同国家和地区之间的商业联系,网络经济使得光纤通信基础设施过度投资并最终致使数字经济泡沫的破裂,这一度对网络经济发展造成一定的冲击,但同时也使光纤电缆的使用成本大幅度降低,进而压低了国际金融与贸易电子化、网络化的成本。在此背景下,将任何能被数字化的业务环节外包给最有效的供应商就具有了经济有效性。通过应用网络技术,原本无法进行国际交易的服务或商品开始以电子化的方式进行传输,并且在传输过程中品质不会降低,这样便极大地拓宽了国际贸易范围,优化了国际贸易的商品结构,可贸易的服务和商品不断涌现使得离岸外包有了长足发展,同时也丰富了外包的业务类别。

2. 企业增强核心竞争力的战略考虑

在经济全球化的时代,决定企业市场竞争力水平高低的因素并不只是企业占据的资源总量,更依赖于企业的核心竞争力及资源配置方式。跨国公司为了应对日益激烈的国际竞争,就经营业务在产业结构上进行调整,在价值链管理上重新配置各项生产要素,以通过服务外包在全球范围寻求成本最小化及利润最大化的途径。由于全球技术创新速度加快,新工艺、新技术成本不断提高,企业难以独自拥有全部技术资源,这就需要借助外部资源来帮助提升技术开发能力。因此,越来越多的企业选择将其资源投入到核心业务环节,而把一般的、与核心关系弱的业务外包给其他在该业务方面具有竞争优势的企业。

3. 服务外包是一种双赢的竞争策略

一方面,服务外包为发达国家带来了巨大的直接收益和潜在收益,包括降低成本、提高国民收入、优化就业结构等。另一方面,发展中国家以其诸多优势促使发达国家离岸外包发展的同时,也可使作为接包方的发展中国家分享国际分工的收益。2002 年美国向印度每转移 1 美元的离岸外包业务,美国就可以从中获利 1.12~1.14 美元,其中直接收益为 0.67 美元,潜在收益为 0.45~0.47 美元;而作为接包方的印度,每承接 1 美元来自于美国的离岸外包业务,就可以获利 0.33 美元(朱晓明等,2006)。

(二)服务外包发展的基本特征

20 世纪 90 年代以来,随着国际分工日益深入,越来越多的企业采取外包这一新兴商业模式。2003 年美国 2 600 多万家企业中,采用外包的企业达到 2/3,2008 年 50% 以上的欧美公司以离岸外包的方式把业务转移到海外(王洛林,2010)。经过近 20 年的飞速发展,全球服务外包的市场容量迅速扩张,其业务方式、区位分布等呈现出一系列新的趋势和特征。

1. 服务外包规模不断扩大

20 世纪 80 到 90 年代初期,全球外包市场处于起步阶段,美国成为外包市场的领导者。20 世纪 90 年代后期,外包热涉及日本和欧洲。同时,印度、中国、菲律宾等新兴发展中国家成为离岸外包的主要承接国。国际服务外包市场受到 2008 年国际金融危机的影响,增长相对缓慢。但在各国政府的财政刺激和其他政策的影响下,服务外包市场随着世界经济的缓慢复苏逐步回暖,2010 年市场规模比 2009 年增长了 15.9%(如图 1-4 所示)。预计 2015 年全球服务外包市场将发展到 9 000 亿美元的规模,2020 年整体市场将会超过 1.6 万亿美元。[①]

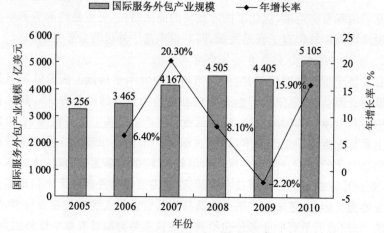

图 1-4 国际服务外包产业规模

(资料来源:Gartner,2010。)

---

① 《镇江市服务外包产业战略规划》(2011—2020 年)。

2. 服务外包方式日趋高端化

全球 ITO 业务的快速发展得益于庞大的 IT 业务基础。Gartner 数据表明,2009 年全球企业 IT 投入为 2.33 万亿美元,软件服务业市场总收入则超过万亿美元,企业数量达数十万家。业务流程外包 BPO 虽然兴起较晚,但其发展速度较 ITO 更为迅速,预计 2012 至 2015 年 BPO 的复合年均增长率将超过 15%,高于整体服务外包市场的 13%,并将占据更多的市场比例。知识流程外包 KPO 近 10 年来得到较快发展,但目前规模不大,依然处于兴起和快速发展阶段之间。根据 Gartner 的研究,KPO 服务 2010 年全球的市场规模为 170 亿美元,仅占全球服务外包市场的 3.3%。然而,其前 5 年的复合年均增长率超过 40%,远高于 ITO 的 6.2% 和 BPO 的 9.7%。

3. 发包方与接包方均相对集中

毕博管理咨询发布的《2007 年度中国服务外包产业发展战略报告》指出,就地区分布来看,全球发包市场发展并不均衡,世界各国和地区在全球外包市场的参与度存在较大差别。2006 年美国、西欧和日本及日本以外的亚太地区分别占全球服务外包市场规模的 42%,34%,8% 和 7%,总计占全球份额的 90% 以上。《全球服务》2009 年发布的统计数据显示,全球 100 强服务企业中,95% 的企业都有美国客户,84% 的企业有欧洲客户,这也反映出美国和欧洲在全球发包市场中的地位。

2011 年全球软件服务外包的发包方市场依然主要集中在北美、欧洲、日本等地区或国家。美国是世界上最大的软件服务外包发包市场,其发包量占发包市场的 64% 以上,欧洲约占 16%,日本约占 10%,其他国家占 10%(易观国际,2012)。

从接包市场分布来看,在发达国家中,澳大利亚、新西兰、爱尔兰、加拿大等是主要的服务外包承接国,国内服务外包行业成熟,已经形成了一定的产业规模和发展优势。但上述发达国家因人力资源成本上升,近年来承接服务外包的竞争优势逐渐弱化,而发展中国家承接国际服务外包的能力不断加强,逐渐成为承接服务外包的重要主体。《2011 年中国软件服务外包人才需求与培养状况调研报告》指出,从发展中国家来看,拉美、亚太地区的服务外包行业发展迅速,逐步成为服务外包发展的重要引擎。亚太地区已经成为全球最具吸引力的服务外包投资地,中国、印度、菲律宾承接的全球服务外包的市场份额大于 60%。印度、以色列等国主要承接来自欧美市场的外包业务。中国、菲律宾等东南亚国家及中东非少数国家主要承接来自日本、美国等地的服务外包业务。仲量联行在 2012 年发布的报告指出,菲律宾、印度和中国已成为企业首选的三大全球外包市场,排名是以 2008—2011 年期间企业在共享服务中心、客户联络中心和技术支持中心投资所创造的工作岗位作为依据。2008—2011 年间,菲律宾吸引项目 115 个,创造工作岗位 7.2 万个;印度吸引项目 105 个,创造工作岗位 6.4 万个;中国吸引项目 56 个,创造工作岗位 2.5 万个。[①]

　　虽然国际服务外包接包方与发包方在区位分布上相对集中,但外包市场的区位结构不断变化。区位引力是决定一个国家承接服务外包规模与类别的重要因素。2009 年科尼尔咨询公司对世界主要接包方综合吸引力指数的计算结果(如图 1-5 所示)表明,印度的综合竞争力居首位。但随着全球外包的蓬勃发展,外包市场的参与主体日益多元化。印度虽然在金融结构、知识产权保护、高素质的人力及技术资源等方面具有显著优势,但其国内基础设施薄弱、工业化水平较低及外界对其国内安全和经济稳定性的忧虑等不利条件也很突出。加之中国、菲律宾、俄罗斯、捷克等国家和地区凭借各自独特的优势抢占外包市场份额,逐步形成了强有力的追赶之势,对印度构成了直接的竞争压力,使得印度服务外包的发展面临更加激烈的国际竞争。可以预料,国际服务外包的区位结构将不断变化。

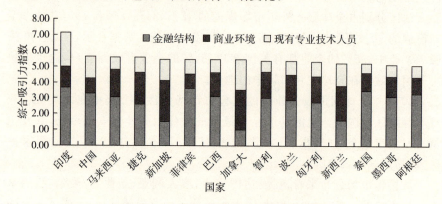

图 1-5　世界主要接包方综合吸引力指数

(资料来源:科尼尔咨询公司,2009。)

　　4. 服务外包日益多元和高端化

　　随着信息成本降低和全球化进程的加快,服务贸易自由化程度不断提高,全球服务贸易迅猛发展。从 2004 年服务外包涉及的部门结构和具体行业看,外包涉及的领域包括软件开发服务,邮政与电信服务,计算机及相关服务,商务管理咨询服务,会计、审计和税收服务等。巴塞尔银行监管委员会等有关国际组织 2005 年的调查显示,信息技术行业外包比例最高,其次

　　[①]　仲量联行:《菲律宾、印度、中国位列全球外包市场前三》,http://www.chnsourcing.cn/outsourcing-news/article/46264.html,2012 年 11 月 27 日。

是行政管理(见表 1-1①)。

表 1-1 2004 年全球部分行业中外包业务所占比重

行业	外包比重/%	行业	外包比重/%
信息技术	55	行政管理	47
配送与物流	22	财务管理	20
人力资源管理	19	制造业	18
客服中心	15	销售/营销	13
房地产/设施管理	11	交通	9

《2010—2011 年世界服务外包产业发展研究年度总报告》指出,2010 年全球服务外包产业仍处于调整阶段。从市场结构看,信息技术外包仍占主导地位,服务外包形式多元化的特点日趋突出,但比例小幅下降;业务流程外包所占比例上升;知识流程外包继续快速发展。从行业分布看,企业和公共机构信息化水平的不断提高使 IT 服务需求持续增长,由专业外包公司承担企业或机构的 IT 系统或系统之上的业务流程的运营、维护和支持等 IT 服务已成为非常普遍的方式。而金融业内部分工的深化以及数据处理量的激增,同样催生了金融保险大量的离岸服务需求,银行数据中心、呼叫中心、保险核保理赔等业务纷纷向低成本的国家和地区转移。中国软件外包服务商在日本市场建立起来的信誉和品牌,使中国企业的软件外包订单逐步扩大,日本客户正逐步把技术含量高的一些大型项目外包到中国。这说明中国软件外包企业正从技术导向型向客户价值导向型转变,不再仅仅以简单的重复操作为任务要求,而是为客户创造新的价值。

第二节 物联网背景下国际服务外包的发展趋势

1999 年美国麻省理工学院首先提出物联网的概念。物联网是将所有物体通过射频识别等信息传感设备与互联网连接起来,实现智能化识别和管理的网络。云计算是指 IT 基础设施的交付和使用模式,通过网络以按需、易扩展的方式获得所需资源。这种服务可以与 IT 和软件、互联网相关,也可是其他服务。物联网是互联网向物理世界的延伸,云计算是基于物联

---

① 巴塞尔银行监管委员会、国际证监会组织、国际保险监督官协会、国际清算银行联合论坛:《金融服务外包》(上),http://finance.sina.com.cn,2005 年 7 月。

网的 IT 资源的使用和交互模式。物联网与云计算存在优势互补的关系,物联网所面临的问题正好是云计算的特点,比如低成本、大规模、海量实时数据,大数据的交互处理等都是云计算要解决的问题。物联网背景下服务外包将呈现出新的发展趋势。

一、基于云计算的软件开发成为新增长点

近年来,云计算作为一种新的技术得到了快速发展,并改变了传统的工作方式,也影响了传统软件工程企业。云计算的兴起可以使企业使用足够的计算资源,云计算数据中心能提供接近实际的虚拟化园区和虚拟化办公环境,在峰值负载时能够灵活扩展,并免去管理硬件的成本。根据 IDC 的预测,2013 年全球 SaaS 服务(软件即服务)收入将达到 10 亿美元,其中中国收入将达到 2.33 亿美元。巨大的市场蕴含着无限的商机,众多软件开发服务商纷纷涉足 SaaS 平台建设,浏览器为软件提供了丰富的运行环境和方便的使用界面,越来越多的软件开发服务商选择 Web 作为软件和开发的平台,使用面向 Web 的开发、调试和性能分析工具。中国的服务商也开始纷纷在新技术转型上寻找新的发展之路。[①]

Information Service Group 的研究表明,云服务正在稳步增长。2010 年云服务的增长率为 9%,2011 年为 20%,2012 年已经增长为 27%。同时,云服务的合同数量逐步增长,从 109 份增加到 223 份,增长率为 20%。一半以上的外包服务商指出,25% 的业务都与云计算技术相关。[②] 新兴技术分析师 Stanton Jones(2012)指出,越来越多的企业将基础 IT 设施建设进行外包,ITO 和 BPO 是两种云外包的主要形式。现在许多企业都对把 CRM(客户关系管理)、HR(人力资源)部门外包给 SaaS 服务商很感兴趣,这种做法让外包服务扩展到了 IT 部门之外。企业可以利用 Workday,Salesforce 等云服务提供商来建立自己的系统。随着云服务提供商的发展,传统外包服务商的生存空间将被压缩。因为 Workday 等公司可在多个方面为企业提供服务,企业无需为了解决不同的问题而与多家外包服务商进行合作。传统外包的发展方向也在发生变化,不仅仅局限于为 IT 部门提供外包服务,还要进军企业的 HR 和 CRM 等部门。

二、物联网将提升企业承接服务外包的能力

接包方所提供的服务外包业务质量是欧美供应商选择接包方的关键指标。因此,越来越多的接包企业认识到了提高自身接包能力的重要性。随

---

① 中国服务贸易指南网,http://tradeinservices.mofcom.gov.cn。
② Joe Mckendrick:《云服务对外包产业产生深远的影响》,http://www.chnsourcing.cn/outsourcing-news/article/43691.html。

着物联网技术的推广,企业开始采用物联网技术对供应链进行有效管控。例如,怀集登云汽配股份有限公司是国内规模最大,产销量、出口量最大的发动机气门制造企业,是国家汽车零部件出口基地,中国机械 500 强和汽车零部件 50 强企业。该公司根据气门生产的特点,2003 年与广东工业大学信息工程学院合作开发了"基于 RFID(射频识别,又称之电子标签)车间数据采集与生产控制系统",通过信息化、自动化改造,提升制造管理能力和水平,降低成本、实现按期交货、提高产品的质量和服务质量,从而提高了承接国际服务外包的能力。从 2005 年该系统实施到 2008 年,累积产生了显著的经济效益。

三、云计算将改变信息技术外包模式

云计算为 IT 服务外包和互联网等产业开拓了全新的商业模式和建设思路,成为 IT 服务外包市场发展的重要方向。

(一)基础设施即服务(IaaS)通过改变企业传统的 IT 架构来影响外包模式

云计算的引入将 IT 基础设施像水、电一样以服务的形式提供给用户,以服务形式提供基于服务器和存储等硬件资源的可高度扩展和按需变化的 IT 能力(如基本的计算与存储能力),通过虚拟技术降低 IaaS 平台成本与用户使用成本。例如,无锡软件园建立的云计算中心以及亚马逊的 EC2,通过虚拟技术的动态迁移功能,大大提高了服务的可用性。因此,企业将逐渐不再拥有任何 IT 资产,基础设施外包服务提供商的重点也将发生较大改变,相关外包企业的管理从重点管理基础设施向其他模式转变。

(二)平台即服务(PaaS)改变外包企业的应用管理模式

PaaS 将开发环境作为服务来提供,应用开发者在云环境中进行软件编写开发、测试及运行,通过网络将外包企业的应用传给发包商,大大提高了业务流程的管理效率,该业务流程管理模式必将吸引越来越多的外包企业,最终导致外包企业业务管理模式的巨大变化。

(三)软件即服务模式(SaaS)将改变传统的软件计费管理模式

与传统软件设计方式不同,云计算抽象了传统开发和集成中的低端任务,提供标准化的、即装即用的解决方案(覃正 等,2011)。SaaS 通过 Web 浏览器把应用程序作为服务提供给成千上万的客户,外包服务提供商只需要维持一个程序。外包企业的计费模式也从传统的授权模式改变为按需付费的模式,按需付费模式减少了软件许可证费用的支出以及客户安装和维护软件的时间、技能等成本。

四、服务外包的环境友好趋势日益显化

目前,全球环保问题正日益受到关注。基于云计算的 IT 基础设施建设模式有助于企业节省成本和充分利用资源,推动 IT 产业向绿色环保和资源节约型方向发展,符合产业发展中控制成本、节省资源、减少排放、保护环境等多方面的需求趋势。在物联网背景下对企业供应链系统进行全面管理,不仅能有效地管理企业的供应链,还能保护环境。例如,2010 年 3 月 4 日,ACS 公司宣布在英国特尔福德镇建立最先进的绿色数字中心。该中心宣称自己"最先进和最环保",可以节约 70% 的能源损耗,同时每年减少约4 200 公吨的碳耗用量[①]。公司通过由 IBM 公司设计和建造的数据中心,向公众表明其环保的立场,使公司在公众或潜在客户心目中形成良好的形象,从而在承接服务外包方面取得较大优势。

第三节　服务外包的发展动因

从本质上讲,服务外包是通过外包这一特殊交易方式实现的服务贸易。因此,服务外包发生、发展的动因机制可以从成本管理、国际分工、战略管理等角度来分析,典型的理论有比较优势理论、核心竞争力理论、交易费用理论、波特钻石理论等。从外包实践来看,推动外包发展的动因具有多元性,它取决于服务质量和成本控制,以及发包企业对降低成本、改进服务、提高客户满意度等因素的综合评估。

一、比较优势理论

18 世纪末英国经济学家李嘉图及其后继者提出了"比较优势理论"。比较优势理论为不同地区或国家进行专业化分工的结构和贸易方向提供了理论支撑。服务外包的本质是跨国公司以价值链管理为基础,将其非核心业务通过合同方式发包、分包或转包给本企业之外的服务提供者,以提高生产要素和资源配置效率,降低生产风险,同时使其能够集中资源专注于研发和客户服务,即微笑曲线的两端,从而实现价值的最大化。由于外包服务往往以跨国公司的非核心商业流程为主,技术含量和附加值相对较低,因此,发展中国家在承接外包服务方面拥有低成本优势。

二、核心竞争力理论

Prahalad 和 Hamel(1990)在《企业的核心竞争力》一文中提出"核心竞争力理论"。他们认为,企业的核心竞争力是指企业开发独特产品、发展专有技术和营销手段的能力。企业以其核心技术能力为基础,通过战略决策、生产制造、市场营销、内部组织协调管理的交互作用获得使企业保持持续竞争优势的能力,是企业在其发展过程中建立与发展起来的一种资产与知识

---

① 公吨(英国人称之)=吨(中国人称之)

的互补体系。该理论认为,纵向一体化决策不应只限于从最终产品开始向上游和下游方向考察供应链效率从而决定是自制或购买,而应充分考虑价值链上各种关键技能的保留和运用。对那些不支持企业核心竞争力的价值链活动则应剥离,外包是生产有竞争力的(非核心)产品的捷径。在多变的市场中,企业必须将有限的资源集中于核心业务,强化自身的核心能力,将自身不具备核心能力的业务以合同的形式(如外包),或者以非合同的形式(如战略联盟或合作),交由外部组织承担。通过与外部组织共享信息、共担风险、共享收益,整合供应链的各参与方的核心能力。因此,外包就成了企业利用外部资源获得互补的核心能力、强化自身竞争地位的一种战略选择。

但是从接包方的角度来看,核心竞争力理论在发包企业中的应用对接包方来说意味着从合作伙伴处能够获得的知识和技术减少,发包方转移过来的业务实践和技能变少,不利于接包企业创造和扩大竞争优势。Norman(2004)研究指出,合作伙伴的信任水平越高,企业的自我保护意识就越低,更倾向于进行知识转移。因此,提升与发包方之间的信任水平有利于接包方获取知识和技术,提升自身竞争力。

三、交易费用理论

罗纳德·科斯(1937)在其《企业的性质》中指出,企业可以采取两种方式获得生产所必需的中间产品:一种方式是通过市场交易从企业外部购买,另一种则是在企业内部自行生产。无论是企业内部生产还是从市场购买,这两种方式都会引起相关的交易费用。因此,在科斯看来,市场和企业是两种可以相互替代的资源配置手段,这两种资源配置方式的选择取决于市场定价成本与企业内部组织成本之间的比较。当企业内部进行交易所节约的交易成本等于企业规模扩大所增加的组织费用和管理费用时,企业的边界就达到均衡。服务外包可以利用交易费用理论进行分析。从交易成本的角度分析,服务外包发生、发展的动因在于降低交易费用。当外包涉及专用资产投资的风险时,对发包商来讲,外包使其降低了投资的风险。

安盛咨询公司(Anderson Consulting)研究发现,降低成本是驱动资源外包的最主要因素之一。其研究还说明,虽然人们逐渐意识到企业为获得竞争优势需要将外包看作是一种战略工具重新评估现有的组织模式,但现实中人们主要将外包看作一种节省成本的工具。Strassmann(1995)的统计结果显示,身处财务困境的企业渴求外包的原因就是为了节约成本,摆脱财务困境。哥伦比亚大学的一项对外包的调查也支持上述观点,调查中70%的被调查公司开展外包的首要原因是为了降低成本,其他的原因依次为提高产量、利用海外劳动力、获得更好的技术和系统以及提高服务水平等（Bajpai,2004）。

四、技术动因

近年来,信息技术飞速发展,极大地提高了交通、通信和信息处理能力,在信息、咨询和以技术服务为核心的各类专业服务领域,新的科技服务手段不断出现,使原来不可贸易的诸多服务领域可以进行跨行业和跨国界的贸易,从而打破了服务外包在地理上的局限,使企业可以更便捷地选择到最优服务提供商。另外,信息网络技术的快速发展大幅度降低了市场的交易成本,这使企业业务规模和市场占有率的扩大更倾向于通过离岸外包来实现。信息技术的发展,从根本上改变了企业管理模式和运行方式,企业进行信息收集、加工、传递的成本变得极为低廉,企业间相互协作的交易费用大大降低。再者,企业以信息网络为依托,基于计算机技术、仿真技术和物联网技术等建立的决策支持度系统,能帮助企业决策者以最快的方式尽可能多地获得相关信息,通过及时处理收集的信息,为准确快速地决策提供了技术支持。

五、木桶理论

"木桶理论"是指决定木桶盛水量的不是围起木桶最长的那块木板,而是最短的那块木板。换句话说,企业竞争力的大小并不是由其最强环节决定的,而是取决于其最薄弱的一环。大型跨国公司往往规模庞大,从生产到销售,从物流到客户,基本上都能自给自足。但"木板"过多,企业难免会有各种各样的"短板",这些"短板"将严重制约企业的竞争力。跨国公司实行服务外包,旨在把参差不齐的"短板"剥离出去,而保留其"长板",从而保证其"盛水量"最大化。木桶理论解释了业务外包的根本目的是提升企业的核心竞争力。

第四节　国际服务外包的区位选择理论

服务外包的区位选择直接关系到企业通过外包能否达到降低成本、提高运营效率的目标。例如,戴尔公司和雷曼兄弟控股公司把顾客服务中心的一部分运营活动进行跨国外包,导致顾客怨声载道,使其不得不停止顾客中心的外包活动。可见,应该对服务外包的可行性进行认真的研究和分析,以确定服务外包活动的收益大于其成本。其中,区位选择是值得关注的重要问题。国内外学者有关服务外包的区位选择也给出了不同的解释。

一、典型的国际服务外包区位选择理论

（一）Gene M. Grossman 和 Elhanan Helpman 的区位选择理论

离岸外包发包商在寻找接包方时主要从区位优势出发。由此，Gene M. Grossman(2002)和 Elhanan Helpman(2002)认为，一国的市场规模、基础设施及技术因素是该国吸引外包业务的主要影响因素。一国的服务市场规模及行业发展的成熟度是发包方考查的重要因素。市场规模越大，行业发展越成熟，就越有可能成为发包方所需的接包方。以印度的软件业为例，由于其软件行业发展十分成熟，多家印度软件企业通过了 CMMS 认证，因此软件服务外包发包方在选择接包方时更倾向于印度。

接包方的基础设施也影响发包方的选择，因为它影响发包方寻找目标接包方的"搜寻成本"。一个国家的通信网络越发达，信息传递越顺畅，越有利于吸引发包方对该国进行服务外包。当今发包方通常会要求接包方为其提供"特定化"服务，从而对接包方的技术能力提出了更高的要求。因此，技术因素也是影响发包方区位选择的重要因素之一。

（二）国际生产折衷理论

根据邓宁的国际生产折衷理论，接包方的区位优势主要来自地理位置和聚集效应以及东道国政府的政策吸引。传统的国际经济理论在讨论国际生产分工时，通常都假定不考虑运输成本，但是考虑到时间成本，则地理位置这种无形的"运输成本"就值得关注，如时差的区别。时差对于"后台办公室"的服务外包特别重要。目前印度 70% 的软件外包来自于美国，由于印度和美国的时差为十几个小时，便于美国银行利用时差提高数据分析的效率(郭海虹，2002)。聚集效应对服务外包的区位选择的影响体现在其提供了产业发展所需要的配套设施。许多跨国公司在印度五大软件园建立了咨询公司。微软、INFOSYS 技术公司、TATA 咨询公司、SATYAM 计算机服务公司以及 WIPRO 技术公司等 18 家公司在印度建立了战略联盟，为当地的软件公司提供服务(John Foley，2004)。

二、IDC 的全球交付指数

全球著名的 IDC(国际数据公司)开发了一个名为全球交付指数(GDI)的新指标，IDC 综合考虑了 30 多项交付指数，并根据重要性进行加权。IDC 多年的研究表明，在全球交付排名处于前 10 名的城市，更加专注于能够锁定订单的因素，如代理技能、政治风险、劳动力成本和语言能力等。服务外包区位引力较大的城市在诸如资源与技能、基础设施状况、政府因素等其他重要因素方面较为均衡。因此，GDI 重要指标包括资源和技能、基础设施、政府因素、交易达成关键因素等(见表 1-2)，根据上述因素对接包方的区位引力进行评估，可为服务外包区位选择提供依据。

表 1-2 全球交付指数(GDI)

交付指数	详细内容
资源和技能(RS)	服务外包投入 ● 法规遵循体系和司法制度 ● 企业透明度 ● 营运成本 ● 教育设施投入 ● 业务支持服务投入
基础设施(I)	整体基础设施及服务交付基地的基础设施 ● IT 基础设施 ● 网络基础设施
政府因素/风险(G)	国家和地方政府鼓励发展服务外包的政策 ● 汇率风险 ● 国家和地方各级政府的支持 ● 法律风险
交易达成关键因素(DC)	赢得服务外包的关键点 ● 机构的技能、实力及语言能力 ● 国内市场需求 ● 服务外包出口市场的便利性 ● 人力资源因素 ● 政治风险

(资料来源:IDC,2012。)

三、影响接包方区位引力的因素

多国经验表明,国际服务外包具有明显的区位偏好。资料显示,2011年我国江苏、上海、广东、北京、浙江五省市承接国际(离岸)服务外包合同执行金额 177.8 亿美元,占全国离岸合同执行总额的 74.6%。从全国范围看,东部地区各省市离岸合同执行额合计 208.6 亿美元,占全国离岸合同执行总额的 87.5%。[①] 发包方选择接包方主要考虑区位优势,一般接包方被发包方选中的关键因素有 3 个:接包方所处的商业环境因素 X、接包方自身的能力要素 Y 及其成本要素 Z,可用函数 $\partial = F(X,Y,Z)$ 表示。其中,X,Y,Z要素分别包含多个子要素(见表 1-3)。

---

① 林秀敏:《2011 年我国服务外包产业国际市场份额进一步扩大》,http://www.sina.com.cn,2012 年 2 月 16 日。

表 1-3 影响接包方承接国际服务外包的区位因素

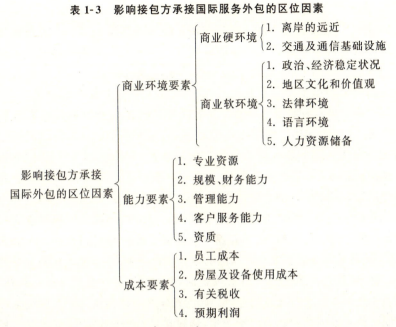

（一）接包方所在地区的商业环境

接包方所在的商业环境包括硬环境和软环境。硬环境是指该地区客观存在的自然条件和基础设施建设情况。软环境主要是指与外包风险息息相关的一些诸如政治经济环境、语言文化环境等因素。其中市场规模、基础设施及技术因素是吸引外包的主要区位因素。

1. 商业硬环境

外包地区的地理位置及其交通、通信基础设施条件是与商业硬环境密切相关的两大要素。在其他条件相同的情况下，发包方将倾向于选择距离相对较近或者交通便利的城市作为服务提供商。交通方面，离岸外包并不涉及大量货物运输，与之相关的主要是国际人员流动的渠道是否便捷畅通，尤其是航空交通。随着电子通信技术和交通运输设备的飞速发展，地理位置对服务外包的影响程度正在减弱，而通信及交通基础设施建设的重要性日益显现。一个国家和地区的交通及通信基础设施条件很大程度上取决于这个国家或地区的经济发展水平。新加坡虽然不以低成本取胜，但其一流的基础设施和有利于业务发展的交通及通信规范，依然使其成为承接外包服务的一个理想之地。

2. 商业软环境

商业软环境就是与外包风险紧密相关的某些要素。[1] 政治、经济环境稳定的国家或地区是服务外包理想的区位选择。东西方文化和价值观的差异是外包业务发展的障碍，也可能是一些国家或地区的优势。支持外包服务业发展的法律环境主要包括知识产权法、信息安全保障体系以及合同法、贸易法等一整套的法律体系。但是，由于世界各国知识产权的差异以及新技术的影响，我国的知识产权法中尚有许多与国际贸易有关的问题值得进一步研究与完善。服务外包对语言能力的要求相对较高，具备与发包方相同或相似的语言水平，是承接服务外包的关键条件。因为在服务外包业开展的每个阶段，都要求接包方和发包方进行实时有效的交流。目前世界上最主要的外包中心很大程度上得益于优越的语言环境，印度之所以能成为目前全球最大的外包供应基地，除了其拥有全球领先的计算机和软件开发能力以外，语言是最重要的因素之一。印度的官方语言是英语，印度人在与全球最大的外包输出国（欧美地区）进行工作交流时，基本上不存在任何障碍。此外，世界各国的竞争本质上是人才的竞争。印度每年都要培养出 200 万熟练掌握英语并同时具有很强技术能力的毕业生，通过培训获得微软认证的印度工程师就有 10 万人之多，这些奠定了印度承接国际服务外包竞争力的基础。

（二）接包方的能力因素

接包方的能力因素主要包括接包方在提供服务的过程中对服务过程和服务质量的保障能力，具体表现在企业经营规模、财务能力、管理能力、客户服务能力、资质情况等方面。Gartner(2012)建议政府在选择支持服务提供商时，对其服务能力、创新能力和业务模式应有严格的考察机制。在管理能力方面，服务外包工作的标准化要求是减少交易成本的最佳选择，通过双方信赖的第三方实施监控，可以进一步减少交易成本。由 Garnegie Mellon 大学软件工程学院开发的能力成熟度模型（CMM）认证已成为离岸外包市场的业界通用标准。客户一般只将获得三级或以上 CMM 认证的服务供应商列入初选名单。由于印度有许多软件企业通过了 CMM 五级认证，因此，印度便成为软件服务发包商的首选地。在客户服务能力方面，上门服务可以减少客户的交易成本，有利于服务外包的发展。印度 2006 年软件出口收入的 36.5% 来自于上门服务，印度至少有 10 万名 IT 专业人士从事上门服务工作。海外沟通能力较弱是中国外包企业目前发展的瓶颈（郭昕，2012）。

---

[1] 外包风险是指发包方选定外包地和接包方后，遭受损失、伤害或自然灾害的可能性。随着全球风险控制意识的加强，外包风险虽然很难量化，但却日益成为发包方考察接包方的重要因素。

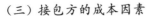

(三) 接包方的成本因素

接包方的成本因素是指发包方将业务以合同约定的方式委托给接包方,接包方根据发包方的需求提供合格的服务后向发包方收取的相关费用,具体为接包方的员工成本、办公房使用成本、管理费用、财务费用、预期利润等。

员工成本主要由员工的工资、补贴及福利 3 部分组成。一般来说,员工的工资由基本工资和奖金两部分组成;补贴由交通补贴、饭贴、独生子女补贴组成;福利由国家政策强制缴纳部分法定社会福利和企业自愿为员工提供补充福利两种形式。

办公用房成本是企业经营的重要组成部分。办公用房成本可有两种表现形式:一是办公用房采购成本,二是办公用房的租赁成本。

企业管理费用是指企业在日常经营管理过程中所发生的有关费用,主要包括办公设备及办公材料价格水平及增长情况[1],为通过和维持国际标准认证(如 CMM)所发生的费用[2];提供上门服务的有关费用。对于离岸服务外包而言,发包方与接包方具有密切的工作关系,上门提供客户服务是服务外包中不可分割的一部分。通过提供上门服务,发包方将支付较大的差旅费用。因此,许多发包方在选择外包地和接包方时,都将客户服务的差旅费用纳入选择标准之中。正如仲量联行报告(2012)所指出的,目前越来越多的公司正在考虑将业务回迁至离本国更近的地区,其中美国和英国公司的趋势较为明显。

当然,不同的发包方重视的关键区位因素有所差异。仲量联行亚太区企业解决方案与开发部主管 Iain Mackenzie(2012) 指出:"在做出房地产方面的决策时,企业需更加关注长期的业务效率与运营效率的提升以及未来的可拓展性,而非关注在短期内直接削减成本。许多企业也在采用综合和早期商业案例与选择分析来制定其选址战略。"越来越多的亚太企业在外包业务时注重成本控制和提高生产率,他们通常会长期固定在亚太离岸或近岸市场开展业务。同时,为了吸引更多的外国直接投资(FDI),印度、菲律宾、中国、马来西亚等新兴市场需要更高的透明度,以及优质劳动力和更好的区域选择。

---

① 近年来我国 GDP 一直保持年均增长率 7% 以上,居民收入水平也保持持续增长,消费需求的增加和消费能力的增强使得办公设备及办公材料的价格水平也有所提高。

② 接包方通过国际标准认证是得到外包服务发包方的招标投入围资格和提升企业品牌的重要内容之一。例如,为了达到国际软件外包市场的进入门槛和具备相应的市场竞争能力,通过 CMM 认证已经成为软件外包提供商的必备管理标准之一。苏州一家软件企业通过 CMM 五级认证,在整个的认证过程中,咨询费、培训费高达千万元之巨,每年的年审费用近百万元。

参考文献

[1] Greaver Ⅱ M F. Strategic outsourcing-a structured approach to outsourcing decisions and initiatives. American Management Association,1998.

[2] Grossman C. Internationallization strategies for services. Journal of Services Marketing,1999,28(13).

[3] Heywood J B. The outsourcing dilemma. Pearson Education Limited,2001.

[4] John Foley. Looking east: growing with offshore outsource. Informamtion Week,2004,9(7).

[5] Norman P M. Knowledge acquisition knowledge loss and satisfaction in high technology alliances. Journal of Business Research, 2004,57(6).

[6] Strassmann P. Outsourcing: a game for losers. Computer World, 1995(8).

[7] Trefler D, Rodric D, Antras P. Services offshoring: threats and opportunities. Brookings Trade Forum: Offshorng White-Collar Jobs,2005.

[8] UN. World Trade Report(2004): the shift towards services. New York and Geneva,2004.

[9] 彼得·德鲁克:《大变革时代的管理》,上海译文出版社,1999 年.

[10] 哈梅尔,普拉哈拉德:《竞争大未来——企业发展战略》,昆仑出版社, 2007 年.

[11] 王立明,刘丽文:《外包的起源、发展及研究现状综述》,《科学与科学技术管理》,2007 年第 3 期.

[12] 杨圣明:《关于服务外包问题》,《中国社会科学院研究生院学报》,2006 年第 6 期.

[13] 郭海虹:《竞争优势理论对我国发展国际服务贸易的启示》,《国际经贸探索》,2002 年第 26 卷第 15 期.

[14] 王洛林:《全球化:服务外包与中国的政策选择》,经济管理出版社, 2010 年.

[15] 江小涓,等:《服务全球化与服务外包:现状、趋势及理论分析》,人民出版社,2008 年.

[16] 朱正圻,等:《现代服务跨国外包》,复旦大学出版社,2009 年.

[17] 吴胜武,余志传,等:《服务外包:从"中国制造"走向"中国服务"》,浙江

大学出版社,2009 年.

[18] 李志强,李子慧:《当前全球服务外包的发展趋势与对策》,《国际经济合作》,2004 年第 11 期.

[19] 王述英,周密:《国际服务外包市场的总体评估与趋势考察》,《国际贸易》,2007 年第 11 期.

[20] 曲玲年:《全球经济危机、服务外包市场和企业对策》,《国际技术装备与贸易》,2009 年第 3 期.

[21] 赵新远:《2009 年离岸外包的不确定未来》,http:∥chinasourcing. mofcom. gov. cn/content.

[22] 何新华:《物流信息化与物联网建设》,电子工业出版社,2009 年.

第二章　承接国际服务外包的经济效应理论

20世纪60年代,发达国家为优化产业结构而主导的制造业外包分工,对以亚洲四小龙为代表的制造业接包方的经济战略转型发挥了重要作用。20世纪90年代以来,以服务外包和高端制造及研发环节转移为主要特征的新一轮全球产业结构调整正在进行,国际服务外包已达到上万亿美元的市场规模,并仍以高于GDP增长的速度扩张,被广泛应用于IT产业、金融保险、研究开发、人力资源管理、会计等专业技术服务领域。服务外包的国际化趋势促进了服务业生产方式变革和经济全球化进程,也必将对承接国际服务外包的国家在经济增长、就业创造、产业结构优化等方面产生全方位的影响。

第一节　承接国际服务外包的经济增长效应

资本决定论、索洛剩余论(Solow residual,1957)等从不同的角度解释了经济增长的动力机制。资料显示,服务外包的平均利润率为15%左右,营业收入中85%左右为成本支出(李昂,2011),支出中除了为国外管理者支付工资等相关费用外,大部分留在了接包方,用于建设厂房、支付员工工资和信息基础设施使用费等,该部分支出可视为对接包方的直接投资,将会拉动东道国的经济增长。本节从生产要素和产品市场的角度解析接包方承接服务外包与经济增长之间的逻辑关系。

一、基于生产要素的经济增长效应

C-D生产函数诠释了生产要素与经济增长之间的关系。经济增长是资本、劳动力、技术等生产要素的函数,服务外包对接包方的资本投入、劳动力资源以及技术进步均有不同的影响。刘庆玲(2007)对C-D生产函数进行推导后得出如下结论:承接国际服务外包,提升了接包方相关产业的技术密集度和资本密集度,从而促进了接包方的经济增长。

（一）承接国际服务外包与接包方经济增长的逻辑关系

陈清萍等（2011）对我国服务外包与工业、服务业增长的关系进行协整检验和格兰杰因果检验，结果表明：服务外包对经济增长的促进作用大于制造外包。承接服务外包，将会影响接包方的生产要素市场和产品市场，如图2-1所示。

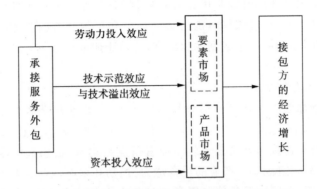

图 2-1　承接国际服务外包对接包方经济增长的影响

图 2-1 显示，承接服务外包对接包方的资本、劳动、技术均产生影响。承接服务外包是一种变相的引进外商直接投资，可以增加接包方的资本供给。同时，承接服务外包能够吸纳接包方的劳动力就业，在接包、发包的业务流程中，通过学习效应能够促进接包方提升劳动者的就业技能和综合素质等。对产品市场而言，承接国际服务外包可以形成接包方的规模优势，还会促进接包方出口贸易的发展，增加接包方的外汇储备，从而进一步带动接包方的经济发展。

（二）承接国际服务外包对接包方生产要素的影响

1. 技术示范效应和技术溢出效应

美国经济学家索洛（1957）第一次将技术进步因素纳入经济增长模型。他认为，从长期来看，经济增长的唯一源泉是技术进步。技术示范效应在国际服务外包中表现突出。服务业的技术优势主要体现在管理水平、组织模式等无形方面。在计算机及网络通信技术日益成熟的条件下，无形资产可以不经过要素流动，而通过合作、授权、特许经营等方式和接包方的要素结合在一起。服务业的这种天然优势大大拓宽了其国际转移的手段和种类。由于跨国公司是先进技术的拥有者和传播者，当接包企业与具有较高技能的跨国公司形成合作关系时，就会涉及开发项目、实施项目以及评估项目等程序，企业间的交流合作过程将产生示范效应，最终将提升接包方的研发能力。

服务外包具有显著的技术外溢效应。人力资本是服务业的核心资本，外包企业的员工流动率相对较高，为 15%～20%（武晓霞，任志成，2010），人员的频繁流动将增强技术外溢效应。与制造业相比较，服务业具有相对的不可分割性，不容易产生"脑体分工"现象，服务外包项目和发包方基本处于相同的分工水平，这种水平分工的模式使接包方通过技术和管理的复制，有力推动本国产业的升级和优化，使得国际服务外包的技术效应在深度上进一步延伸。例如，美国华尔街的雷曼兄弟和贝尔登机构向印度分包其金融分析工作，使用同一个数据库和标准，这对于印度金融创新的作用是不可估量的。

2. 资本增加效应

资本增加效应主要是指国际服务外包导致接包方资本水平变化的效应。国际服务外包的资本效应主要体现在两个方面：第一，当国际服务外包通过跨国公司在接包方设立子公司或者研发机构时，会引起资本的跨国流入，从而提高东道国某一产业的投资能力，推动并影响该产业的规模扩大和结构变化；第二，国际服务外包提高了发包方企业的竞争力，带来直接投资的增加，促进产业前后关联性投资，从而对接包方产生投资乘数效应。虽然资本相对于劳动力投入对经济增长的贡献率仅为 1/3，但根据边际准则原理，对于劳动力要素丰富而资本相对稀缺的发展中国家而言，资本的增加尤为重要。联合国贸发会议发布的《2007 年世界投资报告》显示，全球跨国直接投资已从制造业外包为主，转向服务业外包为主，服务外包已成为全球跨国直接投资的主要引擎。

3. 提高劳动者素质效应

索洛 1957 年估算美国资本收入约占 GDP 总量的 1/3。1995 年该比例仍约为 1/3，另外 2/3 的收入归工人所有。[①] 可见，劳动力在经济增长中的地位非常重要。我国劳动力资源丰富，约占世界劳动力资源的 20%。统计资料显示，2010 年我国有 630 万大学生毕业，2011 年有 671 万大学生毕业，2012 年高校毕业生共计 680 万人，创历史新高。从 2001 年起我国大学毕业生每年都以 60 多万的速度增加，大学生就业问题凸显。我国是世界上培养工程技术人才最多的国家（李昂，2011）。国际服务外包涉及软件、电信、金融服务、管理咨询、芯片、生物信息等行业，涵盖了产品设计、财务分析、交易处理、呼叫中心、IT 技术保障、办公后台支持和网页维护等服务类型，转移的工作岗位可达数万之多，业务金额可达数亿美元。可见，发展服务外包不仅可对我国的经济增长产生巨大的拉动作用，而且对于充分利用我国丰

---

① 美国统计简要计算（U. S. Statistical Abstract Calculation），1995 年。

富的劳动力资源也具有重要意义。

Lucas(1988)认为,全球经济范围内的外部性是由人力资本的溢出效应造成的,人力资本的平均水平可以度量该外部性的大小。承接国际服务外包能够提高接包方的人力资本的质量。基于降低成本的考虑,外包企业将研发、设计等高端业务外包给劳动力成本相对较低的发展中国家,为了保证让产品符合要求,外包企业往往需要对接包方的劳动力进行培训,使接包方的研发设计人员的水平达到能够承接部分设计业务的程度,同时,也使接包方的研发设计人员从发包方的经验中获益,并不断获得新技术,从而使东道国的本土企业从中获益(Ngo Van Long,2005;EEtimes,2006)。

二、基于产品市场的经济增长效应

刘庆林等(2006)从成本比较的角度研究了服务外包发生的基本条件。如果发包方生产某种产品的单位成本较低,那么所有的中间产品都会在国内生产而不会从事离岸外包活动。事实证明,上述假定并不存在,因为近年来离岸服务外包蓬勃发展,由此可知,发包方的成本曲线 CC 和接包方的成本曲线 C^*C^* 至少相交一次。假设两线相交在 Z^* 点,如图 2-2 所示[①]。

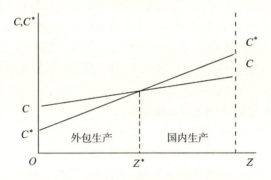

图 2-2　发包方与和接包方的成本曲线

图 2-2 显示,对所有 $Z<Z^*$ 的部分而言,国外的单位成本都低于发包方,根据 H-O 理论,发包方将会把[0,Z^*)区域内的这部分业务外包到成本低的国家生产;而对所有的 $Z>Z^*$ 的部分,因为发包方的单位产品成本低于国外,所以发包方将专业化生产(Z^*,Z]区域内的产品。但随着国际服务外包的进一步转移,发包方和接包方都将专业化生产各国具有比较优势的产品,从而各自形成最佳规模与规模优势,进一步节省资源,增加各国的利益。此外,接包方不断承接服务外包在形成规模优势的同时,还将促进本国出口贸易的发展,增加外汇储备,从而进一步带动接包方经济的迅速发展。

---

① 刘庆林,陈景华:《服务外包的福利经济效应分析》,《山东大学学报》,2006 年第 4 期。

国际服务外包与服务业 FDI 有着非常紧密的关系。从狭义角度来看，国际服务外包与服务业 FDI 的区别在于：前者只提供订单不提供资金，接包方需要自行筹备运营资金；后者往往在提供订单的同时又提供资金。从广义角度来看，国际服务外包存在两种情形含有服务业 FDI 的成分。第一种是跨国公司业务离岸化，跨国公司把本土业务外包给海外的子公司。这种公司内贸易的安排需要跨国公司在接包方建立分支机构，对接包方而言，是典型的 FDI。第二种是跨国公司为服务便利和成本套利而在接包方建立分支机构，成为接包方 FDI 的组成部分。由此看来，国际服务外包与服务业直接投资之间互相包含、互相渗透。由此可知，服务业 FDI 对接包方（东道国）产品市场的影响效应及作用机制，同样也适合于解释国际服务外包对接包方产品市场的影响机理。

第二节　承接国际服务外包的就业效应与影响机制

国际服务外包就业效应理论主要涉及两方面：一是国际服务外包对发包方就业的影响，二是国际服务外包对接包方就业的影响。这里所研究的就业效应是从接包方的角度出发。国际服务外包的就业效应主要体现在就业数量效应、就业结构效应、就业质量效应等方面。陈仲常等（2010）的研究成果表明，服务外包对制造业就业的影响表现为：外包水平每提高 1%，制造业就业水平就下降 0.105%。

一、承接国际服务外包的就业效应

（一）承接国际服务外包的就业数量效应

承接国际服务外包对接包方就业数量的影响可分为直接影响和间接影响。前者主要指发包方将原本在母国（或企业）的业务或者工作任务外包出去而直接导致的就业岗位的增减；后者主要是接包方通过对同行业的其他企业就业、上下游相关厂商雇佣人数，或者通过带动区域经济增长进而对就业数量产生的影响。

承接国际服务外包能够直接增加接包方的就业机会。例如，对餐饮业、运输业、物流业等传统型服务项目和新兴服务项目中的劳动密集型环节（如呼叫中心）等产生的影响。Robert C. Feenstra 和 Gordon H. Hallson（1996）构建了产业间外包业务量估计，应用 1972—1990 年期间的数据，考察了离岸外包是否对技术性工人的相对需求有促进作用。研究结果表明，外包促进了美国对技术性工人的需求。20 世纪 80 年代，美国对技术性劳动力的需求上升是由外包引起的，比例为 31%～51%。众所周知，外商直接投资的进入能够增加东道国的就业机会。国际服务外包本质上是服务业直接投资的一种新形式。因此,承接国际服务外包对接包方就业数量的影响是国际服务外包就业效应最直接的体现。承接国际服务外包可以为接包方创造更多的就业机会,缓解其国内就业压力,带动经济的综合发展。资料显示,1998—2009 年印度外包服务业的直接就业人数不断增加(如图 2-3 所示),2009 年印度 IT-BPO 产业的直接就业人数达 223 万人,比 2008 年增加 23 万人,而该产业所带来的间接就业岗位多达 800 万个。

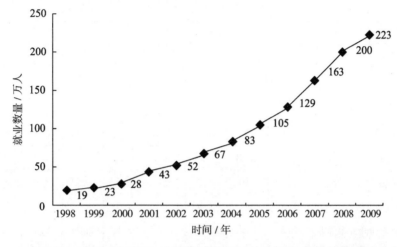

图 2-3 印度 1998—2009 年各财政年度 IT-BPO 产业直接就业数量

(资料来源:印度软件及服务公司协会(NASSCOM)网站 www. nasscom. in 相关年度统计报告。)

此外,国际服务外包使接包方相关服务产业迅速发展,间接地带动了接包方的就业增长。近几年来,中东欧地区成为世界新的服务外包中心,服务外包工作岗位的增长遏制了中东欧的劳动力到西欧去找工作,降低了东欧地区的失业率。2002—2007 年,捷克共和国的失业率由 7.8% 降低到了 7.1%,波兰的失业率由 20.2% 降低至 13.4%,斯洛伐克的失业率由 19.7% 降低至 11.6%。[①]

(二)承接国际服务外包的就业结构效应

服务外包大多与信息服务、金融服务、研发服务、采购物流服务、人力资源服务和财务服务等现代专业服务有关,就业层次较高,对接包方就业结构的改善有促进作用。改革开放后我国经济得到迅速发展,但服务业发展相对滞后,虽然服务业吸纳的就业人数正逐年增加,但就业增加速度比不上产

---

① 《东欧渐成服务外包中心,2010 年市场增度将达 30%》,CNET 科技资讯网,http:∥www. cnetnews. com. cn。

值增加速度,服务业还有很大的就业空间。目前在我国服务业内部就业结构中,比重较大的是商业、交通通信、教育、商贸餐饮、社会服务和政府团体,而金融业、信息传输、计算机服务和软件业、科学研究、技术服务和科技行业所占比重较小(见表 2-1)。

表 2-1 服务业内部各行业占服务业就业比重

%

行业	2004 年	2005 年	2006 年	2007 年	2008 年	2009 年	2010 年	2011 年
分配性服务	22.6	21.4	20.7	20.3	20.2	5.01	10.3	10.6
交通运输、仓储和邮政业	10.6	10.2	10	9.9	9.8	2.39	4.8	4.6
信息传输、计算机服务和软件业	2.1	2.2	2.3	2.3	2.4	0.65	1.4	1.5
批发和零售业	9.9	9	8.4	8.1	8	1.96	4.1	4.5
生产者服务	15.2	15.8	16.3	15.5	17.5	4.52	9.8	9.3
金融业	6.0	6.0	6.0	5.3	6.5	1.69	3.6	3.5
房地产业	2.2	2.4	2.5	2.6	2.7	0.72	1.6	1.7
租赁和商务服务业	3.3	3.6	3.9	3.8	3.9	1.09	2.4	2.0
科学研究、技术服务和地质勘查业	3.7	3.8	3.9	3.8	4.4	1.03	2.2	2.1
社会性服务	52.2	56.8	57	58.4	56.5	14.08	29.7	27.7
教育	24.7	24.7	24.7	25.1	3.1	5.83	12.1	11.2
卫生、社会保障和社会福利业	8.3	8.5	8.6	8.8	23.9	2.24	4.9	4.7
水利、环境和公共设施管理	3.0	3.0	3.0	3.1	8.8	0.77	1.7	1.6
公共管理和社会组织	20.2	20.6	20.7	21.4	20.7	5.24	11	10.2
个人服务	6	6	6	5	5.8	1.47	3.1	3.0
住宿和餐饮业	3	3	3	2.9	2.9	0.76	1.6	1.7
文化、体育和娱乐业	2	2	2	2	2	0.49	1	0.9
居民服务和其他服务业	1	1	1	0.9	0.9	0.22	0.5	0.4

(资料来源:根据历年《中国统计年鉴》相关数据整理而得。)

（三）承接国际服务外包的就业质量效应

就业质量反映整个就业过程中劳动者与生产资料结合并取得报酬或收入的具体情况。其内容涉及工作是否是自愿选择的,劳动报酬、培训等聘用条件,工作环境和社会保障等。就业质量和劳动生产率密切相关,而劳动生产率和劳动者的技术和能力关系密切,也就是说就业质量与劳动者素质密切相关。

承接国际服务外包有利于接包方劳动者素质的提高、促进人力资本的积累。接包方的劳动者通过与国际大公司管理者、培训机构的接触,素质与技能会得到全面提高。除了本企业的职工外,跨国公司还会与接包方当地的关联企业合作实施培训并获得技术支持,这同样会提高关联企业的劳动者素质。与此同时,跨国公司强大的技术与市场竞争压力会激励和迫使本地竞争企业提高员工的技术水平和企业的管理效率。接包方当地企业可以通过学习和吸纳跨国公司的生产技术、管理培训技能等,最终促使企业技术与生产率的提高。

（四）承接国际服务外包的劳动生产率效应

服务业劳动生产率上升速度一直慢于制造业,首先是因为传统服务过程需要服务提供者的直接参与,劳动节约型的生产率很难提高;其次是由于服务过程提供的特殊性,服务产业无法像制造业那样达到规模经济效应。但是随着信息技术的出现和互联网技术的普遍运用,改进了服务模式和服务标准,服务外包的发展实现了服务的远距离提供,提高了服务业的劳动生产率。1978 年我国服务业劳动生产率只有 0.175 9 亿元/万人,2007 年上升到 3.861 6 亿元/万人,增长了近 21 倍,年均增长速度为 12%（李庆伟等,2009）。但我国服务业劳动生产率增长快的行业大都集中在传统服务领域。生产服务业是一种中间投入,这些部门大多是以知识资本和人力资本为主要投入对象,其产出的知识和技术含量相应比较高（Markusen,1989）。生产服务业不仅自身生产率增长较快,而且还可以通过产业之间的关联效应,带动众多服务部门生产率的提高。通过承接国际服务外包,有利于将接包方生产性服务业导入全球产业链,从国际分工中获益,同时通过技术转移与技术升级推动接包方产业升级,加速接包方服务业向现代服务业转变,提高生产服务业部门的劳动生产效率,从而提高整个行业的劳动生产效率。

（五）承接国际服务外包的工资增长效应

服务外包在为接包方带来就业机会的同时,也促进了其工资水平的提高。一方面,由于接包方的工资基数较低,与发包国家和地区的真实工资差距较大,同时建立在低工资地区的企业在运营过程中需要的自动控制和加工要求相应减少,降低了运营成本,这使得本土企业的工资有较大的提升空间。另一方面,服务外包的技术含量提升了相关部门人力资本的质量,增加了人力资本报酬率,有助于促进工资水平的整体提高。例如,外包雇佣热潮导致印度的工资水平一年上涨了15%。美国离岸外包专业咨询公司 NeoIT 公司认为,2010 年主要离岸外包地劳动者的工资薪酬较 2005 年普遍增长近 50%。同时,服务外包与制造业相比,是典型的高收入行业。Bardhan (2006)认为,即使在印度从事国际服务外包中收入最低的工作,其工作人员的收入也位于收入排行榜前 10 位。

江苏省国际服务外包收入主要来自苏州、无锡、南京、常州、南通、镇江 6 市,其中作为国家级服务外包基地的苏州、无锡、南京的国际服务外包收入总和占全省的比重高达到 85%(张从春,2008)。与此同时,服务外包的平均工资水平也远高于全省平均工资水平。统计表明,2007 年江苏省在岗职工年平均工资为 27 374 元,而以外包为主的软件业、金融业年平均工资分别为 44 747 元和 52 758 元,并且外包行业工资水平的增长速度较快,服务外包的工资溢出效应明显。

二、承接国际服务外包的就业影响机制

承接国际服务外包对接包方的就业影响机制可分为直接传导机制和间接传导机制。

(一)直接传导机制

国际服务外包最基础的动因就是劳动力成本的差异。服务业需要支付的主要成本是人力成本,而其本身也是人力资本投入最多的行业。因此,相对于制造业而言,节约人力成本对国际服务外包发展意义重大。发展中国家大多拥有充裕、低廉的劳动力储备,成为国际服务外包主要的接包方。在技术和其他条件允许的情况下,发包方为了节省人力成本,获得比较优势利益,将数据录入和呼叫中心等服务活动拆分、转移到低工资的发展中国家,从而节省生产成本。虽然近年来中国、印度的工资水平不断上涨,但是与发达国家还有一定差距,这种劳动力优势还会在相当长的时间里存在。国际服务外包不可避免地带来工作岗位的转移,拉动就业,这必然会给接包方提供更多工作岗位,在劳动力充裕丰沛的前提下,增加了生产活动中劳动力投入的数量。因此发包方的服务工作直接转移到接包方,使得接包方就业数量增加。

积极承接服务外包有利于发挥发展中国家丰富的劳动力资源优势,扩大就业。假设落实这些服务领域的外商直接投资项目所需时间较短,吸引外包服务可以迅速带来大量的就业机会。世界银行(2006)认为,如果远距离承接服务在技术上是可行的,而且可以使商务成本降低 30%~40%,则发包方 1%~5% 的就业岗位将转向承接外包服务的发展中国家。2006 年一项研究表明,美国潜在的服务外包将给承接服务的国家创造高达 1 400 万个就业岗位。仅在金融服务业,服务外包给接包方创造的就业机会就有 200 万个。Gartner 和 Forrester 两家研究公司调研报告(2009)显示,美国 2003 年从事高技术工作的人员有 1 035 万,2015 年美国将有 330 万个高技术工作岗位因外包而流失到海外。其中美国 IT 业从 2003 年 7 月到 2004 年年底流失近 50 万个岗位。Forrester 公司在 2004 年预测,到 2010 年西欧转向海外的工作岗位为 50 万个,2015 年将上升到 120 万个。其中,英国 76 万个,德国 14 万个,法国 9.8 万个。仅在西欧的金融服务业,就有 35 万多个工作岗位将转到海外。德勤咨询公司在 2009 年的研究报告指出,今后 5 年内世界最大的 100 家金融公司通过把业务外包到海外可节省 1 380 亿美元的支出,但西方国家金融服务业也因此流失掉 200 万个就业机会。这些从发达国家转移出的工作岗位无疑增加了接包方的就业机会。

在 2007 年第五届"中国软交会"上,麦肯锡公司全球资深董事张曦轲指出,2010 年底中国服务外包直接就业机会为 100 万人,预计 2015 年中国服务外包直接就业机会将达 270 万人。承接国际服务外包的直接就业扩大效应在印度得到了集中体现。印度国家软件与服务行业协会(NASSCOM)的数据表明,国际服务外包的繁荣使印度信息技术和信息技术支持下的服务行业就业人数从 1999—2000 年度的 28 万人上升到了 2005—2006 年度的近 130 万人,到 2008 年增加为 201 万人(见表 2-2),而这仅是发达国家就业岗位转移到印度而增加的就业人数。

表 2-2　印度 IT-BPO 部门专业技术人员就业人数

万人

项目	2003 年	2004 年	2005 年	2006 年	2007 年	2008 年	2009 年
IT 服务出口	20.5	29.6	39.0	51.3	69.0	86.0	94.7
BPO 出口	18.0	21.6	31.6	41.5	55.3	70.0	79.0
国内市场	28.5	31.8	35.2	36.5	37.8	450 000	50.0
总　计	67.0	83.0	105.8.	129.3	162.1	201.0	223.7

(资料来源:NASSCOM。)

除印度外,承接国际服务外包的直接就业扩大效应在我国和菲律宾也得到了印证。如表 2-3 所示,中国服务外包网(China Sourcing)的数据表明,国际服务外包的繁荣使得两接包方的就业人数逐年增加。中国承接国际服务外包人数从 2007 年的 42.7 万人增加到 2012 年的 428.9 万人,增长率为 258.63%。菲律宾国际服务外包从业人数从 2007 年的 30.2 万人增加到 2011 年的 64 万人,增长率为 20.65％。这些仅是从事国际服务外包业的就业增加量。

表 2-3　中国、菲律宾 2007—2012 年承接国国际服务外包的从业人数

万人

国家	2007 年	2008 年	2009 年	2010 年	2011 年	2012 年
中国	42.7	52.7	68.5	232.8	318.2	428.9
菲律宾	30.2	37.6	46.6	52.5	64	—

(资料来源:2010—2012 年中国的数据来自 http: // www. chnsourcing. com. cn/outsourcing-news;菲律宾的数据来自于《菲律宾服务外包"野心":再翻一倍》,《云南信息报》,2012 年第 7 期。)

1. 承接信息技术外包引致的直接就业

随着网络和信息技术的发展以及企业之间竞争的加剧,越来越多的企业想着如何降低管理成本、增强自身竞争力、获取更多信息。ITO 服务外包相当于购买第三方提供的以增值信息或信息产品为载体的服务,以完善组织的信息化支撑体系、优化业务流程和经营决策。与此同时还可以以信息技术为手段,通过咨询等方式提供增值信息或者信息产品,帮助客户完善运营支撑体系或者业务流程、经营决策的过程。原本在发包方公司内部由人工管理的环节或者是内部开发信息化产品,现在外包到更加专业的科技公司,因此发包方管理人员或者研发人员的减少意味着对软件开发以及维护人员的需求,换一个角度思考,相当于原本发包方的部分工作岗位或者业务需求转移到接包方,相应增加了相关产业的就业人员。

以"创新、健康、睿智"为核心理念的浙大网新,迅速发展成为国内最大的 IT 应用服务提供商和中国主要的软件出口商之一,先后与 10 余家国际著名企业建立了合资、合作关系。目前,浙大网新在全国拥有 7 000 余家代理商,直接重要客户 7 000 余户,分支机构遍布北京、上海、杭州、东京、纽约等全球 33 个城市。浙大网新拥有一支高学历、多专业、宽背景的经营管理团队,人数从 2001 年的 1 200 人增长到 2011 年的 4 700 人,营业收入从 2001 年的 10 亿元增长到 2011 年的 58.73 亿元。

2. 承接业务流程外包引致的直接就业

BPO 是指企业将自身基于信息技术的业务流程委托给专业化服务提供商,由其按照服务协议要求进行管理、运营和维护服务等,包括企业内部管理、业务运作、供应链管理等。发包方把原本在公司内部进行的客户服务、财务管理、人力资源等功能外包给更专业的服务提供商(接包方),这样就可以精简发包方原有的人事、财务部门,这些岗位的需求随之转移到接包

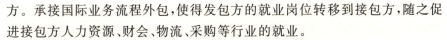

方。承接国际业务流程外包,使得发包方的就业岗位转移到接包方,随之促进接包方人力资源、财会、物流、采购等行业的就业。

3. 服务外包跨国公司设立分公司引致的直接就业

世界 IT 业五大 IT 咨询服务供应商中,美国毕博管理公司、IBM、埃森哲、德勤 4 家已落户中国。除德勤采用与国内企业合作的形式外,其他 3 家全部是外商独资机构。这些跨国咨询服务公司由于承接服务外包在中国设立分公司引起的服务业直接投资,必定雇用当地的人员为其工作。跨国服务外包公司承接国际服务外包,为客户提供服务,比如财务、人力资源服务等,雇佣当地财务或人力资源方面的人员为发包方提供服务,这样原本存在于发包方的就业岗位转移到跨国服务外包公司在我国的分公司内,促进了当地的就业。

IBM 在中国有 30 多个分支机构,员工人数超过 2 万人。毕博中国咨询公司员工总人数约 2 000 人。中国基础设施良好、劳动力成本低廉以及越来越多的高学历毕业生,吸引更多的服务外包跨国公司在中国设立分公司,可吸纳的劳动力人数相当可观。

(二) 间接传导机制

承接国际服务外包所带来的直接就业增长改变了接包方的就业状况,而由此所产生的一系列相关经济活动所创造的就业岗位更多。因此,承接国际服务外包就业效应的间接传导机制更值得关注。

1. 收入乘数效应的就业传导机制

乘数理论揭示:人们的原始支出(包括消费、投资、政府支出)成为支付接受方的收入,后者将其收入的一部分再支付出去,并成为另一部分人的收入,如此循环下去,因该笔原始支出而最终增加的总产值为:

$$Y = \frac{A}{1 - MPC} \tag{2.1}$$

式中,A 为原始支出;MPC 为边际消费倾向;Y 为因该笔原始支出而最终增加的产值。

边际消费倾向 MPC 来自于消费函数。消费函数是指反映消费支出与影响消费支出的因素之间的函数关系式,用公式表示为:

$$c = c(y)$$

即

$$c = \alpha + \beta y$$

式中,α 为自发消费部分;β 为边际消费倾向。则

$$MPC = \frac{\Delta c}{\Delta y} = \frac{\mathrm{d}c}{\mathrm{d}y} = \beta \tag{2.2}$$

式(2.1)中,在原始支出 A 不变的情况下,如果 MPC 数值越大,Y 值就越大。根据奥肯定律(用来近似地描述失业率和实际 GNP 之间的交替关系,其内容是:失业率每高于自然失业率 1%,实际 GNP 便低于潜在 GNP 3%)可知,实际 GDP 越高,也就是式(2.1)中的 Y 值越大,就业就越充分。

一般而言,收入高的人群绝对消费数额也会高。

国际服务外包除了为承接外包的东道国创造了更多的就业机会之外,同时也提高了工资水平。例如,西方软件服务外包进入印度的迅速增长引发了工资上涨和管理人才短缺。印度软件与服务外包协会统计数据显示,软件人员年平均工资已经从 2003 年的 10 500 美元增长到 2007 年的 15 732 美元。我国国际服务外包所涉及的信息传输、计算机服务和软件业、金融业、技术服务以及呼叫中心是名副其实的高薪行业。2008 年信息传输、计算机服务和软件业人均工资为 49 225 元,金融保险业为 49 435 元,而其他服务业如批发零售业人均工资为 20 888 元,交通运输、仓储和邮政业的人均工资为 28 434 元。高收入的服务业就业者倾向于比其他行业的相对低收入者消费更多的产品,这意味着服务业对社会产品需求增加,进而促进投资扩大。根据乘数原理,Y 值不断增大,即 GDP 上升,依据奥肯定律,就业随之增加。

近年来服务外包的快速发展引起国内外投资的增加,这些投资产生的乘数效应同样会吸纳就业。

2. 产业关联效应的就业传导机制

国民经济各行各业是相互关联的,一个产业的发展一方面需要其他行业的支撑,另一方面也能促进其他行业的发展。这样,一个行业的发展往往能带动众多相关行业的发展,并最终促进整体就业,也就是说产业关联效应对就业的增加主要来自于伴随直接就业而来的就业。2009 年印度信息技术和信息技术支持下的服务行业就业人数达到 230 万,同时在其他产业间接增加 650 万工人。印度 Niyati Technologies 公司的首席执行官 Ramesh Nair 曾指出,在印度,每增加 1 个国际服务外包工作,就会带来 3 份新的工作。

承接国际服务外包对就业的波及效应包括 4 个方面。

(1)因相互需求而形成的波及效应。服务外包是现代服务业的一种,人们对服务产品的需求必然带动现代服务外包业生产过程中所需要消耗产品的相关行业的发展。例如,服务外包的发展除了本行业要吸收就业人员外,还提供了电子、信息、广告行业等职位。因此承接服务外包可以因为直接使用其他产品而带动一系列相关产业的发展(直接消耗波及),相关产业的发展又因为要消耗其他产品而带动更多其他产业的发展(间接消耗波及)。依此类推,还可以有三次波及、四次波及……最终现代服务业的发展能够有效地促进整个社会的就业(何万里,2007)。

(2) 因配套需求引起的波及效应。服务外包的一些服务产品在某种程度上与其他产品(可能是现代服务业产品,也可能是制造产业产品)形成互补关系。人们对某一种服务的需求会引发对其他相关服务的需要。例如,人们到某一城市观看体育比赛,必然伴随着旅游、食宿、购物等其他各种需求。某人或许仅仅是为了存款而进入银行,但他很可能会顺便在柜台前为自己的移动电话充值,或购买某项基金等。因此,承接国际服务外包同样也会引致发包方对配套服务的相关需求,为此进行相关的消费或投资。因配套需求引起的就业效应也是增加就业的途径之一。

(3) 技术进步效应引致的就业传导机制。服务外包产业属于智力密集型产业,涵盖软件开发、银行、保险、人力资源、管理等许多领域。承接国际服务外包产生的知识和技术外溢效应已是不争的事实。文化知识和技术的进步最终也会对就业产生积极的影响(崔友平,2005)。首先,承接国际服务外包的技术效应可以使企业降低生产成本。经济学分析表明,企业会不断扩大生产规模,一直到边际成本与边际收益相等为止。因此,成本的降低必然刺激企业增加资本和劳动投入而扩大生产规模。承接国际服务外包所带来的技术进步有很大一部分表现为降低企业生产运营成本,因而对促进就业有积极的作用。其次,承接国际服务外包的技术效应可以帮助企业规避风险。企业家是否愿意进行新的投资,与其对未来收益的预期密切相关。因此,能否有效地规避或降低风险,是决定企业投资意向的一个关键因素。在技术进步之后,企业可以更好地发现和开拓新的市场,更容易获得紧缺的资金和技术,更有效地降低生产运营的成本,更可靠地规避风险。换言之,技术进步(主要是信息发展)降低了注册企业和开展生产的难度,增加了注册企业和开展生产的利润,使得人们有更大的动力注册新的企业,企业有更大的动力扩大生产,从而雇用更多的工人,进而促进就业。

(4) 人才结构效应的就业传导机制。几乎在每一个国家,高素质劳动者总是供不应求,而低素质劳动者却供过于求。一般地,在其他条件相同时,高素质劳动者的就业岗位提供较高的收入,因此,这些岗位更具吸引力。此外,一些经济部门急需劳动者,而另一些部门却存在劳动者过剩,客观上存在劳动力转移的必要。但人们转岗需要具备一定的条件,例如首先具备相关的知识和技能,这就为教育培训业提供了用武之地。跨国公司将本公司业务外包到发展中国家,雇佣当地的人员进行工作,需进行必要的专业培训或者管理培训,相应地,接包方为了吸引外包业务,也积极进行相关技能培训和教育,这些高素质的就业人员比例的增加无形之中提高了发展中国家劳动者的整体素质,增加了高素质人员在整个劳动者当中的比例,从而优化了人才结构。这样,整个社会的就业更符合需求,企业更容易找到有熟练技能的员工,就业效率提高了,整个社会的就业率也相应地增加了。

第三节 承接国际服务外包的产业结构优化效应与机制

承接国际服务外包不仅可促进接包方的经济增长,增加接包方的就业机会,还能够促进接包方的产业结构优化与升级。一方面,国际服务外包不仅扩大了服务业资本的投入,而且带动了服务业整体技术水平的提高。另一方面,国际服务外包可以促使接包方服务业结构由劳动密集型向技术、资本密集型转变。同时,国际服务外包的发展还可以吸引更多的跨国公司落户接包方,从而延长相关的产业链,使制造业与服务业形成良性互动。

一、承接国际服务外包促进产业结构优化的影响效应

(一)劳动结构升级效应

劳动结构升级效应,是指劳动力在不同部门的重新配置所导致的劳动结构变动对经济增长或总产出的贡献(朱晓明,2006)。在预见力不足和要素流动有限制的既定条件下,尤其在要素市场,劳动力从生产率较低的部门向生产率较高的部门转移,能够加速经济增长。承接国际服务外包能够促进接包方劳动结构的升级。

1. 从理论层面上进行分析

承接国际服务外包是接包方经济体制改革不断深化的结果。一方面,大量承接信息流程外包、商务流程外包等使得接包方的非国有经济对劳动力吸纳的主体地位不断加强;另一方面,承接国际服务外包属于新兴产业,其迅速发展对拥有现代技能和知识的职工产生了强大的需求,而对非技术工人的需求相对有限,伴随着传统农业向工业的转化,农业劳动力向非农产业转移,承接国际服务外包无疑对促进劳动结构升级进而促进产业结构升级和经济增长起到了积极的作用。

2. 根据实际数据进行分析

实际数据说明承接国际服务外包为接包方的劳动结构升级提供了发展契机。计算方法有两种:一种是直接从部门间劳动边际产出之差的角度计算,另一种是从分解生产函数的角度间接计算。这里参考第二种方法推导出劳动结构效应的测算公式

$$G_Y = G_L + \sum \rho_i G_{P_i} + \sum \rho_i G_{b_i}$$

式中，G_Y 为实际经济增长；G_L 为劳动投入的增长率；$\sum \rho_i G_{P_i}$ 为以部门产出为权数的劳动生产率的加权平均数；$\sum \rho_i G_{b_i}$ 为劳动结构效应。

其中，$\sum \rho_i G_{b_i}$ 即为劳动结构效应 MRE 的测算公式。

（二）产业投资促进效应

产业投资促进效应是假设承接国际服务外包没有影响接包方的技术水平和劳动力投入时，承接国际服务外包对接包方资本投入的影响。随着经济全球化的日益深入和全球产业结构的逐步调整，发达国家的跨国公司在继续向发展中国家转移制造业的同时，也越来越多地将服务以外包的形式向外部转移。大量的服务外包产生于制造企业的生产性服务环节，制造企业为了提高其自身的核心竞争力，将部分业务流程外包，这些制造业跨国公司形成了潜在的服务外包发包方市场。在服务外包和制造业相互促进的过程中，接包方的技术能力得到了增强，劳动力素质也得到了提高，同时还促进了基础设施的进一步完善，从而使得跨国公司将更多的服务外包给接包方，对投资的促进产生了良性循环效应。在承接国际服务外包的过程中，接包方吸引了大量的资金，扩大了产值和出口，从而使得产业结构得到优化升级。

（三）产业技术溢出效应

国际服务外包涉及的领域很大一部分为知识密集型服务行业，但是一般来讲，服务外包包含的技术含量较低，或在该服务的生产过程中所占的增值比重较小，因此承接国际服务外包并不一定能够带动一国（地区）服务业部门质的提升，特别是核心技术和管理理念，还需要接包方自身研发培育。但就目前我国企业发展现状而言，承接国际服务外包是提高外包企业竞争力和成熟度较为合适的方式。如果我国外包产业要在国际化和规模发展的基础上培育创新能力，产业规模是创新的基础，而参与国际分工对于提高我国企业的国际竞争力具有重要作用（宋丽丽，2008）。

（四）能源消耗结构升级效应

随着我国承接制造业转移规模的逐年扩大，对经济造成的负面影响，如能源消耗、环境污染、技术进步和经济结构调整受阻等问题也在不断凸显。与制造外包业相比，服务外包具有信息技术承载度高、附加值大、资源消耗低、环境污染少和国际化水平高等特点。承接国际服务外包，对于接包方发展现代服务业具有重要的促进作用。由于服务业具有资源消耗低、环境污染少和合理配置有效资源的优势，因此承接国际服务外包可以有效缓解当今社会经济增长与资源稀缺、环境污染的矛盾。

除上述 4 种产业结构升级之外，承接国际服务外包还可以给接包方带来就业、竞争等结构优化效应。首先,承接国际服务外包对接包方的就业效应产生影响,表现为就业人数的增加和就业结构的变化。其次,承接国际服务外包还会产生竞争效应(卢峰,2007)。承接国际服务业外包能够提高接包方企业的竞争力水平,企业通过承接国际服务外包能够实实在在地提高技术和管理水平,进而提高整个行业的竞争力水平。作为发包方的跨国公司和作为接包方的企业在技术方面的合作比较密切,接包方企业可以通过"干中学"掌握一些技术,在这个合作过程中,发包方还会转让一些技术。同时,发包方会带来与接包方技术水平相匹配的先进管理理念和方式,使接包方不断地提高自身的技术和管理水平,以增强其竞争力,扩大在国际服务外包市场上的份额,从而带动整个行业的发展。这是一个持续、动态的链式反应过程,接包企业竞争力水平的提高直接导致了企业所在行业整体竞争力水平的提升,进而对接包方整体竞争水平产生正面、积极的影响。

二、承接国际服务外包促进产业结构优化的影响机理

(一)相关研究综述

随着经济的发展,产业结构在不断变动。当产业结构不适应经济发展时,就需要进行调整。无论是借助于市场机制还是采用行政干预,只要这种调整能够推动产业结构趋于合理化,或更加适应经济的发展,那么这一调整过程就是产业结构优化的过程。罗斯托、筱原三代平和艾伯特·希曼等在产业结构优化方面的研究最具有代表性。

罗斯托在其1953年出版的《经济成长的过程》一书中指出,经济成长从低级向高级演进的过程中,主导产业群也依次发生相应的更替,从而推动产业结构的升级。产业结构优化要选好主导产业,通过主导产业的快速发展带动经济的增长。筱原三代平(1957)指出,需求弹性大的产业能够增加收入,利用规模经济效应迅速提高利润。因此,应把积累投向收入弹性大的行业或部门。同样,一般生产率增长较快的产业,其技术进步的速度也较快,而生产费用却比较低,这样就必然会吸引各种资源向该产业流动,促进该产业的快速发展,进而成为经济增长的支柱和主动力。美国经济学家艾伯特·希曼在其著作《经济发展战略》一书中提出了产业关联标准,认为产业关联度高的产业会产生较强的后向关联、前向关联和波及效应,产业结构优化应加强这些产业的发展。

(二)承接国际服务外包的产业结构优化机理

承接服务外包在带动经济总量增长的同时,也在一定程度上促进了我国产业结构的优化,其作用机理如图2-4所示。产业结构优化是指通过产业结构调整,使产业结构效率、产业结构水平不断提高的动态过程。通过调整产业结构,一国或地区的资源配置效率可以达到最优。产业结构优化包括3个方面的内容:产业结构高效化、产业结构高度化和产业结构合理化。

服务外包的引入,以及随之而带动的制造业劳动生产率的提高和政府引导规范可以分别从合理化、高度化、高效化 3 个方面来提升产业结构,从而达到产业结构优化的目的。

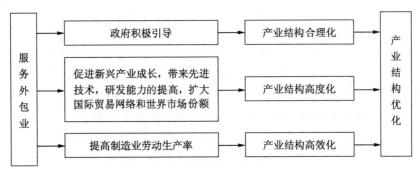

图 2-4　服务外包促进产业结构优化作用机理模型

1. 国际服务外包促进产业结构合理化

(1) 通过政府引导使投资投入到国际服务外包中。由于服务市场信息的不对称,买卖双方对服务定价不一致,容易造成谈判成本过高,进而导致投入到服务业的外商资金较少,成为产业结构升级和优化的制约因素。对此,需要通过相关产业政策的运用,引导各类资金进入国际服务外包领域。例如,可采用信贷、利率优惠、税收减免等手段,还可采用建立投资风险基金、适当补贴等方式,以达到调动投资服务外包积极性的目的。

(2) 通过政府对国际服务外包的引导,促进国际服务外包与配套产业形成较强的联系。一个区域配套产业集群能够有效推动产业结构的升级,上游企业之间、下游企业之间以及上游企业与下游企业之间交互联系可以不断地推进产业的提升。通过政府的积极引导,使得在积极承接国际服务外包的同时,优化产业投资结构,从而达到促进产业结构合理化的作用。

2. 国际服务外包促进产业结构高度化

首先,承接服务外包将带来大量的市场机会,扩大产业规模并将通过外溢效应促进新兴产业的建立和成长。其次,承接国际服务外包可带来先进技术并提高研发能力。一方面,可以通过对新技术的积极消化、吸收、创新和扩散,提升技术水平,实现产业结构的高度化。另一方面,培养技术队伍和研发人才,有利于该产业在技术上不断创新,进而形成技术结构和产业结构不断优化的良性循环。另外,承接国际服务外包能带来先进的管理技术和 HR 开发能力,通过提高工作效率、更新技术观念等方式间接促进技术结构和产业结构高度化。

3. 国际服务外包促进产业结构高效化

当制造业外包发展到一定程度后向服务外包发展时,将有利于在较短的时间内充分利用其产业关联度,提高制造业劳动生产率,促进和加快制造业的价值实现。一般而言,制造业外包的环节大部分是有形的生产加工环节,而服务外包则主要是无形的高技术、知识密集型环节。一部分以外商直接投资(FDI)为主要形式的服务外包主要为制造业 FDI 提供服务,一方面降低了制造业的生产成本,另一方面降低了制造业的交易成本,从而提高了制造业的劳动生产率。

三、承接国际服务外包影响产业结构优化的传导机制

随着经济全球化的不断发展,世界各国之间的贸易联系日益紧密,国际贸易对各国的产业结构产生越来越重要的影响。作为一种新兴的贸易形式,随着服务外包的快速发展,它对一国产业结构产生了深远影响。经济学理论认为,一国的产业结构并不完全取决于资源禀赋,还与贸易结构和技术研发水平等因素有关,国际服务外包正是通过影响这些因素直接或者间接地改变一国的产业结构。

(一)通过技术外溢促进产业结构升级

技术进步是产业结构优化升级的核心和内在动力,直接或间接地影响产业的投入产出状况以及生产要素的配置和转换效率,并通过后向与前向关联形成技术外溢效应带动产业结构的优化升级。与制造业外包相比,发展服务外包会产生更明显的技术示范和带动作用,更有利于提高服务业和制造业的技术水平。首先,国际服务外包的业务范围主要集中于服务业中的智力密集型产业,如软件开发、银行、保险、人力资源、管理等领域,具有非常高的技术含量。其次,服务外包需要发包方与接包方直接进行大量的业务沟通和交流,这便于接包方学习和掌握发包方的技术、知识、经验和技能,具有很强的知识外溢效应。例如,20 世纪末印度的软件外包公司为美国软件公司解决"千年虫"问题,从而掌握了大量美国软件公司的源程序代码,使得印度企业获得了知识外溢的收益。

国际服务外包的技术溢出途径主要有以下 3 种:示范效应、关联效应和竞争效应。

◆ 示范效应。国际服务外包的高技能使得发包方需要为接包方提供专业培训或技术顾问,双方直接的技术交流对接包方具有明显的技术示范作用。同时,服务外包业的接包方通常兼顾国内国际两个市场,当这些面向国际市场的服务产品在国内市场进行供应时,使得国内服务企业能够了解国外先进的技术和管理水平,对国内企业起到了示范作用。

◆ 关联效应。目前进行外包的服务通常为生产者服务,它与农业及制

造业的关系极为密切,具有较强的产业关联性,有些服务就是逐步从制造业生产中分离出来的,本来就属于制造业生产过程中的一个环节,与制造业存在着千丝万缕的联系。服务外包业增加了制造业和农业生产中可使用的服务中间投入品的种类,引导传统部门的技术变革和产品创新,提升了产业的服务化水平。

◆ 竞争效应。大量的市场需求和较高的获利能力,将吸引众多的企业从事服务外包业务,加剧国内企业的竞争激烈程度,而竞争机制对产业的技术进步和生产率提高具有调节作用。一方面,刺激国内同类企业通过各种方法迅速学习先进的管理技术,提高服务质量,以保持其市场竞争力;另一方面,通过市场机制的作用,低效率的企业将淘汰出局,使得资源在各产业之间实现优化配置,促进产业结构高级化。

(二)通过优化生产要素结构促进产业结构升级

要素禀赋状况与产业结构的形成与变动有着密切的联系,产业结构变化的一个基本原因是生产要素禀赋结构的动态变化。随着技术的进步,产业结构的优化升级更多地依赖于人力资本,即取决于劳动力的受教育程度及技能熟练程度,而不是自然资源和物质资本。人力资本较为充裕的产业具有较高的产业技术水平和生产效率,其相对成本较低,因而产业部门利润率较高,这将吸引生产要素的流入,不断扩大其生产能力,并逐渐淘汰技术含量较低的产业部门,加快推动产业结构的优化和升级。

承接国际服务外包业务可以通过提高接包方人力资本的存量和质量,改变生产要素禀赋结构,逐步推动产业优化升级。服务外包的领域非常广泛,从最基本的信息处理到复杂的财务、金融和保险分析,从简单的电脑日常维护,到高端的软件开发和新产品设计等,所涉及的环节越来越复杂,对从业人员的要求也越来越高,从业人员必须具备一定的专业技能和专业背景,如计算机、通信技术和外语等。因此,外包企业通常会根据项目要求对从业人员进行充分的岗前培训、在岗培训以及外语技能培训,这构成了服务领域的从业条件模式,即专业高等教育、专项培训和外语技能。在这个过程中,服务外包可以帮助接包方建立一整套专业人才体系,进行人力资本积累。同时,在与发包方的合作中,接包方的参与人员有机会与国际公司人员共同工作,通过学习国外先进的知识或技术,不断累积经验,从而提高自身的素质。而承接国内项目时,他们会将之前获得的技术、管理知识推广开来,形成知识溢出,提高整个外包行业从业者的知识水平和职业素养,加速人力资本的积累。随着接包方人力资本质量和存量的提高,生产要素结构将逐渐发生改变,由之前的劳动力或物质资本丰裕向人力资本丰裕转变,并逐步形成人力资本密集型产业的比较优势,促进生产要素等资源向人力资本密集型产业转移,使制造业和服务业的发展逐步降低对原材料和物质资本的依赖而转向依靠人力资本和知识技术水平,从而实现产业结构的优化和升级。

(三)通过贸易结构促进产业结构升级

产业结构与贸易结构紧密相联,相互促进。产业结构决定贸易结构,同时产业结构向高级转换会带动贸易结构的相应提高;贸易结构也会反作用于产业结构,促进产业结构的升级。服务外包的发展直接促进了接包方国内服务业的发展,在国内形成并培育了一批先进的生产性服务产业,在市场机制的作用下,将引导生产要素流向新兴服务产业,促进服务外包的发展,提高服务业在国民生产总值中所占比重,逐步实现出口结构由货物贸易为主向服务贸易为主,从而加快产业结构高级化演进的步伐。例如,印度IT产业通过承接国外IT服务外包,使发展水平从原本落后发达国家10年左右缩短为3年,成为位于世界前列的IT产品生产和出口国,有力地推动了国内相关产业的转型升级。因此,积极承接国际服务外包不但可以直接增加服务业在国民生产总值中的比重,而且还能够实现产业结构升级。

参考文献

[1] Amrit Tiwana. Knowledge overlaps in software outsourcing. Ieee Software, 2004(10).

[2] Albert Sargent Jr. Outsourcing relationship literature. Information Systems and Technology, 2009(6).

[3] Baily M N, Lawrence R Z. What happened to the great U. S. job machine? the role of trade and electronic offshoring. Brookings Papers on Economic Activity, 2004, 35(2).

[4] Bardhan A. Globalization job creation and inequality: the challenges and opportunities on both sides of the offshoringdivide[2009 - 01 - 06]. http://staff. haas. berkeley edu/bardhan/off shoring/off shoring.

[5] Bosworth B. Challenges to the US economy: economic imbalances in a growing economy. Prepared for the Research Conference of the Tokyo Club Foundation for Global Studies, 2004.

[6] Bhagwati J, Panagariya A, Srinivasan T N. The muddles over out sourcing. Journal of Economic Perspectives, 2004(18).

[7] Garner C A. Off shoring in the service sector: economic impact and policy issues. Economic Review, 2004 (Ⅲ).

[8] Diromualdo, Gurbaxani. Application service provision: origins and

development. Business Process Management Journal,2003,9(6).

[9] Dossani R. Globalization and the off shoring of services:the case of India. Brookings Trade Forum,2005.

[10] Mitra,Devashish,Ranjan,Priya. Offshoring and unemployment:the role of search frictions and labor mobility. IZA Discussion Papers 4136,Institute for the Study of Labor (IZA),2009.

[11] Ronald Coase. The nature of the firm. Economica,1937,4(16).

[12] Robert C F, Gordon H H. Globalization, outsourcing, and wage inequality. NBER Working Paper,1996(1).

[13] 朱晓明:《服务外包把握现代服务业发展新机遇》,上海交通大学出版社,2006 年.

[14] 卢峰:《当代服务外包的经济学观察:产品内分工的分析视角》,《世界经济》,2007 年第 8 期.

[15] 郑雄伟:《2008 全球服务外包发展报告》,《亚太总裁协会》,2008 年第 2 期.

[16] 吴新国,高长春:《服务外包理论演进研究综述》,《国际商务研究》,2008 年第 2 期.

[17] 陈菲:《服务外包动因机制分析及发展趋势预测——美国服务外包的验证》,《中国工业经济》,2005 年第 6 期.

[18] 陈菲:《国际服务外包就业效应分析》,《特区经济》,2009 年第 6 期.

[19] 邹全胜,王莹:《服务外包:理论与经验分析》,《国际贸易问题》,2006 年第 5 期.

[20] 刘庆林,廉凯:《服务外包业对印度产业结构影响的分析》,《亚太经济》,2006 年第 6 期.

[21] 顾磊,刘思琦:《国际服务外包一个发展中国家的模型》,《世界经济研究》,2007 年第 9 期.

[22] 隆国强:《服务业跨国转移对中国的影响分析》,华南师范大学博士学位论文,2007 年.

[23] 吴洁:《国际服务外包的发展趋势及对策》,《国际经济合作》,2007 年第 5 期.

[24] 李庆伟,汪斌:《服务外包、生产率与就业——基于中国工业行业数据的实证研究》,《服务经济》,2009 年第 3 期.

[25] 张从春:《江苏五年外经贸发展业绩辉煌》,http://www.jccief.org.cn,2008 年 1 月 23 日.

[26] 何万里:《中国现代服务业的就业增长机制和绩效研究》,《财贸经济》,

2007 年第 8 期.

[27] 崔友平:《利用技术进步增加就业》,《当代经济研究》,2005 年第 10 期.

[28] 姜煜:《服务外包是严峻金融形势下中国的新机遇》,新浪网,http://finance. sina. com. cn/roll/20081011.

[29] 竺彩华,钟茂洁:《中国承接服务外包中的 FDI 因素研究》,《世界经济研究》,2008 年第 5 期.

[30] 杨春妮:《全球服务业直接投资:理论与实证》,中国经济出版社,2007 年.

[31] 李昂:《承接国际服务外包促进我国经济增长》,《经营与管理》,2011 年第 8 期.

[32] 陈清萍,曹慧平:《承接跨国服务外包与我国经济增长的相互作用研究——与制造外包的比较分析》,《国际贸易问题》,2011 年第 1 期.

[33] 陈景华:《服务业离岸外移的经济效应分析》,《世界经济研究》,2007 年第 2 期.

[34] 武晓霞,任志成:《人力资本与服务外包中的技术外溢——江苏省为例》,《经济与管理研究》,2010 年第 7 期.

[35] 景瑞琴:《人力资源与国际服务外包:基于承接国视角的分析》,对外经济贸易大学出版社,2009 年.

第三章 中国承接国际服务外包就业效应实证研究

就业是民生之本,承接服务外包是缓解就业压力的重要手段。党的十八大报告明确指出,要实施就业优先战略和更加积极的就业政策,鼓励多渠道多形式就业,促进创业带动就业,做好以高校毕业生为重点的青年就业工作和农村转移劳动力、城镇困难人员、退役军人就业工作。服务外包的核心资本是人力资源,服务外包企业全部收入的65%会被用于支付劳动成本(曲玲年,2011)。大力发展服务外包是有效解决就业问题的重要渠道,尤其有利于大学生的就业。2008—2012年,服务外包企业数量由3 302家增至21 159家,增长5倍多,吸纳从业人员数量由52.7万人增长至428.9万人,其中2012年大学毕业生从业人数为291万人,占67.8%。2013年上半年,新增服务外包从业人员40.6万人,其中新增大学毕业生26.2万人,占新增人员的64.4%。毕业生专业范围显著扩大,从软件工程、编码测试等几类专业,扩展到会计、财务管理、金融、医药研发、流程管理、工程设计、工业设计等数十类专业。[①] 显然,服务外包具有显著的就业效应。

第一节 中国承接国际服务外包概述

20世纪80年代后期,服务外包作为新兴产业发端于美国,并迅速蔓延至日本与欧洲,已成为全球跨国企业普遍接受和极力推广的新型经营模式(魏秀敏,2008)。IDC研究数据显示,2011年全球离岸服务外包产值已达917亿美元,预计未来5年年均增长16.5%;2015年全球离岸服务外包产值有望达到1 913亿美元。2006年我国第十一个五年规划纲要明确提出,要"建设若干服务外包基地,有序承接国际服务业转移",从此拉开了中国承接

---

① 中国商务部:《大力支持服务外包发展,推动外贸转型升级》,http:∥chinasourcing. mofcom. gov. cn/2013 – 10 – 08/158185. shtml。

国际服务外包的序幕。

一、承接国际服务外包的基本特征

近几年我国国际服务外包发展速度不断加快,尤其是在"千百十工程"的政策出台后,建设了一批具有国际竞争力的服务外包示范城市,推动了世界知名跨国公司将其服务外包业务转移到中国,培育了一些具有国际资质的大中型服务外包企业,凭借广阔的市场空间和丰富的人力资源,营造了有利于我国承接国际服务外包的发展环境。2012 年我国共签订服务外包合同 144 636 份,合同金额 612.8 亿美元,同比增长 37%,执行金额 465.7 亿美元,同比增长 43.8%。其中,承接国际服务外包合同金额 438.5 亿美元,同比增长 34.4%,执行金额 336.4 亿美元,同比增长 41.1%。[①] 面对外部市场的变化以及内部成本不断上涨的挑战,服务外包的比较优势发生了根本变化,创新已成为中国服务外包产业向高端延伸的必由之路。

我国服务外包产业具有如下 4 方面特点。

(一)起步晚,发展在波动中提速

中国服务外包的历史要追溯到 1985 年中国科学院向日本派遣软件研修生和 1988 年 IBM 公司向中国转移系统软件的汉化工作。但服务外包产业真正被政府和社会广泛认知则始于 2003 年。2003 年以后中国服务外包领军企业(如中软国际、中讯集团、文思创新、博彦科技、软通动力、药明康德、东南融通、浙大网新等)迅速成长。2006 年 3 月 14 日第十届全国人民代表大会第 4 次会议批准的我国第十一个五年规划纲要明确地提出,同年商务部启动了"千百十工程"[②]。

中国承接服务外包起步晚,但发展迅速,承接国际服务外包的规模不断扩大,吸纳就业的效应不断增强。2008 年全球服务外包市场总额为 806 亿美元,2008 年中国的离岸合同执行额为 46.9 亿美元,不足全球份额的 10%。[③] 2009—2011 年全国承接服务外包合同金额由 200.1 亿美元增加到 447.3 亿美元,年均增长 49.51%;离岸服务外包合同执行额由 100.9 亿美元增加到 238.3 亿美元,年均增长 53.68%,是 2005 年的 25 倍,成为仅次于印度的全球第二大服务外包接包方。2012 年我国承接服务外包合同额 612.8 亿美元,同比增长 37%;执行金额 465.7 亿美元,同比增长 48.3%。其中,承接国际服务外包合同额为 438.5 亿美元,同比增长 34.4%;执行金额 336.4

---

① 《商务部发布 2012 年我国承接服务外包情况》,http:// www. chnsourcing. com. cn/outsourcing-news/article/51683. html。

② 在 5 年内每年投入不少于 1 亿元,建设 10 个服务外包基地,吸引 100 家跨国公司将部分服务外包业务转移到中国,培养 1 000 家承接服务外包的企业。

③ 资料来自于埃森哲 2009 年中国服务外包市场研究报告。

亿美元,同比增长41.18%,远高于同期货物贸易出口增速。①

（二）离岸服务外包发包方相对集中

美国、日本、欧盟是我国离岸服务外包的主要发包方。据商务部统计,2009年我国签订的离岸服务外包金额为147.7亿美元,执行金额为100.9亿美元。我国服务外包的发包国家和地区主要是美国、日本和中国香港,协议金额共79.1亿美元,占协议总额的39.6%;执行金额为57.7亿美元,占执行总额的28.9%。2010—2012年期间,美国、欧盟和日本一直位于我国离岸服务外包市场的前3位。以国家级服务外包示范城市2011年数据为例,北京市离岸业务的67%以上来自美国、日本和欧盟三大核心市场;上海服务外包市场前5位分别为美国、日本、瑞士、中国香港和法国,合计占其离岸市场的73.3%;哈尔滨接包数量以美国、欧盟和日本为主。2012年我国承接美国、欧盟和日本的外包执行额依次为89.4亿美元、54.6亿美元和48.3亿美元,占执行额的26.6%,16.2%和14.4%。② 欧美业务占比从2005年的22.5%快速上升至2012年的42.8%,表明欧美软件外包业务开始向中国转移。

（三）服务外包企业的专业化服务水平不断提升

众所周知,开发能力成熟度模型集成（CMMI）、信息安全管理（ISO27001/BS7799）、服务提供商环境安全性（SAS70）、环球同业银行金融电讯协会认证（SWIFT）等各类国际资质认证,能够体现服务外包企业的专业服务水平,也是服务外包企业开拓国际市场的重要手段。截至2012年底,我国服务外包企业通过各类认证和13项国际认证数量分别达到10 073个和4 679个,2012新增1 752个和991个,分别同比增长3.73%和12.87%。

（四）服务外包的产业集聚效应进一步显现

全国21个国家级示范城市根据各地的经济基础、资源禀赋、产业特色,因地制宜,错位发展,采取多种措施促进服务外包产业加速发展。江苏省以南京、无锡、苏州3个国家级服务外包示范城市为中心,重点打造特色明显、集聚度高、辐射带动作用大、公共服务平台完善的苏南国际服务外包产业带,促进全省服务外包大发展。

---

① 本部分数据引自 http://www.chnsourcing.com.cn/。

② 《商务部发布2012年我国承接服务外包情况》,http://www.chnsourcing.com.cn/outsourcing-news/article/51683.html。

二、承接国际服务外包的区位分布

中国承接国际服务外包具有明显的区位特征,服务外包示范城市是承接服务外包的重要载体。随着一线城市的人力资本、商务成本及土地资源供求矛盾的凸显,非示范城市承接国际服务外包的规模不断扩大,并以服务外包园区建设为特征。中小城市以其独有的产业基础或要素特征发展各具特色的服务外包。

（一）国家级示范城市是承接服务外包的主阵地

21 个国家级服务外包示范城市[①]是目前我国承接国际服务外包的主要区域。2009—2011 年,这些示范城市承接离岸服务外包额占全国总量的90％以上。2009—2011 年承接离岸服务外包累计合同金额从 309.5 亿美元增加到 796.5 亿美元,年均增长 60.42％;离岸合同执行金额从 149.1 亿美元增加到 503.5 亿美元,年均增长 83.76％。2012 年承接离岸服务外包合同金额 398.3 亿美元,合同执行金额 305 亿美元,分别占全国总量的90.8％和 90.7％。[②] 鼎涛(2012)研究表明,跨国企业和龙头企业总部扎堆国家级示范城市。通过对"2011 年在华跨国服务外包企业二十强"评选(MNC TOP20)入榜企业以及"2011 年中国服务外包企业五十强"评选(TOP50)入榜企业共 70 家企业的调研统计发现,78％的跨国企业和国内龙头企业总部设在国家级示范城市。其中,总部位于北、上、广、深一线城市的企业占 58％,位于长三角二线城市的企业占 13％,位于中西部二线城市和东北二线城市的企业分别占 10％和 7％,而在非国家级示范城市设置总部的服务外包企业只有 12％(王瑶,2011)。

1. 国家级示范城市承接服务外包起步早、发展快

以大连、上海等为代表的第一梯队服务外包示范城市起步早、发展快。上海作为我国战略意义上的国际中心,是我国第一批建立的服务外包示范城市之一。2006 年 10 月 23 日,商务部、信息产业部和科技部联合授予上海"中国服务外包基地城市"称号。上海市重点发展金融服务外包[③]、影视游戏制作、应用软件开发与维护、分销与物流外包、财会服务外包。"上海市金融

---

① 21 个国家级服务外包示范城市分别是北京、天津、上海、重庆、大连、深圳、广州、武汉、哈尔滨、成都、南京、西安、济南、杭州、合肥、南昌、长沙、大庆、苏州、无锡和厦门。2006 年 10 月 23 日国家商务部、信息产业部和科技部联合为首批获得"中国服务外包基地城市"称号的城市正式授牌。首批基地城市共有 5 个,分别是大连、上海、深圳、成都、西安。

② 《商务部发布 2012 年我国承接服务外包情况》,http://www.chnsourcing.com.cn/outsourcing-news/article/51683.html。

③ 按照巴塞尔银行监管委员会(BCBS)、国际证监会组织(IOSCO)等机构在 2005 年发表的《金融服务外包》中所下的定义,金融服务外包是指"受监管实体持续地利用外包服务商(为集团内的附属实体或集团以外的实体)来完成以前由自身承担的业务活动"。

信息服务产业基地"是全国第一个金融服务外包示范基地,已吸引数个国家金融机构后台中心入驻园区。截至 2009 年底,上海市服务外包企业共 606 家,从业人员 10 万多人,通过各种认证数量 351 个,服务外包离岸合同金额 16.83 亿美元,同比增长 18.3%;离岸执行金额 10.36 亿美元,同比增长 20.3%。上海已初步形成 1 个基地城市、5 个服务外包示范区、8 个服务外包专业园区、84 家服务外包重点企业协同发展的格局,"软件产品出口、来料加工、系统集成、整体方案和软件服务并举"的软件外包产业链初具雏形。上海服务外包产业以软件出口为特色,是国家首批认定的国家级软件出口基地之一。日本是上海软件外包业务的主要来源国,对日出口占上海软件出口总额的 60%。随着跨国公司及研发中心的大规模进入,来自欧美等地的外包订单亦呈现较快的增长趋势。

　　作为第二批国家服务外包基地城市①的北京,在区位优势、人力资源等方面具有承接国际服务外包的综合优势,服务外包发展迅速(见表 3-1)。无锡市是 2007 年 10 月国家商务部、信息产业部等联合发文认定的"中国服务外包示范区"。无锡凭借其坚实的制造业基础,在承接国际服务外包、发展物联网等方面颇具特色(见表 3-2)。大连市是我国发展服务外包起步较早的城市,自 1998 年起全力推进软件和服务外包的发展,现已形成了比较完整的外包产业链,初步具备了向高端化发展的基础和条件。大连是中国第一个、也是唯一的"软件产业国际化示范城市",服务外包范围与规模不断扩大(见表 3-3)。西安市是一座历史文化名城,是中西部地区重要的科研、教育、国防和高新技术产业基地,是第一批授牌的国家级服务外包示范城市,地处新亚欧大陆桥中国陇海兰新线的中心城市,形成了独具特色的国际服务外包产业(见表 3-4)。广州市在 2007 年 12 月被商务部、信息产业部和科技部联合授牌为"服务外包基地城市",从此拉开了承接国际服务外包的序幕(见表 3-5)。

　　其他国家级示范城市也各具特色。济南市服务外包主要包括工程设计、软件信息、动漫、金融、财务、数据备份、数据处理、售后服务、呼叫中心、物流供应、会展服务等外包业务。济南市的外包产业群以高新区为基地,以齐鲁软件园为龙头,以软件外包为主体。服务外包出口主要面向日本、美国、加拿大、巴基斯坦、韩国、菲律宾等国家和地区,其中对日出口所占份额最大。天津市服务外包发展主要集中在 4 个方面:软件开发、生物医药、金

---

　　① 2006 年 12 月 25 日,国家商务部、信息产业部和科技部联合在杭州举行了"中国服务外包基地城市"授牌仪式暨服务外包基地共建协议签字仪式,北京、天津、杭州、南京、武汉、济南 6 个城市被认定为第二批基地城市。

融外包和跨国公司共享服务中心。天津软件出口主要以日、韩为主,同时也覆盖欧美、新加坡、香港、澳门、台湾等十多个国家和地区。合肥市服务外包主要涉及的领域是数据加工处理、软件分包、软件设计、财务管理、人力资源管理、金融证券、物流等。合肥市的服务外包企业主要集中在高新区,业务收入来源主要是以软件外包为主的 IT 服务外包。近几年来,合肥市软件企业在对欧美市场出口和对日本软件外包发展速度较快,但软件产品出口的规模还比较小。重庆市服务外包重点发展领域包括新技术和业务流程外包,以数据存储和处理、客户服务、嵌入式软件等为基础业务定位;以汽车和装备制造为主的制造业信息技术外包、贸易和电子商务平台服务、数字娱乐运营等为核心业务定位;以技术产品研发、工业设计和咨询等业务为未来培育的战略产业定位。相对于 ITO 的发展,重庆市业务流程外包(BPO)的基础较为薄弱,但发展潜力巨大。重庆市的 BPO 业务涉及的服务包括客户服务、保险理赔等,其中保险理赔、数据处理、工资和人力资源服务是最大的业务。目前,重庆市的中介咨询机构已有百余家,部分已经开展国内的服务外包业务。

表 3-1　北京承接国际服务外包的一般情况

类　别	内　容
OS 的区位分布	2008 年北京市将北京商务中心区、中关村科技园区海淀区、中关村科技园区大兴生物医药产业基地、中关村生命科技园、北京呼叫中心产业基地和北京经济技术开发区 6 个基地确定为北京首批"服务外包示范区"。它们分别侧重于发展国际金融、文化传媒、软件外包、生物医药、呼叫产业等业务。
OS 业务类型与规模	北京服务外包业务主要类型为信息业和软件业、生物医药、金融电信、呼叫中心等。2009 年北京市离岸服务外包业执行额 10.5 亿美元,其中 ITO 所占比重为 77.7%,BPO 所占比重为 16.7%,KPO 所占比重为 5.6%。目前,北京市服务外包企业累计达 400 多家,从业人员近 10 万人,离岸业务超过千万美元的企业达 24 家。北京服务外包产业的发展以信息技术外包(ITO)为基础,逐渐向业务流程外包(BPO)市场拓展。
OS 的主要来源地	2007 年北京软件外包出口国家与地区的分布有所变动,日本的市场份额虽然下降了 1%,但是日本仍是北京软件外包的第一大贸易国。中国香港取代美国成为北京软件外包出口的第二大贸易地区,香港的市场份额从 2006 年的 14% 上升到 2007 年的 17%。由于美国次贷危机的影响,美国的市场份额由 2006 年的 18% 下降到 2007 年的 16%,市场占位也下降到第三,但是 2007 年北京对美国软件出口额为 0.74 亿美元,比 2006 年的 0.66 亿美元增长了 0.8 亿美元。 2011 年,北京对美国业务达到了 8.33 亿美元,美国成为北京最大的业务来源国;日本业务达到了 3.76 亿美元,为第二大发包方;欧洲市场也得到了充分开拓。2011 年,美国、日本、西欧三大区域覆盖了北京市离岸市场近 80% 的份额。

续表

类 别	内 容
典型的 OS 集聚区	中关村软件园是北京典型的服务外包产业集聚地。该软件园由商务区和自然形态的研发区组成。商务区中包括公共技术支撑体系、信息中心、人才培训中心、宾馆、国际会展中心和体育馆;软件研发区的研发中心以团队组成,依森林分布自由分散。截至 2010 年上半年,中关村软件园已有入园企业 200 余家。园区内的通信和基础设施建设完善,提供 1 000 M 的宽带网络和 20 M 以上的高速国际出口,无线网络覆盖率良好,建成了视频会议系统、一卡通系统、监视系统以及通信系统。该园区为入园企业提供一些专业化服务,如人才服务、人才派遣、工程服务、物业服务、创业投资服务、产权经济与注册代理、法律服务、知识产权服务和税务服务等。
承接 OS 的环境	作为中国的首都,北京拥有强有力的政策支持和完善的基础设施。北京是中国重要的交通枢纽,航空设施发展迅速,2007 年在北京首都国际机场运营的航空公司共有 78 家,其中国内航空公司 15 家,其他(含港澳)航空公司 63 家。同时通信基础也有很好的发展,2007 年,移动电话用户占用率达到 98%,拥有宽带用户 351.2 万户;拥有北大、清华等一大批高校,培养了服务外包所需的人才储备。2007 年北京市本专科在校学生 56.8 万人,占全国 1 885 万在校生的 3%,北京市招收研究生的 52 所高校及 118 家科研机构共计有在读研究生 18.7 万人,占全国 120 万在读研究生的 16%。

注:OS 即 outsource 的简称,下同。

表 3-2 无锡市承接服务外包的一般情况

类 别	主 要 内 容
OS 业务类型与规模	无锡服务外包业务类型主要包括软件研发、IC 设计、检测外包、影视动漫设计和生物医药研发等方面。2008 年无锡市离岸服务外包合同金额和执行金额分别为 6.18 亿美元和 4.87 亿美元。2009 年无锡市服务外包业中 ITO 占 57%,BPO 占 31%,KPO 占 12%。截至 2009 年,无锡市共有 828 家服务外包企业,有 58 家获得 CMMI 国际资质认证,服务外包从业人员 6.4 万人。2010 年无锡新区完成服务外包合同金额 10.5 亿美元,同比平均增幅 35%。截至 2011 年 9 月底,无锡市服务外包接包合同金额 33 亿美元,接包合同执行额 27 亿美元,离岸外包执行金额 18 亿美元,同比增长均超过 50%,各项主要指标继续保持在全国 21 个国家级服务外包示范城市前列。

类　别	主　要　内　容
OS 业务来源地	对日服务外包是无锡市服务外包的重要目标和特色。无锡服务外包企业中 3/4 以上从事对日服务外包,特别是软件外包。日本最大的对华软件发包商 NEC 公司在无锡设立了华东软件发包中心。日本最大的财务软件公司 OBC、世界排名第二的系统集成商日本 NTT DATA 公司、世界第二的半导体设备供应商日本东京电子公司等均已落户无锡。除承接对日软件外包外,监测中心、数据中心、汽车自动化系统等对日业务流程外包项目均已在无锡落户。
承接 OS 的环境特点	① 第三产业发展迅速,金融保险、教育文化、软件和服务外包等新兴行业蓬勃兴起。 　　② 无锡交通便利,是华东地区主要的交通枢纽,已形成由铁路、公路、水路、航空配套组成的立体交通网络,距上海浦东国际机场 180 km,距上海虹桥国际机场 120 km,距南京碌口国际机场 180 km。无锡与上海仅为 1 小时左右高速公路路程。随着沪宁城际和京沪高速铁路的建成,从上海到无锡只需 20 多分钟。无锡机场开通了包括北京、深圳、广州、香港、澳门在内的 22 条航线,不久将开通日本、韩国航线,成为一个中型枢纽国际机场。 　　③ 无锡 2007 年城乡本地固定电话用户达 315.8 万户,其中移动市话 106.5 万户,移动电话用户达到 495.7 万户,比 2006 年增加 64.3 万户,计算机互联网用户达到 62 万户。全市互联网出口带宽已超过 650 Gbps,全市所有乡镇、行政村已实现光纤全覆盖,电信 FTTH(光纤到户)改造小区达 1 000 多个,覆盖用户数达 145 万户,移动 FTTH 覆盖用户数约为 100 万户,联通 FTTH 覆盖用户数约为 70 万户。 　　④ 无锡人才储备良好。近 3 年来,无锡市共培训、实训服务外包人才约 10 万人,有效地缓解了服务外包基础人才紧缺的问题。无锡现有江南大学等独立设置的高等院校 11 所。2007 年全市(含江阴、宜兴)毕业生生源总数近 4 万人,其中本科以上学历占总人数的 43.6%。无锡还凭借良好的生态环境,领先的经济发展水平和丰富的职业发展机会,大量地从外地引进人才,2007 年无锡共引进人才 51 640 人,其中双高人才 1 730 人,海外留学人才 263 人。
OS 集聚区	根据《无锡市服务外包产业十一五发展规划》的内容,"十一五"期间,无锡市建设 4 个国家级示范集聚园区,4 个省级示范集聚园区,3 个市级示范集聚园区。其中,新区和滨湖区分别创建 2 个国家级示范集聚园区,江阴市、宜兴市、锡山区、北塘区分别创建 1 个省级示范集聚园区,惠山区、崇安区、南长区分别创建 1 个市级示范集聚园区。

表 3-3　大连承接国际服务外包的一般情况

类　别	主　要　内　容
OS 业务类型与规模	大连从事信息技术外包和业务流程外包捆绑运作、嵌入式软件的开发；境外数据中心、备份中心已落户大连。2009 年大连市软件和信息服务预计实现销售收入 400 亿元，增长 30.7%，出口 14 亿美元，增长 33.3%。2009 年软件和服务外包出口 14 亿美元，同比增长 34%；在线登记服务外包合同金额 9.17 亿美元，执行金额 5.77 亿美元，同比增长 96%；大连服务外包中信息技术外包占 50%，业务流程外包占 30%，知识流程外包占 20%。大连市共有软件和服务外包企业 890 余家，其中外资企业 300 余家，世界 500 强企业 52 家，从业人员 2.8 万人。 2010 年，大连市软件与服务外包销售收入 535 亿元，出口收入 18 亿美元；2011 年 1—4 月，软件与服务外包销售收入 200 亿元，出口收入 7.19 亿美元。到 2011 年，大连市专业从事软件和服务外包业的企业共 946 家，从业人员 10.36 万人，人员规模 100 人以上的企业 70 余家，1 000 人以上 12 家。世界 500 强企业有 70 家在大连开展业务，名列全球前十大 ITO 和 BPO 服务提供商中，有 6 家在大连开展外包业务（来源于中国产业财经网 2011 年 6 月 15 日）。
OS 业务来源地	大连市提出了"大连，中国 IT 外包中心"的发展目标，利用地缘优势积极开拓日本和韩国市场，使一批日本和韩国企业落户大连，日韩外包业务源不断地转移到了大连。对日软件出口和外包业务已经成为大连服务外包的特色。以软件外包为核心的服务外包产业在大连得到了长足的发展。大连已经搭建起以软件和信息技术外包(ITO)、业务流程外包(BPO)和研发中心三大产业类型为核心的服务外包产业体系，建立起较为完整的服务外包产业链。
承接 OS 的环境特点	① 区位优势。大连临近日本、韩国，拥有相近的文化、语言优势等。 ② 交通便利。2006 年大连国际机场已经开通了 119 条航线，其中 76 条国内航线，国际和特别行政区航线 43 条。大连与 15 个国家、90 个国内外城市通航，与 36 个国际和特别行政区的城市通航。 ③ 人才储备良好。大连拥有一大批国内知名院校，如大连理工大学、东北财经大学、大连海事大学、大连外国语学院、大连轻工学院、大连大学、大连医科大学等，为发展服务外包培养了大批人才。 ④ 通讯设施完善。2006 年大连移动用户数为 331 万户，宽带用户数达到48.8万户。
OS 集聚区	在大连市高新园区旅顺南路软件产业带上已经建成的软件园区有大连软件园、新加坡腾飞软件园、香港瑞安天地软件园、河口东软大连软件园、旅顺国际软件园、动漫走廊等。2010 年又规划建设了华信软件园、亿达信息软件园、富达基金软件园、IBM 软件园、信雅达服务外包园区、欧力士日本外包基地等专业化园区及相关生活配套区。同时筹建的还有汽车电子及服务产业基地、船舶软件及工业设计港、通讯软件和服务产业基地以及凌水湾总部经济基地（来源于中国产业财经网 2011 年 6 月 15 日）。

表 3-4 西安承接国际服务外包的一般情况

类 别	主 要 内 容
OS 业务类型与规模	西安主要发展软件研发外包、生产型业务流程外包、航天研发外包、航空专业软件和业务流程外包以及网络游戏和动漫等业务。软件与服务外包产业是西安高新区着力发展的八大产业集群之一。
OS 业务来源地	西安凭借先天独具的人才优势、良好的产业环境以及产业基础，已使众多的欧美 IT 企业进驻。德国 Infineon，加拿大 Nortel，Platform 等一大批欧美著名 IT 企业在西安高新区设立了研发中心。同时，微软、英特尔、IBM 等国际著名公司也将西安作为全球技术交流基地。西安的欧美外包业务增长迅速，具有全球影响力的行业企业聚集速度不断加快。美国互芯等 20 多家国内企业群体面向欧美市场从事外包业务。2006 年对欧美实现出口 2 800 万美元。 除此之外，西安也一直是日本 IT 企业选择 ITO 外包的重要城市，越来越多的日本 IT 企业如日本富士通、NEC、用友-NttData、索浪、葡萄城等纷纷在西安软件园落户扎根（来源于新浪陕西城市新闻《西安成为服务外包抢手市场》，2012 年 10 月 8 日）。
承接 OS 的环境特点	① 有利于服务外包发展的基础设施和环境。西安已建成包括光纤、数字微波、卫星、程控交换、数据与多媒体等多种通讯手段在内的通讯网络。2005 年，移动电话用户数达到 419.96 万户。 ② 便利的交通。中国六大航空枢纽之一的西安航空港，已经开通了 90 多条国内航线和 29 条国际航线，是我国第四大航空港。 ③ 丰富的人才资源储备。2006 年西安拥有高等学府 42 所，如西安交通大学、西北大学、西安电子科技大学、西北工业大学以及第四军医大学等名校，专业软件学院 3 所，32 所民办高校和其他高等教育机构，培养了一大批适合服务外包的从业人员。仅 2006 年，毕业生就达 13.01 万人。除了自身所培养的人才，西安还吸引了一大批来自陕西、甘肃、河南、山西南部、宁夏回族自治区和内蒙古自治区等邻近地区的优秀人才，使得人才储备不断扩大。
OS 集聚区	西安服务外包产业园位于草滩生态产业园西部，草滩八路以西，皂河以东，规划占地面积 3 355 亩，分为创新孵化区、中心商务区、中心产业区、中电产业园区、企业自建区、生活配套区和文化体育休闲带，重点发展云计算与客户联络中心、数字内容与数字服务、数字影视与动漫游、智能电网与工业电子、软件与信息服务等（来源于西安经济技术开发区服务外包网）。

表 3-5　广州承接国际服务外包的一般情况

类　别	主　要　内　容
OS 业务类型与规模	广州承接服务外包主要涉及软件设计、数据处理、系统应用和基础技术服务、企业内部管理、供应链管理、文化创意设计等领域。2009 年广州市登记离岸服务外包合同额 5.92 亿美元,离岸服务外包执行额 3.38 亿美元;已通过 CMMI 认证的服务外包企业有 66 家,从业人员超过 5 万人。 　　到 2010 年,广州市在服务外包业管理系统登记服务外包合同额 18.34 亿美元,同比增长 167.02%,执行额 11.94 亿美元,同比增长 195.76%;离岸合同额 10.79 亿美元,同比增长 79.53%,离岸执行额 7.64 亿美元,同比增长 119.83%。新增服务外包企业 262 家,新增从业人数 8.66 万人,其中新增受训人数 2.13 万人,新增国际认证 190 个(来源于 2010 示范城市报告-广州报告:服务外包覆盖全市)。
OS 业务来源地	广州服务外包主要来自香港、欧美和日本地区。其中离岸执行额中,香港业务占 40.82%。汇丰银行、东亚银行、美国银行、花旗银行等金融机构后台服务业务迅速发展。广州科学城产业金融创新基地和金融后援服务基地初具规模,新华社金融信息平台南方总部项目启动实施;以承接港澳台客户服务为主的业务规模不断提升,为香港和欧美企业提供了专业、高质量的远程服务(来源于 2010 示范城市报告—广州报告:服务外包覆盖全市)。
承接 OS 的环境特点	① 政治优势。广州市作为广东省的省会,必然会在政策上得到大力的支持。 　　② 具有地缘优势。广州市位于广东省中南部,处于珠三角北缘,临近南海,同时靠近香港特别行政区和澳门特别行政区,可以得到一定的经济辐射。 　　③ 交通便利。广州地处珠江水系的东、西、北三江交汇,水、陆、空在广州交汇。 　　④ 不断完善的公共基础设施。2007 年,移动电话用户数目为 1 778 万户,互联网用户为 194.63 万户。 　　⑤ 拥有大量的人才储备。广州市拥有中山大学、暨南大学等一批高等院校,能够培养大量的人才。同时,由于广州是中国的一线城市,经济发达,能够吸引大批优秀人才。
OS 集聚区	广州市已形成了 4 个服务外包示范区,分别为广州经济技术开发区、南沙经济技术开发区、天河软件园以及黄花岗科技园。各示范区拥有完善的交通和通讯设施,环境宜人,生活和娱乐设施齐全,十分适宜服务外包人才工作和生活。其中,天河软件园属于广州市高新技术产业开发区,是国家软件产业基地、实施火炬计划 15 周年先进火炬计划软件产业基地、国家网络游戏动漫产业发展基地,目前包括高塘新建区、广州信息港、广州软件信息广场、华南理工大学分园区、时代新世界园区等 11 个分园区。

　　(注:表中未标明来源的数据大多来自毕马威:《龙的腾飞——中国服务外包城市巡览(2010)》。)

2. 政府支持是国家级示范城市服务外包快速发展的共同特征

为了发展服务外包,国务院从宏观战略角度对国家级示范城市发展服务外包给予优惠政策,如在税收、劳务用工、人员培训和人才引进等方面,支持体系不断完善和政策落实力度进一步加大。2011 年我国出台了《国务院关于印发进一步鼓励软件产业和集成电路产业发展若干政策的通知》(国发[2011]4 号),给予国内软件产业和集成电路产业在财税、投融资、人才、研发、知识产权等方面的扶持,推动在岸服务外包的发展。此外,还出台了《关于做好 2011 年度支持承接国际服务外包业务发展资金管理工作的通知》(财企[2011]69 号),进一步明确了享受政策支持的国际服务外包业的种类和适用范围,鼓励和推动离岸服务外包的发展。此外,各级地方政府在人才培育与引进、企业投融资、企业税收、服务平台建设、离岸外包业务开展等方面出台了各种扶持政策(见表 3-6),吸引外资和金融机构落户,对进一步推动中国服务外包产业跨越发展起到积极的作用。

表 3-6　典型国家级示范城市促进服务外包政策举例

城市	促进政策
上海	《2009—2010 年上海服务业发展规划》(沪府发[2009]50 号)、《上海市人民政府关于促进本市服务外包产业发展的实施意见》(沪府办发[2009]16 号)、《关于转发财政部、国家税务总局、海关总署〈关于鼓励软件产业和集成电路产业发展有关税收政策问题的通知〉及本市实施意见的通知》(沪财税政[2000]15 号)、《上海市高新技术产业开发区高新技术企业认定办法》、《上海市促进高新技术成果转化的若干规定》、《浦东新区促进高新技术产业发展的财政扶持政策》、《浦东新区促进现代服务业发展的财政扶持政策》等
北京	《北京市人民政府印发关于鼓励跨国公司在京设立地区总部若干规定通知》(京政发[2009]15 号)、《关于促进本市服务外包产业发展若干意见的通知》(京政办发[2009]27 号)、《关于同意支持中关村科技园区建设国家自主创新示范区的批复》(国函[2009]28 号)、《关于同意加快建设中关村国家自主创新示范区核心区的批复》(京政函[2009]24 号)、《关于进一步促进高新技术产业发展的决定》(京海发[2009]10 号)、北京市海淀区《促进服务外包产业发展实施办法》和《知识产权质押贷款贴息政策》等
南京	《推进南京市国际服务外包产业发展的若干政策实施办法》(宁财外金[2009]57 号)、《南京市鼓励境内外大型企业设立总部或地区总部的暂行规定》的通知、《南京市政府关于促进南京服务外包发展的若干意见》(宁政发〔2006〕248 号)、《关于加快动漫产业发展若干意见的通知》、《关于进一步加快软件产业发展的意见》、《南京软件园优惠政策》、《关于促进南京服务外包发展的若干意见》(宁政发〔2006〕248 号)、《关于印发〈南京市进一步加快软件产业发展若干政策〉的通知》(宁政发〔2005〕202 号)等

续表

城市	促进政策
大连	《大连市软件和服务外包高级人才奖励办法》、《关于软件和服务外包企业认定办法》、《关于进一步促进软件和服务外包产业发展的若干规定》补充说明、《关于进一步促进软件和服务外包产业发展的若干规定》（大政办发〔2008〕183号）、《关于加快软件和服务外包产业发展的意见》（大委发〔2008〕6号）、《大连软件及信息服务业个人信息保护规范》、《关于加快发展软件产业的实施意见》（大政发〔2004〕53号）、《关于吸引软件高级人才的若干规定》、《大连海关支持软件出口的若干措施》等
广州	《关于服务外包发展专项资金管理办法》（穗外经贸法〔2009〕2号）、《关于加快我市服务外包发展的意见》（穗府办〔2008〕19号）、《科技兴贸专项资金管理办法》（穗外经贸技〔2004〕23号）、《科学技术经费投入与管理条例》、《关于鼓励留学人员来穗工作规定》（市政府令〔1999〕10号）、《关于促进风险投资业发展若干规定》（市政府令〔2001〕第15号）、《加快服务业发展的意见》（穗府〔2005〕51号）、《关于加快软件产业发展指导意见的通知》（穗府〔1999〕79号）等

3. 国家级示范城市对服务外包的吸引力差异

《2011年中国服务外包城市投资吸引力评估》报告显示,中国服务外包城市投资吸引力前十强分别为成都、西安、无锡、武汉、南京、重庆、杭州、大连、苏州、天津。前十强城市在承接国际服务外包方面,各具特色。

成都市属于低成本优势模式示范城市,在2011年评估报告中位居首位。成都市的综合成本比较优势对国内外接包企业具有较强吸引力。普通在职职工平均人力成本在全国21个国家级服务外包示范城市中处于中游水平,与一线城市相比具有明显优势;IT专业人员平均劳动力成本比一线城市低30%~40%[①],土地和租金成本低于一线城市,具有支持服务外包企业的优惠税收政策。

天津市属于前店后场模式示范城市。前店后场模式是指依托中心城市,以城市群分工为核心,带动产业发展。天津高新区依托京津城市一体化,提出要成为"北京企业的后台运营中心"这一发展思路。

杭州市属于政府推动模式示范城市。2007年杭州市出台了《关于促进杭州市服务外包产业发展若干意见》,成立了由23个部门组成的杭州市服务外包工作领导小组,全面启动了杭州市的服务外包工作。为了有步骤地推进产业发展,2008年杭州市制订了《杭州市推进服务外包产业发展三年

---

① 成都市商务局:《成都市服务外包产业发展分析报告》,《商务研究》,2010年第3期。

行动计划》,大力实施服务外包产业发展"1210工程"。2008年5月12日,全国第一次服务外包工作会议在杭州召开。为尝试推进服务外包示范城市建设新机制,商务部、工信部、科技部与浙江省和杭州市政府签订协议,在21个国家级服务外包示范城市内首次确立了国家部委—省政府—市政府—园区—企业五级服务外包示范城市共建机制。在杭州承接国际服务外包的过程中,行政力助推的特色非常明显。

（二）非国家级示范城市服务外包园区的重要性凸显

近年来,越来越多的非国家级服务外包示范城市开始重视并重点培育服务外包产业,大力加强园区的建设力度,为吸引更多的服务外包企业提供载体设施和创造良好的产业环境。随着我国服务产业从一线城市向二三线城市梯度转移的趋势不断加强,拥有较丰富土地资源的二三线城市,已成为建设服务外包园区的主力军。2011年TOP10研究结果显示,非国家级服务外包示范城市的园区新增比例远远大于示范城市,占总数的74%。非国家级服务外包示范城市服务外包园区的建设比例由2010年的39%提升到2011年的42%,在新增以及扩建园区的城市中,非国家级服务外包示范城市的崛起显而易见。

另外,二三线城市人力资源成本、商务成本具有竞争优势。统计数据显示,2011年21个国家级服务外包示范城市职工平均工资为3 754.9元/月,比35个非国家级服务外包示范城市职工平均工资3 120.9元/月高出634元/月;2011年国家级服务外包示范城市写字楼平均租金117.4元/(月·平方米),是非国家级服务外包示范城市写字楼平均租金49.5元/(月·平方米)的两倍多;2011年国家级服务外包示范城市新房均价为11 739元/平方米,比35个非国家级服务外包示范城市的7 809.1元/平方米高近4 000元/平方米。可见,二三线城市较低的人力成本和商务成本已成为推动我国服务外包产业从一线城市转移的关键驱动要素之一。

虽然非国家级服务外包示范城市的建设和扩建呈现增长趋势,但全国服务外包园区建设整体趋于缓和。"十二五"时期,我国服务外包产业正逐渐退出"大而全"的载体比拼阶段,外包园区的建设和发展逐步回归理性。这一现象说明,很多城市在服务外包载体建设上放慢了速度,中国服务外包产业的发展已逐渐度过了大建产业载体、以配套设施吸引企业的初期发展阶段,各级地方政府开始将发展重点转向为企业提供服务平台、智力支持、业务扶持等软性服务内容上来。

（三）中小城市承接服务外包方兴未艾

非国家级示范城市在承接国际服务外包方面的重要性日益凸显,中小城市也各自发挥自身优势承接国际服务外包。昆山市花桥国际商务城是江苏省唯一以现代服务业为主导产业的开发区,也是重要的国际服务外包基地。"昆山花桥国际商务城金融 BPO 公共服务平台"是面向长三角地区的唯一公共服务平台,以"融入上海、面向世界、服务江苏"为总定位,发挥上海的区位优势、江苏的政策优势、昆山的成本优势,发展成为国内一流的以商务服务为核心产业的国际大都市卫星商务城。昆山依托对台优势,通过建设海峡两岸商贸合作区,加速以 BPO 为主要特色的服务外包产业发展。

大庆市作为一个资源型的城市,把石油工程技术服务、软件开发与信息处理服务、专业服务 3 个方面作为服务外包产业发展重点。大庆市已为中亚、东南亚、南美、北美、中东、北非等区域的 20 多个国家提供了勘探、测井、录井数据获取、处理、解释以及钻井、完井工艺设计和采油技术等外包服务。至 2009 年底,大庆市实现服务外包收入 7.5 亿美元,服务外包企业达 223家,从业人员 12 000 人;有 5 家企业通过 CMMI 三级认证。其中大庆市服务外包中信息技术外包占 60%,业务流程外包占 30%,知识流程外包占 10%。

三、承接国际服务外包的主体特征

(一)非国有企业是承接服务外包的主体

据工信部软件与集成电路促进中心(CSIP)、中国软件行业协会、中国软件与信息服务外包产业联盟、毕博管理咨询(上海)有限公司联合调查,2008年在中国软件与信息服务外包企业中,国有企业占 4.9%,外商独资企业占30.5%,合资企业占 12.4%,民营企业占 52.2%。上述调查结果反映了中国软件与信息服务外包企业的构成性质,从事软件与信息服务外包的主要是民营企业和外商独资企业,两者所占比重达到了 82.7%。《2011 年中国软件与信息服务外包企业及人才调研报告》显示,目前我国软件与信息服务外包企业中,中资企业占 49.6%,外商独资企业占 37.2%,中外合资企业占13.2%,国有资本难觅其中。2012 年 7 月第五届全球外包大会组委会发布全球服务外包企业 30 强榜单中,美国有 12 家,印度有 7 家,中国有 3 家企业入围,分别是中国东软集团、中国浪潮软件、中国博彦科技。

(二)从事不同细分服务外包活动的企业数量占比有较大差别

研究发现,从事不同类别服务外包活动的企业数量存在差异。以 2008年的数据为例,2008 年从事 ITO 业务的企业中,45.8% 的企业涉及软件测试环节,其中 2.0% 的企业以软件测试业务作为其主营业务;涉及应用实施业务的企业占 30.9%,其中 2.0% 的企业以应用实施为主营业务;涉及系统集成业务的企业占 27.9%,其中 3.3% 的企业将系统集成作为其主营业务;9.0% 的企业提供应用管理和设备托管业务,但是没有企业以此为主营业务;涉及软件产品支持业务的企业占 31.9%,其中 1.7% 的企业将软件产品支持作为主营业务;13.3% 的企业涉及硬件支持业务,其中 1.0% 的企业将硬件支持作为主营业务。

工信部软件与集成电路促进中心（CSIP，2009）对我国企业承接 BPO 业务的调查结果显示，从事财务管理外包业务的企业占 29.0％，从事人力资源管理外包业务的企业占 35.5％，从事客户关系管理外包业务的企业占 31.2％，从事采购外包业务的企业占 1.2％，从事研发外包业务的企业占 15.1％，从事营销销售外包业务的企业占 67.7％，而只从事营销销售外包业务的企业占 22.6％，以营销外包为主营业务的企业占 47.3％。[①]

（三）中小企业依然是主体，领军型企业成长迅速

《2011 年中国服务外包领军和成长型企业分析报告》对 2010 年服务外包十大领军企业和 100 强成长型企业进行了研究，结果显示：2010 年我国领军和成长型企业服务外包营业总额为 35.1 亿美元，离岸业务额为 22.1 亿美元，从业人数为 15 万人，分别比 2009 年增长了 14.3％，16.3％和 8.7％。软件与信息技术外包依然是领军和成长型企业的主要业务类型，占服务外包营业总额的 69.6％。2010 年十大领军企业的服务外包营业总额为 18.7 亿美元，离岸业务额为 14 亿美元，从业人数为 6.5 万人，分别比 2009 年增长了 25.5％，33.3％和 6.9％。十大领军企业中已有 4 家企业的服务外包营业总额超过 2 亿美元，超过万人的领军企业有 2 家。领军企业在中国服务外包产业中的主导地位已逐年凸显。

四、承接国际服务外包的业务结构特征

ITO 依然是我国承接国际服务外包的主要组成部分，BPO 业务增速加快，KPO 承接规模所占比重不断提高。

（一）信息技术外包比重最大

埃森哲 2009 年对中国服务外包市场研究报告表明，2008 年中国离岸外包市场信息技术外包的协议金额、执行金额所占比重都超过了 2/3，业务流程外包所占比重超过 1/5，知识流程外包所占比重最少，还达不到 1/10。据商务部统计，2009 年我国签订的服务外包合同中，离岸外包协议金额 147.7 亿美元，执行金额 100.9 亿美元；信息技术外包的合同协议金额 118.7 亿美元，占总额的 59.3％，执行金额 86.4 亿美元。2011 年我国 ITO，BPO 和 KPO 合同执行金额分别占比 61.1％，15.1％和 23.8％。2012 年信息技术外包（ITO）、业务流程外包（BPO）和知识流程外包（KPO）占比分别为 56.1％，15.5％和 28.4％。[②] 可见，ITO 外包占比依然最大。

---

① 有些服务外包企业从事多种服务外包业，因此各类企业占比总和大于 100％。
② 中商情报网：《2012 年中国承接国际服务外包合同额增长 34.4％》，http// www. askci. com/news/201302/20/201153361444. shtml。

外包业务的时序性变化表明,我国服务外包开始从产业链的中低端逐步向生物医药研发、技术研发、工业设计、检验检测等高端拓展。《中国服务外包发展报告2007》指出,2006年中国IT服务软件市场主要由软件服务外包和硬件服务外包构成,两者的比重达到了总体IT服务软件市场的91%,而IT培训和IT咨询所占比重不足10%。2006年中国软件离岸外包业务中,应用系统开发服务的比重为60%,软件测试和全球化服务的比重为25%,两者所占比重达到了总体的85%,而软件产品研发外包只占了4%。2010年,外包内容逐步从软件编码、测试、低端的业务流程外包向整个产业链上游(如研发设计、知识管理外包等)的高端领域延伸,同比增长38%。基于云计算平台和云模式的外包模式已经开始出现,成为未来IT外包市场一个新的亮点。2011年在中国数据中心IT基础设施第三方服务市场结构中,支持与维护服务仍占据IT服务市场重要地位,市场份额达到56.4%;IT专业服务居次,市场份额为22.6%;IT外包服务的市场份额为21.0%。从各服务产品的增长态势来看,客户对数据中心IT基础设施服务中的IT专业服务和IT外包服务需求在持续增长,呈现较大的市场发展潜力。

(二)业务流程外包增速加快

BPO占比较高的业务是商务外包,包括对企业内部管理服务、企业业务运作服务、供应链管理服务等。自1999年开始,BPO市场全球增长率已经达到23%,2004年全球BPO产值超过3 000亿美元,增长速度超过IT服务的平均增长率(杨丽琳,2009)。2006—2009年,我国承接BPO业务的规模不断扩大,年增长率稳定在30%以上。2006年BPO主要是由客户服务构成的,其所占比重达到了49.7%,占全部市场近一半的比例,而采购的比重十分少,还不到1%。

(三)知识流程外包占比不断提高

知识流程外包包括知识产权研究、医药和生物技术研发与测试、产品技术研发、工业设计、分析学和数据挖掘、动漫及网游设计研发、教育课件研发以及工业设计等领域。2008年中国离岸外包市场中知识流程外包所占比重最少,小于1/10。2011年我国KPO合同执行金额占比为23.8%,大于同期BPO的比重(15.1%),KPO合同执行额占比较2009年提高18.9%。2012年KPO合同执行额占比进一步提升,达28.4%,表明中国服务外包产业正逐渐从产业链中低端向金融外包、生物医药研发、检验检测、工程工业设计等高端服务外包业务拓展。

第二节　中国就业特征与服务业就业现状

世界银行数据显示，1980 年中国劳动力有 5.39 亿人，约占世界劳动力总量的 26.4%，相当于中等收入国家劳动力总量的 1.05 倍，以及高收入国家劳动力总量的 1.46 倍。1995 年中国劳动力为 7.09 亿人，约占世界劳动力总量的 26.3%，是中等收入国家劳动力总量的 1.03 倍，高收入国家劳动力总量的 1.64 倍。2010 年中国人口结构中 15～64 岁人口接近 10 亿人，占全国总人口的 74.5%，劳动力供给总量超过 8 亿人。2011 年我国劳动力供给总量也在增加。伴随着经济体制改革的深化和产业结构的调整，就业矛盾日益突出。

一、中国就业总体特征

与发达国家相比，中国劳动年龄人口众多，国民教育水平较低，一般劳动者的就业能力普遍不足，就业总量矛盾和结构性矛盾均十分突出（柳云飞，2009）。2000 年以来中国每年城乡平均新增就业人数 400 万左右，平均就业人口增长率为 0.6% 左右。就业岗位缺口逐步增加，总体就业弹性系数呈下降趋势。本节应用每年城乡新增就业人口及其增长率、就业人口占总人口的比重，以及就业弹性系数 3 个指标描述我国就业的总体情况。

（一）城乡新增就业人口及其增长率

城乡就业人员是指从事一定社会劳动并取得劳动报酬或经营收入的人员，包括在岗职工、离退休再就业人员、私营业主、个体户主、私营和个体工商户就业人员、乡镇企业就业人员、农村就业人员、其他就业人员（包括民办教师、宗教职业者、现役军人等），该指标反映了一定时期内全部劳动力资源的实际利用情况。分析每年城乡就业总量、新增就业人口及其增长率的有关数据，是研究我国基本国情国力的重要手段。

2000—2011 年间我国城乡新增就业人口及其增长率见表 3-7 与图 3-1。

表 3-7　2000—2011 年城乡新增就业人口及其增长率

年份	城乡就业人数/万人	每年新增就业人数/万人	就业人口增长率/%
2000	72 085	691	0.96
2001	72 797	712	0.98
2002	73 280	483	0.66
2003	73 736	456	0.62
2004	74 264	528	0.71

续表

年份	城乡就业人数/万人	每年新增就业人数/万人	就业人口增长率/%
2005	74 647	383	0.51
2006	74 978	331	0.44
2007	75 321	343	0.46
2008	75 564	243	0.32
2009	75 828	264	0.35
2010	76 105	277	0.36
2011	76 420	315	0.41

（资料来源：《中国统计年鉴 2012》。）

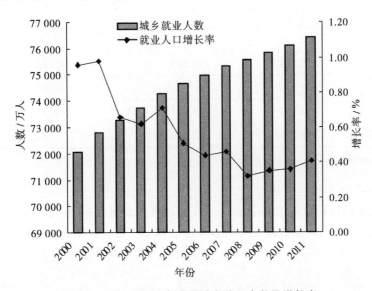

图 3-1　2000—2011 年中国城乡就业人数及增长率

（资料来源：《中国统计年鉴 2012》。）

　　如表 3-7 和图 3-1 所示，2000—2011 年期间我国城乡就业人数总量逐年增加。2000 年以来我国城乡就业总人数维持在 7 亿～7.8 亿之间，就业人口增长率平均保持在 0.6% 左右，但在波动中呈下降趋势，城乡新增就业人数有升有降，平均在 400 万左右。

　　（二）就业人口占总人口的比重

　　就业人口占总人口的比重是分析就业形势的重要指标，该指标反映了劳动力资源率的高低。分析表明，从 2000—2011 年就业人口数量由 7.2 亿增长到 7.6 亿，呈现上升趋势；就业人口占总人口的比重从 2000 年至 2004

年略有上升,2004 年至 2011 年略有下降,大致保持在 56%～58%之间,有关数据见表 3-8。

表 3-8　2000—2011 年就业人口占总人口的比重

年份	总人口数/万人	城乡就业人数/万人	就业人口占总人口的比例/%
2000	126 743	72 085	56.87
2001	127 627	72 797	57.04
2002	128 453	73 280	57.05
2003	129 227	73 736	57.06
2004	129 988	74 264	57.13
2005	130 756	74 647	57.09
2006	131 448	74 978	57.04
2007	132 129	75 321	57.01
2008	132 802	75 564	56.90
2009	133 450	75 828	56.82
2010	134 091	76 105	56.75
2011	134 735	76 420	56.72

(资料来源:《中国统计年鉴 2012》。)

(三)就业弹性系数

就业弹性系数是指就业增长速度与经济增长速度的比值,即经济每增长 1%所对应的就业数量变化的百分比。假定产值增长率为 a,就业增长率为 b,就业弹性系数为 k,就业弹性系数可以用数学公式表示如下:

$$k=\frac{b}{a} \tag{3.1}$$

现实经济活动中,劳动生产率一般呈上升趋势,因此就业弹性系数小于 1。通常情况下,就业弹性系数在 0～1 之间变动,即 $0<k<1$。当 k 越接近 1 时,就业弹性系数就越大,该经济体系吸收劳动力的能力就越强;当 k 越接近 0 时,就业弹性系数就越小,该经济体系吸收劳动力的能力就越弱。我国 2000—2011 年就业弹性系数的变化趋势见表 3-9 和图 3-2。

表 3-9　2000—2011 年我国就业弹性系数

年份	GDP 增长率/%	就业增长率/%	就业弹性系数
2000	8.4	0.96	0.114
2001	8.3	0.98	0.118
2002	9.1	0.66	0.073
2003	10	0.62	0.062
2004	10.1	0.71	0.070
2005	11.3	0.51	0.045
2006	12.7	0.44	0.035
2007	14.2	0.46	0.032
2008	9.6	0.32	0.033
2009	9.2	0.35	0.038
2010	10.3	0.36	0.035
2011	9.2	0.41	0.045

（资料来源：历年《中国统计年鉴》。）

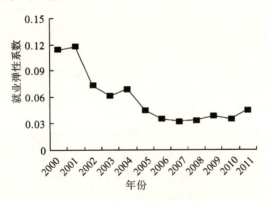

图 3-2　就业弹性系数变化趋势

（资料来源：根据历年统计年鉴数据整理得到。）

　　由表 3-9 和图 3-2 可以看出，中国就业弹性系数总体呈下降趋势，从 2000 年的 0.12 下降到 2011 年的 0.045。也就是说，GDP 每增长 1%，能吸纳就业人口的能力有所下降。

　　从以上 3 个指标来看，虽然就业人数占总人数的比重每年增减变化不大，但就业岗位的缺口并没有下降。中国每年新增劳动力人口 600 万左右，同时农村有 2 亿左右的剩余劳动力，农村每年有 2 000 万左右的劳动力转移到城市。按照 2011 年的就业情况,再就业人员有 315 万人左右,这样,每年需要安排的就业人数在 2 300 万左右。相关数据显示,GDP 每年增长 1%,可以增加就业人口约 80 万~100 万人。若 GDP 增长 8%,大约能够吸纳 640 万~800 万的就业人口。如果我国经济增长速度保持在 8%~9%,每年新增岗位在 640 万~900 万,那么至少会有 1 700 万~1 900 万的劳动力处于失业状态或者半失业状态。对中国而言,这意味着未来几十年内劳动力供过于求的矛盾比较严重并始终存在,这就是中国就业局势的一个基本状况。

二、中国服务业就业现状

20 世纪中期以来,服务业逐步成为发达国家国民经济中所占份额最大的产业,伴随着经济全球化的发展,经济发展的服务业趋向成为当今世界经济的重要特征之一。目前全球经济增加值中有 60% 以上是由服务业创造的,发达国家服务业所创价值占其 GDP 的比重达到了 70% 左右,少数国家该比重甚至达到了 80% 以上。服务业的发展水平已成为衡量各国国际竞争力的重要指标。对我国经济而言,在步入工业化中期以后,加快服务业发展已成为优化、调整经济结构和解决就业问题的基本途径和必然选择。

(一)服务业就业数量

自 1990 年以来,我国服务业吸收劳动力平均增速比第一、二产业要快。如图 3-3 所示,1990—2011 年服务业就业平均增长率为 4.02%,第一、二产业分别为 -1.77% 和 2.37%。进入 20 世纪 90 年代以后,在第一产业的就业人数出现负增长(-1.77%)、第二产业的就业增长缓慢(2.37%)的情况下,服务业就业的增长依然保持在 4.02%。服务业尤其是消费服务业多数属于劳动密集型产业,可吸纳大量就业人口。

如图 3-4 所示,从 1994 年开始,我国服务业吸纳的就业人数就超过第二产业的就业人数。1994 年我国服务业吸纳就业的人数为 15 515 万人,第二产业吸纳就业的人数为 15 312 万人,服务业吸纳就业的人数比第二产业吸纳就业的人数多 203 万人;到 2011 年服务业吸纳的就业人数为 27 282 万人,而第二产业吸纳的就业人数为 22 544 万人,服务业比第二产业吸纳的就业人数多 4 738 万人。事实上,发达国家服务业吸纳的劳动人数达到总人口的 60% 以上。如美国服务业的就业人数是其他行业就业人数的 4 倍。由此可见,我国服务业的就业潜力还很大,可成为我国吸纳劳动力、缓解就业压力的关键产业。

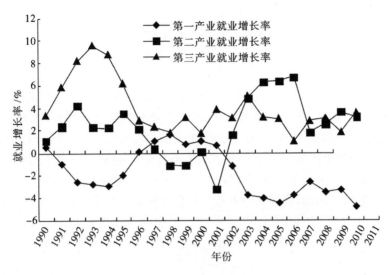

图 3-3　1990—2011 年三次产业的就业增长率

（资料来源：由历年《中国统计年鉴》相关数据整理而得。）

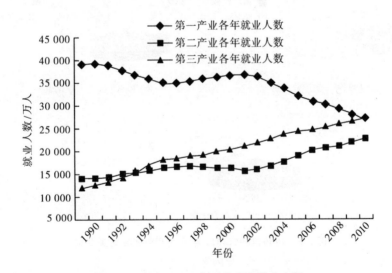

图 3-4　1990—2011 年三次产业就业人数

（资料来源：由历年《中国统计年鉴》相关数据整理而得。）

（二）服务业就业比重

根据配第-克拉克定律，随着经济发展和人均国民收入水平的提高，劳动力在各产业之间将发生规律性转移。劳动力首先从第一产业转向第二产业，然后再向第三产业转移。改革开放以来，我国产业结构的变动趋势也基本遵循这一规律。特别是中国加入世界贸易组织（WTO）之后，国内市场的竞争国际化,出口市场的竞争更加激烈。农业的就业人数呈下降趋势,农业在我国就业中所占比重也呈下降趋势,而服务业和工业在我国就业中所占的比重不断提高,服务业就业比重增长比工业就业比重增长快。

如图 3-5 所示,第一产业的就业比重呈下降趋势,由 1990 年的 60.1% 下降到 2008 年的 39.6%,到 2011 年第一产业的就业比重只有 34.8%。第二产业就业比重由 1990 年的 21.4% 上升到 2008 年的 27.2%,到 2011 年第二产业的就业比重达到 29.5%。服务业就业比重由 1990 年的 18.5% 稳步上升到 2008 年的 33.2%,到 2011 年服务业的就业比重已达 35.7%。但是,与其他国家相比,我国的服务业发展仍然滞后。发达国家第三产业就业比重一般在 65% 以上,发展中国家第三产业就业比重多在 50% 以上。因此,提升我国服务业就业比重,由服务业带动就业人数的提高很有必要,也很迫切。

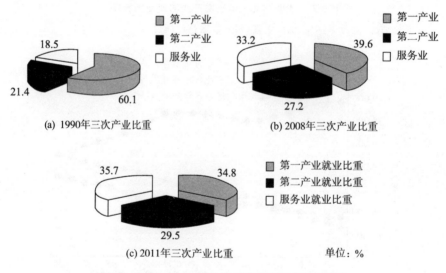

(a) 1990年三次产业比重

(b) 2008年三次产业比重

(c) 2011年三次产业比重　　　　　单位：%

图 3-5　1990,2008,2011 年三次产业就业比重变化

(资料来源:1991,2009,2012 年《中国统计年鉴》。)

从上述两个指标来看,随着我国服务业在三次产业中比重的增加,服务业就业人员也在大幅增加,就业增长率上升,服务业正在成为我国吸纳就业的重点产业和蓄水池,在吸收我国劳动力和促进城市化进程方面的作用逐步显现。因此我国应该大力支持和鼓励发展服务业,特别是附加值高、无污染的现代服务业,为优化产业结构,转变经济增长方式,促进就业做出积极的努力。

第三节 中国承接国际服务外包的就业特征

服务外包具有就业密集度高的特点,服务外包可以为接包方提供大量就业岗位。世界银行认为,如果远距离承接服务在技术上是可行的,而且可以使商务成本降低 30%～40%,则发包国家 1%～5% 的就业岗位将转向承接外包服务的发展中国家。研究表明,美国潜在的服务外包将给承接服务的国家创造高达 1 400 万个就业岗位,仅在金融服务业,服务外包为接包方创造的就业机会就将近 200 万个(李恩林,2010)。

一、承接服务外包吸纳就业的规模特征

近年来,我国服务外包发展迅速,规模不断扩大,对创造就业机会发挥了积极的作用。商务部统计资料显示,2009 年我国服务外包企业近 9 000 家,增加就业 70 万人,吸纳大学毕业生近 50 万人,约占全国同期大学生就业人数的 12%。2010 年离岸服务外包为我国提供 100 万个直接就业机会和 300 万个间接就业机会(李恩林,2010)。2011 年我国服务外包国际市场份额占全球的 23.2%,比 2010 年提高 6.3%。2011 年新增服务外包从业人员 85.4 万人,其中新增大学毕业生(含大专)58.2 万人,占比达到 68.1%。截至 2012 年底,我国服务外包企业数已经达到 21 159 家,从业人员为 428.9 万人,其中大学以上学历 290.9 万人,占从业人数的67.8%(如图 3-6 所示)。

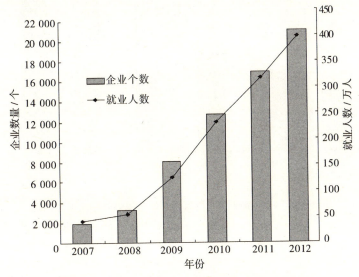

图 3-6 2007—2012 年中国服务外包就业趋势

(资料来源:根据中国服务外包网相关数据整理而得。)

二、承接服务外包吸纳就业的结构特征

在 ITO,BPO 和 KPO 三种模式中,软件与信息服务外包一直是吸纳就业的重要方式。2008 年中国软件与信息服务外包从业人员达到 41 万人,2009 年上升至 55 万人,同比增长 34.1%。2010 年我国软件与信息服务外包产业从业人员规模继续扩大,总量超过 73 万人,同比增长约为 32.7%;2011 年同比增长 35.6%;2012 年已达到 105 万人(如图 3-7 所示)。并且从业人员整体素质和水平进一步提高,人才培训以及储备数量继续扩大。

虽然我国通过承接国际服务外包不断扩大就业规模,但由于人口基数较大,加之产业结构调整和体制改革的深化,目前就业压力依然十分巨大,亟待寻求能够有效促进就业的机制和渠道。服务业是吸纳就业的"天然蓄水池"。服务业在我国产业结构中的比重越来越大,就业人数不断增长,其吸纳的就业人数年均增长率高于第一、二产业。国际服务外包是现代服务业之一,具有无污染、附加值高、发展迅速、吸纳就业人数多等特点。因此,发展服务外包有助于缓解我国的就业压力,是解决高校毕业生就业的重要途径。

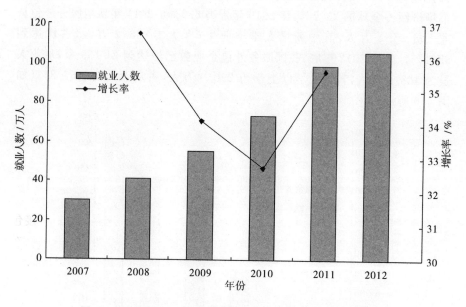

图 3-7 2007—2012 年我国软件与信息服务外包的就业情况

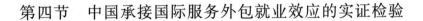

第四节　中国承接国际服务外包就业效应的实证检验

一、理论分析和模型建立

以柯布-道格拉斯生产函数(C-D)为基础,可构造分析产业转移效应的模型。C-D函数的表达式为

$$Y = AK^{\alpha}L^{\beta} \tag{3.2}$$

式中,A为技术系数;K为一国的资本投入;L为一国的劳动投入。

A对一国产出的影响直接或间接地通过资本技术水平来体现,可以把A当作资本平均技术水平T的函数,记做$A = A(T)$。因此赋予新含义的生产函数表示为

$$Y = A(T)K^{\alpha}L^{\beta} \tag{3.3}$$

根据新的C-D函数,可对服务业跨国转移的经济效应进行推导,本节主要以国际服务外包的接包方为研究对象。在进行分析之前,首先对模型做一些假设。

假设Ⅰ:国际服务外包能带来接包方资本的增加,即$K_l \geqslant K_0$;

假设Ⅱ:接包方的劳动力会随着承接服务外包业的规模扩大而增加,即$L_l \geqslant L_0$。

因为产业转移对于一国效应的影响最终要体现在产出上,所以根据新的C-D函数以及承接国产出的变化,可以初步构造一个产业转移效应函数:

$$U = A(t, N)K_l^{\alpha}(N)L_l^{\beta} - A(T_l)K_0^{\alpha}L_0^{\beta} - C \tag{3.4}$$

在公式的右边,第一项为接包方承接服务外包后的产出,第二项是接包方承接服务外包前的产出,C是承接服务外包过程中发生的成本。

下面对式(3.3)所表达的国际服务外包效应做进一步的分析。

第一,当国际服务外包发生以后,承接行业的产业平均技术水平t必然会对接包方当地的技术水平产生一定的影响。同时,服务外包会带来接包方资本的净流入,但净流入少于服务外包的数量N,因为产业转移本身会在接包方造成一定的资本"挤出效应"。因此承接服务外包后的技术系数可改写为$A(t, N)$。

第二,承接服务外包后接包方的资本投入不仅与承接前的资本投入有关,而且与服务外包的数量N有关,因此K_l可以写成N的函数,$K_l = K_l(N)$;同时,接包方的劳动力投入也会随着服务外包数量N的变化而变化,因此L_l可以写成N的函数:$L_l = L_l(N)$。

第三,在服务外包的过程中,会引起接包方相应的支出。理论上讲,产业转移的成本会随产业转移数量的增加而增加,也就是承接国际服务外包

的成本会随着服务外包的数量增加而增加。因为产业转移的数量越大,产业承接导致的额外费用越高。同时,产业转移的成本也会随技术水平变化幅度的增大而增加。引进产业的技术含量越高,引进的费用会越大,接包方政府给予的优惠政策也会越多。如果该产业确实能成功承接,虽然会促进本国产业的升级,但是对当地同业产生的挤出效应也会相应增加。因此,承接国际服务外包的成本函数可定义为

$$C = C(t, N) \tag{3.5}$$

根据上面的分析可知,决定承接国际服务外包效应的只有 t, N 两个变量。可将承接国际服务外包引起的效应函数变形为

$$U = A(t, N) K_l^{\alpha}(N) L_l^{\beta}(N) - A(T_0) K_0^{\alpha} L_0^{\beta} - C(t, N) \tag{3.6}$$

为了解承接国际服务外包的效应来源,还需对效应函数的内部结构进行分析。

$$
\begin{aligned}
U &= A(t, N) K_l^{\alpha}(N) L_l^{\beta}(N) - A(T_0) K_0^{\alpha} L_0^{\beta} - C(t, N) \\
&= d(A K^{\alpha} L^{\beta}) - C(t, N) \\
&= K^{\alpha} L^{\beta} dA + A\alpha K^{\alpha-1} L^{\beta} dK + A\beta L^{\beta-1} K^{\alpha} dL - C(t, N) \\
&= \left[K^{\alpha} L^{\beta} dA - \frac{C(t, N)}{3} \right] + \left[A\alpha K^{\alpha-1} L^{\beta} dK - \frac{C(t, N)}{3} \right] + \\
&\quad \left[A\beta L^{\beta-1} K^{\alpha} dL - \frac{C(t, N)}{3} \right] \\
&= U_1 + U_2 + U_3
\end{aligned}
\tag{3.7}
$$

如果承接国际服务外包没有带来接包方资本投入和劳动力投入的增加,而只导致生产技术系数 A 的变动,这部分效应可称作"技术效应"或"优化效应",即 U_1。一方面,一些生产型服务业会推动本国制造业的发展,最终促进产业升级和优化。另一方面,服务外包的核心竞争力是以管理、技术为依托的优质的服务,随着服务外包的发展,外包产业的技术、知识密集度会迅速增加,能够极大地提高接包方同行业的技术水平。同时,服务业的技术外溢效应相当大,外溢效应越大对接包方产业优化升级的推动作用就越显著。可见,"技术效应"和"优化效应"对承接国际服务外包的国家具有重要的意义。

如果国际服务外包不带来接包方劳动投入的增加和生产技术系数的变动,而只带来接包方资本投入的增加,那么产业转移的效应可以用 U_2 来表示,称之为"资本效应"。承接国际服务外包带来的资本最终会转化为服务业关联产业的发展以及服务业水平的提高。

如果承接国际服务外包没有导致接包方资本投入的增加和生产技术系数的变动,而只刺激了接包方劳动投入的增加,那么产业转移的效应可以用 U_3 表示,称之为"就业效应"。承接国际服务外包能够增加接包方劳动力的

投入,这一点主要是针对与劳动密集型服务业相关的产业转移而言的。例如,餐饮业、运输业、物流业等传统型的服务业和新兴服务业中劳动密集型的环节(如呼叫中心)等。承接国际服务外包业也会提高接包方非熟练劳动力的就业水平。

二、数据收集及处理

理论分析得出,服务业跨国转移对产业接包方可能产生包括技术效应、优化效应、资本效应和就业效应等方面的影响。这里将采用协整分析和格兰杰因果检验的研究方法,分析我国承接服务业跨国转移对经济社会所产生的效应,验证理论分析是否能够反映现实情形。因为大部分时间序列数据都是非平稳的,不满足多元回归等传统分析方法对数据平稳性的要求,所以在对变量的形式进行确定后,先对时间序列变量进行平稳性检验,然后再进行协整检验,最后做格兰杰因果检验。

由于离岸服务外包是服务业跨国转移的最新载体之一,这里以国际服务外包存量 RSO[①] 代表服务业跨国转移规模,研究承接国际服务外包对我国经济所产生的影响,然后分析上述效应对就业产生的影响。以下分别从 4 种效应的角度进行分析,实证研究所用数据分别来自《中国统计年鉴》各期、《中国第三产业统计年鉴 2011》、《中国人口和就业统计年鉴 2011》;计量分析中的变量均取对数,这样不仅使得序列变化呈线性,而且还可以消除异方差。

（一）技术效应（T）

服务业跨国转移对承接国经济发展的最大贡献在于技术外溢。服务业跨国公司可带来包括整套工艺、设备、工业流程等在内的硬技术和包含知识、信息、专长、组织、管理和销售技能的软技术。软技术体现在技能方面,根据联合跨国公司中心的研究,服务业的技术主要表现为由雇员平均报酬表示的软技术的积累——通常反映在工资方面。因此用服务业平均工资来表示技术效应,数据见表 3-10。

（二）产业结构优化效应（S_3）

国际产业转移对我国产业结构升级的影响主要表现在两个方面:一是移入产业的产业层次高于我国原有产业的平均水平,直接提升了中国产业的总体结构水平,服务外包涉及的计算机通信业、金融业等都属于现代服务业,高于我国现有的产业水平;二是国际产业转移促进了我国国民收入水平的提高,提升了居民的消费结构,间接地带动了产业结构的升级。我国承接国际服务外包的产业收入不断增加,从业人员工资高于服务业平均工资水

---

① 因我国对服务外包业相关信息统计起步较晚,数据难于找到且不具有系统性,因此笔者借用国际收支平衡表中服务项目的金额表示服务外包业的存量 RSO。

平。积极承接国际服务外包,能够促进国内第三产业的生产效率,提高我国服务业的增加值,使服务业产值占 GDP 的比重不断上升,推动产业结构不断升级。这里采用第三产业增加值占我国 GDP 的比重来表示产业结构优化效应,数据见表 3-10。

（三）资本效应（K）

对于国际服务外包的接包方而言,承接国际服务外包相当于增加了可用于服务业投资的储蓄,直接促进了经济的发展。跨国公司设立分支机构带来的服务业直接投资,有助于解决我国发展国际服务外包资金不足的问题,而且跨国公司承接国际服务外包所产生的示范效应和关联效应,有助于提高我国资本形成的质量（杨春妮,2007）。这里采用按行业分城镇新增固定资产投资额中各服务行业投资额之和来表示资本效应,数据见表 3-10。

（四）就业效应（EMP）

国际服务外包对接包方就业的影响主要表现为两个方面:一是国际服务外包外商直接投资本身创造了新的就业机会;二是通过产业的前向关联和后向关联,间接地创造了许多新的就业机会。新工作岗位的增加,有助于提高接包方知识密集型劳动力的比例,进而提高第三产业就业人口在就业总人口中的比例,促进现代服务业总量的扩大和层次的提高,对提高劳动力整体素质和整体就业规模均具有积极影响。为此,这里采用第三产业就业人数占总就业人数的比重来表示就业效应,数据见表 3-10。

表 3-10　实证检验所需指标原始数据

年份	RSO/亿美元	S_3/%	T/元	K/亿元	EMP/%
1994	113.68	33.6	447.64	1 754.26	23.0
1995	184.20	32.9	513.70	2 616.95	24.8
1996	205.70	32.8	584.39	3 252.53	26.0
1997	245.04	34.2	638.70	4 139.78	26.4
1998	238.80	36.2	722.62	4 843.53	26.7
1999	261.65	37.7	877.62	5 679.46	26.9
2000	301.46	39.0	980.84	6 475.56	27.5
2001	329.03	40.5	1 140.02	6 548.28	27.7
2002	393.80	41.5	1 170.00	7 868.45	28.6
2003	463.70	41.2	1 226.47	17 886.00	29.3
2004	620.60	40.4	1 335.00	20 376.36	30.6
2005	739.10	40.5	1 530.33	25 501.37	31.4
2006	914.20	40.9	1 881.09	30 202.95	32.2

年份	RSO/亿美元	S_3/%	T/元	K/亿元	EMP/%
2007	1 216.50	41.9	2 309.90	34 443.94	32.4
2008	1 464.50	41.8	2 713.47	43 703.20	33.2
2009	1 286.00	43.4	3 028.88	57 351.10	34.1
2010	1 702.00	43.1	3 394.84	69 706.80	34.6

（数据来源：国家外汇管理局、各年中国统计年鉴、中国第三产业统计年鉴、中国劳动统计年鉴；

　　　　　中华人民共和国商务部，http：// www. mofcom. gov. cn；

　　　　　中华人民共和国国家统计局，http：// www. stats. gov. cn。）

三、模型估计与检验

（一）单位根检验

传统的回归结果只有在变量序列平稳的条件下才具有可靠性。平稳序列不随时间的变化而变化，时间序列在各个时间点上的随机性服从一定的概率分布。对非平稳序列进行回归可能导致不可靠的结果，因而出现虚假回归。在某些情况下，时间序列的高度相关仅仅因为二者同时随时间向上或向下变动，并没有真正的关联。因此，为了有效地避免伪回归，首先应该对变量进行平稳性检验。如果每个变量是同阶单整，便可以进行协整分析。即在确定服务外包 RSO 分别与 T, S_3, K, EMP 是否存在长期关系之前，先对每个时间序列进行平稳性检验。检查序列平稳性的标准方法就是对某一时间序列进行单位根检验（ADF 检验），ADF 检验不仅可以检验变量的时间序列是否平稳，而且还可以检验单整的阶数，可建立如下回归方程：

$$\Delta Yt = \beta_0 + \beta_{1t} + \beta_2 Y_{t-1} + \sum_{i=1}^{k} \beta_{3i} \Delta Y_{t-i} + \mu_t \quad (i = 1, 2, \cdots, k) \quad (3.8)$$

并假设

$$H_0 : \beta_2 = 0; \quad H_1 : \beta_2 < 0$$

式中，β_0 为常数项；β_{1t} 为时间趋势项；K 为滞后阶数。在回归结果中，根据一定显著性水平下的 ADF 临界值，如果接受原假设 H_0，则说明序列 Y_t 存在单位根，是非平稳的；若参数估计 β_2 显著不为零，则不存在单位根，说明时间序列 Y_t 是平稳的。方程中加入 k 个滞后项，是为了使残差项 μ_t 成为白噪声。对于非平稳的变量还要检验其差分的平稳性。如果变量的 n 阶差分是平稳的，则称此变量是 n 阶单整，记为 $I(n)$。所有变量同阶单整是变量之间存在协整关系的必要条件。ADF 单位根检验结果见表 3-11。

表 3-11　ADF 单位根检验结果

检验序列	检验形式	检验统计值	各显著性水平上的临界值			结果
			1%	5%	10%	
$\text{Log}T$	$(c,0,0)$	9.853 677	$-2.717\ 511$	$-1.964\ 418$	$-1.605\ 603$	非平稳
$\text{Log}T$	$(c,t,0)$	$-2.266\ 926$	$-4.728\ 363$	$-3.759\ 743$	$-3.324\ 976$	非平稳
$\Delta^2 \text{Log}T$	$(c,t,0)$	$-4.195\ 334$	$-2.740\ 613$	$-1.968\ 430$	$-1.604\ 392$	平稳
$\text{Log}RSO$	$(c,0,0)$	3.310 214	$-2.717\ 511$	$-1.964\ 418$	$-1.605\ 603$	非平稳
$\text{Log}RSO$	$(c,t,0)$	$-3.658\ 934$	$-4.800\ 080$	$-3.791\ 172$	$-3.342\ 253$	非平稳
$\Delta^2 \text{Log}RSO$	$(c,t,1)$	$-5.625\ 013$	$-4.886\ 426$	$-3.828\ 975$	$-3.362\ 984$	平稳
$\text{Log}S_3$	$(c,0,0)$	1.642 514	$-2.717\ 511$	$-1.964\ 418$	$-1.605\ 603$	非平稳
$\text{Log}S_3$	$(c,t,0)$	$-3.036\ 728$	$-4.667\ 883$	$-3.733\ 200$	$-3.310\ 349$	非平稳
$\Delta^2 \text{Log}S_3$	$(c,0,1)$	$-4.532\ 710$	$-2.728\ 252$	$-1.966\ 270$	$-1.605\ 026$	平稳
$\text{Log}K$	$(c,0,0)$	4.936 304	$-2.717\ 511$	$-1.964\ 418$	$-1.605\ 603$	非平稳
$\text{Log}K$	$(c,t,0)$	$-2.633\ 182$	$-4.057\ 910$	$-3.119\ 910$	$-2.701\ 103$	非平稳
$\Delta^2 \text{Log}K$	$(c,t,0)$	-5.315266	$-4.800\ 080$	$-3.791\ 172$	$-3.342\ 253$	平稳
$\text{Log}EMP$	$(c,0,0)$	2.916 042	$-2.708\ 094$	$-1.962\ 813$	$-1.606\ 129$	非平稳
$\text{Log}EMP$	$(c,t,3)$	$-0.371\ 005$	$-2.816\ 740$	$-1.982\ 344$	$-1.601\ 144$	非平稳
$\Delta^2 \text{Log}EMP$	$(c,0,1)$	$-4.761\ 542$	$-2.728\ 252$	$-1.966\ 270$	$-1.605\ 026$	平稳

（注：① Δ 为一阶差分，Δ^2 表示二阶差分；② 检验形式是指检验方程中是否包括常数、趋势项和最佳滞后期，滞后阶数 n 根据 SIC 准则确定。）

ADF 检验结果表明，$\text{Log}RSO$ 和 4 个效应变量 $\text{Log}T$，$\text{Log}S_3$，$\text{Log}K$，$\text{Log}EMP$ 都是二阶单整的时间序列变量。二阶差分后 $\text{Log}RSO$，$\text{Log}T$，$\text{Log}S_3$，$\text{Log}K$ 和 $\text{Log}EMP$ 均在 1% 的显著性水平上拒绝了存在单位根的假设，5 个变量都具有二阶单整性 I(2)，即 $\text{Log}RSO$ 和 4 个变量之间均可能存在协整关系。

（二）协整分析

假定一些经济指标与某经济系统联系在一起，那么，从长远来看这些变量应该具有长期均衡关系，这是建立和检验模型的基本出发点。在短期内，因为某些因素的影响或者随机干扰，这些变量有可能偏离均值。如果这种偏离是暂时的，那么随着时间推移将会回到均衡状态；如果这种偏离是持久的，则意味着这些变量之间存在均衡关系。协整可被看作这种均衡关系性质的统计表示，而检验变量值之间是否存在协整关系的方法叫做协整检验。

如果变量是同阶单整的，其变量的某种线性组合是平稳的，则称变量间存在协整关系。协整关系的经济意义在于，两个变量虽然具有各自的长期波动规律，但如果它们是协整的，则它们之间存在一种长期稳定的比例关系。Johansen(1988) 和 JuseLius(1990) 提出的基于向量自回归模型的协整系统检验,具有良好的小样本特性。因此,本书采用迹检验和最大特征值法检验非平稳的时间序列数据和它们之间是否存在协整关系。基本思路是在多变量向量自回归系统中,构造两个残差的积矩阵,计算矩阵的有序特征值。然后,根据特征值得出一系列的统计量,以判断协整关系是否存在以及协整关系的个数。JJ 检验法对于滞后期非常敏感,这里采用 AIC 准则确定最佳滞后期,然后对协整中是否有常数项和趋势项进行设定,最后对数据进行检验。

协整检验结果中基于迹检验的 Trace 统计量和最大特征值的 Max-Eigen 统计量可以判别变量之间的协整关系。如果两个统计量大于临界值,则拒绝零假设,即变量间存在协整关系;相反,如果似然比统计量小于临界值,则接受零假设,即变量间不存在协整关系。

以自回归模型为基础,分别对 $LogRSO$ 与 $LogT$,$LogRSO$ 与 $LogEMP$,$LogRSO$ 与 $LogS_3$,$LogRSO$ 与 $LogK$,$LogT$ 与 $LogEMP$,$LogS_3$ 与 $LogEMP$,$LogK$ 与 $LogEMP$ 进行协整关系检验。对前 4 组变量进行协整分析,是为了验证承接国际服务外包的 4 个效应:技术效应、就业效应、产业结构效应以及资本效应,即检验承接国际服务外包是否影响我国的技术进步、就业增加、产业结构升级以及资本投入增加。对后 3 组变量进行协整分析,是为了说明承接国际服务外包对就业效应的间接传导机制,即技术进步可以促进就业,产业结构的提升以及关联产业的发展也会增加就业。同时,由承接国际服务外包引致的资本乘数效应对就业产生的影响。Johansen协整检验的迹检验和最大特征值检验的结果见表 3-12。

表 3-12　Johansen 协整检验结果

变量	零假设	迹检验		最大特征值检验	
		Trace	5%临界值	Max-Eigen	5%临界值
$LogRSO$ 与 $LogEMP$	$r=0^*$	23.992 08	15.494 71	15.075 49	14.264 60
	$r\leqslant1$	2.916 585	3.841 466	2.916 585	3.841 466
$LogRSO$ 与 $LogT$	$r=0^*$	16.250 17	15.494 71	16.250 17	14.264 60
	$r\leqslant1$	0.485 280	3.841 466	0.485 280	3.841 466
$LogRSO$ 与 $LogS_3$	$r=0^*$	18.333 05	15.494 71	17.362 72	14.264 60
	$r\leqslant1$	0.970 329	3.841466	0.970 329	3.841 466
$LogRSO$ 与 $LogK$	$r=0^*$	24.542 43	15.494 71	21.690 19	14.264 60
	$r\leqslant1$	0.674 713	3.841 466	0.674 713	3.841 466

续表

变量	零假设	迹检验		最大特征值检验	
		Trace	5%临界值	Max-Eigen	5%临界值
LogT 与 LogEMP	$r=0^*$	28.745 29	15.494 71	26.131 23	14.264 60
	$r\leqslant1$	2.614 062	3.841466	2.614 062	3.841 466
LogS$_3$ 与 LogEMP	$r=0^*$	19.885 83	15.494 71	18.912 53	14.264 60
	$r\leqslant1$	0.973 294	3.841 466	0.973 294	3.841 466
LogK 与 LogEMP	$r=0^*$	16.548 40	15.494 71	16.450 39	14.264 60
	$r\leqslant1$	0.098 007	3.841 466	0.098 007	3.841 466

（注：* 表示 Trace 统计量和 Max-Eigen 统计量大于 5%水平的临界值,拒绝零假设,接受备择假设。）

根据表 3-12 显示的检验结果可以看出,LogRSO 与 LogT,LogRSO 与 LogEMP,LogRSO 与 LogS$_3$,LogRSO 与 LogK,LogT 与 LogEMP,LogS$_3$ 与 LogEMP,LogK 与 LogEMP 在 5%的临界值水平上,迹检验统计量和最大特征值检验的似然比统计量的值均大于临界值,即拒绝两个变量间不存在协整关系的零假设。因此,可以认为这几对变量之间都存在协整关系。

进一步检验 r≤1,对于 LogRSO 与 LogEMP,此时迹检验统计量的值 2.916 585小于临界值 3.841 466,接受二者之间至多存在一个协整关系的假设,即 LogRSO 与 LogEMP 之间只存在一个协整关系。同理,可以断定其他 6 组变量分别只存在一个协整关系。

（三）格兰杰因果检验

协整检验所揭示的协整序列 LogRSO 与 LogT,LogRSO 与 LogEMP,LogRSO 与 LogS$_3$,LogRSO 与 LogK,LogT 与 LogEMP,LogS$_3$ 与 LogEMP,LogK 与 LogEMP 之间存在长期稳定的均衡关系,通常只表明一种相关性,并不意味着它们之间存在因果关系。根据上面的分析结果可以确定,用服务外包存量所表示的服务业跨国转移行为与接包方的技术效应、产业结构效应、资本效应和就业效应 4 个变量之间存在长期稳定关系,并且承接国际服务外包对我国就业的间接影响机制中包括技术、产业关联、资本的乘数效应等均与就业之间存在长期稳定的关系。

格兰杰因果关系检验可用来确定经济变量之间是否存在因果关系,以及影响的方向。为了证实前文的理论分析,采用格兰杰方法对上述 7 组变量分别进行因果关系检验。格兰杰因果检验原理是:检验一个变量的滞后变量可否引入其他变量的方程中,若一个变量受到其他变量的滞后影响,则可确定它们之间具有格兰杰因果关系。格兰杰检验结果见表 3-13 和表3-14。

1. 对承接国际服务外包接包国就业效应进行格兰杰因果检验

关于服务外包是否对技术、就业、资本以及产业结构产生影响的验证(见表 3-13)结果显示,后 4 个变量对服务外包具有反作用。由此可得出以下结论:

◆ $LogRSO$ 的变化是 $LogT$ 的格兰杰原因,同时 $LogT$ 的变化也是 $LogRSO$ 的格兰杰原因。这说明长期内我国承接国际服务外包的增加可以促进我国技术水平的提高,反之,技术水平的提高也能增加服务外包的承接规模。

◆ $LogRSO$ 的变化是 $LogEMP$ 的格兰杰原因,但 $LogEMP$ 的变化却不是 $LogRSO$ 的格兰杰原因。这表明,随着我国承接国际服务外包规模的不断增加,中国服务业的从业人员数量将会增加。即国际服务外包对作为接包方的就业具有促进作用,但承接国服务业从业人数的规模却不是该国承接国际服务外包数量的主要原因。

◆ $LogRSO$ 的变化是 $LogS_3$ 的格兰杰原因,同时 $LogS_3$ 的变化也是 $LogRSO$ 的格兰杰原因。该结果表明,长期国际服务外包的增加能够直接带来承接国产业结构的优化和升级。反之,随着承接国国内产业结构的优化和升级,能够为发包方或者发包商提供良好的产业环境,有利于更多的国际服务外包转移到该区域。

◆ $LogRSO$ 的变化是 $LogK$ 的格兰杰原因,同时 $LogK$ 的变化也是 $LogRSO$ 的格兰杰原因。该结果显示,长期承接国际服务外包可以增加接包方国内资本数量,弥补国内服务业建设资金的不足,促进服务业投资的增加。反之,接包方国内服务水平的提高和服务业环境的改善,对承接更多的国际服务外包具有积极的推动作用。

表 3-13 接包国业效应的格兰杰因果关系检验结果

零假设 H_0	滞后期数	F 统计量	P 值	结论
$LogRSO$ 不是 $LogT$ 的格兰杰原因	3	6.113 86	0.034 4	拒绝 H_0
$LogT$ 不是 $LogRSO$ 的格兰杰原因	3	3.295 31	0.014 0	拒绝 H_0
$LogRSO$ 不是 $LogEMP$ 的格兰杰原因	3	4.207 78	0.043 6	拒绝 H_0

续表

零假设 H_0	滞后期数	F 统计量	P 值	结论
$LogEMP$ 不是 $LogRSO$ 的格兰杰原因	3	0.205 40	0.889 5	接受 H_0
$LogRSO$ 不是 $LogS_3$ 的格兰杰原因	3	3.702 22	0.004 70	拒绝 H_0
$LogS_3$ 不是 $LogRSO$ 的格兰杰原因	3	1.269 57	0.049 9	拒绝 H_0
$LogRSO$ 不是 $LogK$ 的格兰杰原因	2	4.476 22	0.033 8	拒绝 H_0
$LogK$ 不是 $LogRSO$ 的格兰杰原因	2	6.634 68	0.014 7	拒绝 H_0

2. 对接包国就业效应作用机制进行的格兰杰因果检验

从表 3-14 可以得出以下结论：

◆ $LogT$ 的变化是 $LogEMP$ 的格兰杰原因，但 $LogEMP$ 的变化不是 $LogT$ 的格兰杰原因。上述结果表明，承接国际服务外包促进了国内技术水平的提高，降低了企业的运行成本，还可以规避很多风险，有利于企业增加投资和扩大经营规模，由此需要雇用更多工人，从而促进就业。但是第三产业就业的变化并不能引起技术水平的提高或者降低，二者没有必然联系。

◆ $LogS_3$ 的变化是 $LogEMP$ 的格兰杰原因，但 $LogEMP$ 的变化不是 $LogS_3$ 的格兰杰原因。这表明承接国际服务外包可以促进我国服务业的发展，进而引起产业结构的升级和优化。从微观层面看，产业升级和优化体现为产业上游、下游，以及关联产业的发展和完善，前后相关联行业的发展能够吸纳更多的就业人员。

◆ $LogK$ 的变化是 $LogEMP$ 的格兰杰原因，$LogEMP$ 的变化不是 $LogK$ 的格兰杰原因。这说明承接国际服务外包能够提高接包方服务外包行业的工资水平，促进消费和扩大投资。此外，随着国际服务外包的快速发展，越来越多的企业将会进入服务外包行业，从而创造出更多的就业岗位，增加就业机会。但是第三产业就业人数的增加并不会引起资本的增加。

表 3-14　接包国就业效应作用机制的格兰杰因果关系检验结果

零假设 H_0	滞后期数	F 统计量	P 值	结论
$LogT$ 不是 $LogEMP$ 的格兰杰原因	3	9.084 43	0.008 2	拒绝 H_0
$LogEMP$ 不是 $LogT$ 的格兰杰原因	3	1.041 93	0.388 1	接受 H_0
$LogS_3$ 不是 $LogEMP$ 的格兰杰原因	3	7.636 10	0.013 1	拒绝 H_0
$LogEMP$ 不是 $LogS_3$ 的格兰杰原因	3	4.646 77	0.037 4	接受 H_0
$LogK$ 不是 $LogEMP$ 的格兰杰原因	3	4.286 09	0.045 3	拒绝 H_0
$LogEMP$ 不是 $LogK$ 的格兰杰原因	3	2.630 58	0.120 8	接受 H_0

四、结果分析

通过理论分析和实证检验,证实了承接国际服务外包能够对我国产生积极的技术、就业、资本及产业结构效应,并且每种效应又间接地促进了服务业吸纳就业的能力。

1. 承接国际服务外包的技术效应能间接地影响就业

承接国际服务外包,能够获得大量包含知识、信息、组织、管理和销售技能的软技术,能够拓展服务领域、革新经营理念、创新服务方式及管理方式等。从长期看,承接国际服外包可以促进我国服务业技术水平的提高,而承接国服务业技术水平对吸引服务外包又能地发挥积极的作用。技术水平的提高降低了企业的运营成本和风险,鼓励企业更多地投资,促进就业的增长。

2. 承接国际服务外包带来的产业结构优化效应能够增加第三产业的就业总量

承接国际服务外包,能够提高我国服务业的增加值,使服务业产值占GDP 的比重不断上升,从而推动产业结构不断升级。长期内,承接国际服务外包的增加能够直接带来我国产业结构的优化和升级。同时产业环境的完善对吸引国际服务外包产生积极的作用。承接国际服务外包带来的相关产业的发展,使得各个行业的前后关系更为紧密,关联产业的发展也会增加第三产业的就业总量。

3. 承接国际服务外包引起的资本增加能扩大第三产业就业总量

承接国际服务外包能够缓解我国国内服务业建设资金不足的压力,同时还能提高我国服务业投资的质量。实证分析表明,长期内国际服务外包的发展与我国国内服务业基本设施的改善有直接的关系。国际服务外包引起资本增加和国内固定资产投资的增加,连同由投资扩大产生的乘数效应,将吸纳更多第三产业的劳动力。

4. 承接国际服务外包的就业效应能提升劳动力整体素质

承接国际服务外包本身能产生大量的就业机会,而且能够改善国内的就业结构,增加第三产业就业水平,更重要的是增加白领的就业机会,从而提高劳动力的整体素质,同时也会提高服务业平均工资水平。

检验结果表明,经过一段时间的发展,国际服务外包的引入开始对承接国服务业就业产生积极影响。随着国际服务外包的增加,承接国国内服务业就业扩大,就业水平得到提高。

总之,承接国际服务外包能为我国带来明显的就业效应,应在国际服务业快速发展的背景下及时把握机遇,扩大国际服务外包规模,加快经济结构调整的步伐,缓解我国相对严峻的就业压力。

参考文献

[1] Amdt. Fear of service outsourcing,is it justified? IMF WorkingPaPer,1997.

[2] Amiti M, Wei S J. Service outsourcing. Productivity and Employment Working Paper,2004(07).

[3] Maskell P,Pederse T,Petersen B. Learning paths to offshore outsourcing: from cost reduction to knowledge seeking. SMG Working PaPer 2006,8 (13).

[4] Krishna S,Sahay S,Walsham G. Managing cross-culture issues in global software outsourcing. Communications of the ACM,2004(04).

[5] Richard H,Krishna S. Effect of partnership quality on IS outsourcing success. Ieee Software,2001(04).

[6] 卢锋:《我国承接国际服务外包问题研究》,《经济研究》,2007 年第 9 期.

[7] 刘庆林,陈景华:《服务外包的福利效应分析》,《山东大学学报》,2006 年第 4 期.

[8] 刘庆林,白洁,王雪:《服务业国际转移的经济效应分析》,《山东大学学报》,2007 年第 2 期.

[9] 曲玲年:《中国服务外包产业现状与展望》,《国际商报》,2011 年 06 月21 日.

[10] 柳云飞:《中国就业问题的问题、现状与特点》,《前言》,2009 年第 10 期.

[11] 李恩林:《离岸服务外包对承接国的经济影响分析》,《理论探讨》,2010年第3期.

[12] 陈菲:《国际服务外包就业效应分析》,《特区经济》,2009年第10期.

[13] 李娟:《承接跨国公司服务外包就业效应分析》,《商业经济》,2010年第2期.

[14] 刘煜:《外商直接投资对广东就业效应的影响分析》,华南师范大学硕士学位论文,2005年.

[15] 李庆伟,汪斌:《服务外包、生产率与就业——基于中国工业行业数据的实证研究》,《服务经济》,2009年第3期.

[16] 何万里:《中国现代服务业的就业增长机制和绩效研究》,《财贸经济》,2007年第8期.

[17] 崔友平:《利用技术进步增加就业》,《当代经济研究》,2005年第10期.

[18] 王子先,王雪坤,杜娟:《服务业跨国转移的趋势、影响及我国对策》,《国际贸易》,2007年第1期.

[19] 魏秀敏,王乃彦:《服务外包教程》,中国商务出版社,2008年.

[20] 吴胜武,余志伟,杨小虎:《服务外包:从"中国制造"走向"中国服务"》,浙江大学出版社,2009年.

[21] 廖万红:《国际服务外包:中国的机遇与挑战》,《特区经济》,2008年第7期.

[22] 朱红梅:《苏州发展服务外包的策略思考》,《区域物流》,2010年第12期.

[23] 杨丽琳:《中国业务流程外包(BPO)市场的SWOT分析》,《中央财经大学学报》,2008年第3期.

[24] 宋丽丽:《信息技术国际服务外包东道国选择影响因素实证研究》,《国际贸易问题》,2008年第4期.

[25] 张婕:《国际服务外包的机理、效应研究》,中国海洋大学硕士学位论文,2008年.

[26] 《2011年中国软件与信息服务外包企业及人才调研报告》,http://www.docin.com.

[27] 《未来服务外包市场发展驱动力》,http://www.chnsourcing.com.cn,2012年11月15日.

第四章　中国中小城市基本特征
与承接服务外包实践

"严格控制大城市规模,合理发展中小城市,积极发展小城镇"长期以来一直是我国坚持的城市发展政策。中小城市已成为我国经济社会发展的重要支撑。

第一节　中国中小城市的基本特征

继工业化之后,城市化成为推动中国经济社会发展的巨大引擎,城市化是人类走向现代社会的必由之路。中国社会科学院发布的《2012 年社会蓝皮书》指出,2011 年中国城镇人口占总人口的比重数千年来首次超过农业人口,达到 50% 以上,标志着我国开始进入以城市社会为主的新发展阶段。城市化意味着人们的生产方式、职业结构、消费行为、生活方式、价值观念都将发生极其深刻的变化。

一、中小城市数量众多

有关中小城市的概念,国内外并没有定论。《中国城市统计年鉴》提供了关于城市的两个口径:一是"全市",包括市政府所管辖的县,因而包括了大量的农村,这不是经济学意义上的城市;二是"市辖区",以城市建成区为主,因而更符合城市的基本特征。我国中小城市经济发展委员会 2010 年出版的《中小城市绿皮书》(简称《绿皮书》)依据中国城市人口规模现状,对我国城市提出了全新的划分标准:市区常住人口 50 万以下的为小城市,50 万~100 万的为中等城市,100 万~300 万的为大城市,300 万~1 000 万的为特大城市,1 000 万以上的为巨大型城市。依据此标准,中小城市是指市区常住人口 100 万以下的城市。截至 2009 年底,我国共有 2 160 个中小城市,其中地级市 212 个,县级市 1 948 个。截至 2012 年底,我国有建制市 658 个,其中地级以上 285 个,县级建制市 368 个。在 285 个地级城市中,163 个城市属于中小城市,占比 57.2%;368 个县级建制市中,除了极个别发达城市的市区人口接近或略超过百万之外,多数县级建制市市区人口在数万至数十万之间,见表 4-1。

表 4-1　截至 2012 年底中国内陆中小城市构成及数量

个

类别	地级建制市	非建制市的地级行政区划的中心城镇	县级建制市	非建制市的县级行政区划的中心城镇	合计
数量	163	48	368	1 624	2 203

(资料来源:2013 年度中国中小城市科学发展评价指标体系研究报告。)

中国社科院研究报告指出,2000—2012 年中国城镇化率由 36.2% 提高至 52.6%,城镇化步伐明显加快。截至 2012 年底,中小城市及其直接影响和辐射的区域,行政区面积达 934 万平方公里,占国土面积的 97.3%,总人口达到 11.56 亿。2012 年中小城市的经济总量达到 43.92 万亿元,占我国经济总量的 84.5%;地方财政收入达 42 521.8 亿元,占全国地方财政收入的 69.62%。可见,中小城市在我国区域经济发展中具有重要地位。2009 和 2012 年我国中小城市的城市规模见表 4-2。

表 4-2　2009 年和 2012 年我国中小城市的城市规模

年份	行政区面积		人口		经济总量	
	数值/ $10^4 \cdot km^2$	占全国比重/%	数值/亿	占全国比重/%	数值/万亿元	占全国比重/%
2009	927	96.52	9.98	75.2	16.61	55.23
2012	934	97.3	11.56	85.64	42.52	69.62

(数据来源:根据 2010 和 2013 年度《中国中小城市科学发展评价指标体系研究报告》整理所得。)

二、中小城市面临重要的发展机遇

北京国民经济研究所根据全国 660 个城市 1991—1996 年的数据,对城市的规模收益与外部成本进行了分析。计量结果显示,规模过小的城市,规模收益较低而由政府负担的外部成本较高,经济效益较差。在城市的总规模收益和外部成本两者相抵后,在 10 万～1 000 万人规模区间内都有正的净规模收益;在 100 万～400 万人之间时,城市的净规模收益最大,在最高点(200 万人)时相当于城市 GDP 的 19% 左右,此后逐步下降,直到超过 1 000 万人时才变为负值,即规模收益被外部成本抵消,再继续扩大规模就形成负效益。这一结果表明,更多发展规模在 100 万～400 万人范围的城市,将会大大提高经济增长的速度与质量。因而这一区间的城市可称之为最佳规模城市(熊玥,余曙光,2008)。

改革开放以来,我国 GDP 从 1978 年的 3 624.1 亿元上升到 2012 年的 519 322 亿元(以当年价格计),城市化率从 1978 年的 17.9% 上升到 2012 年的 52.6%。可见,城市规模与经济发展密不可分。根据最佳城市规模理论,我国中小城市规模偏小,还有很大的发展空间。在 2012 年 9 月举行的"中国中小城市科学发展评价体系研究成果发布暨第九届中国中小城市科学发展高峰论坛"上,中小城市论坛组委会秘书长杨中川指出,中小城市及其直接影响和辐射区域的城市化率远低于全国平均水平,仅为 33.9%。中国国际经济交流中心常务副理事长郑新立指出,我国中小城市发展目前面临难得的三大历史机遇:一是大城市的"城市病",大城市发展过程中出现了交通拥堵、房价高涨、空气污染等问题,这些问题一般的中小城市没有,这是中小城市的优势。二是当前稳增长、扩内需的宏观调控要求,为中小城市发展提供了难得的机遇。扩大中小城市的基础设施建设、增加中小城市的就业机会,通过中小城市的发展来扩大消费、扩大投资,可实现经济增长速度的止跌回升。三是中国能不能够走出"中等收入陷阱",关键在于中小城市的发展。从现在开始到 2030 年,将是中小城市发展的黄金期[①]。

三、中小城市拥有相对丰富的生产要素

我国中小城市发展道路之所以各具特色,在于城市要素资源具有差异。城市的要素资源丰富度与配置模式,决定了该城市的发展速度和发展质量。生产要素是指进行社会生产经营活动时所需要的各种社会资源,是维系国民经济运行及市场主体生产经营过程中所必须具备的基本因素。生产要素是经济学中的一个基本范畴。现代西方经济学家习惯把生产要素分为 4 类,即劳动力、土地、资本、企业家才能。随着科技的发展和知识产权制度的建立,技术、信息也作为相对独立的要素投入生产。

(一)劳动力要素

劳动力是最重要的生产要素之一,人口的流动为城市带来活力。农村剩余劳动力转移是我国当前城市化推进的主要目标。从城市劳动力供给来源看,转移到城市的农业剩余劳动力是城市劳动力的主体。但是由于我国工业化起步较晚,因此大城市对农村劳动力的"拉力"不够强劲。资料显示,1990 年我国农村劳动力达 4.2 亿人,1995 年增至 5 亿人,2005 年增至 6.3 亿人左右,有近 4 亿劳动力需要转移,这样繁重的转移压力,仅靠少数大城市承担是远远不够的。从目前全国近 2 亿农民工的流向来看,大约 60% 流向中小城市和乡镇企业,只有不足 40% 流向大城市(张昌良,2008)。由此可见,

---

① 联合早报,http://www.zaobao.com。

中小城市是劳动力的集聚地,这对于中小城市来说是一个很好的机遇。

（二）土地要素

土地是未经人类劳动改造过的各种自然资源的统称,既包括一般的可耕地和建筑用地,也包括森林、矿藏、水面、天空等。土地是任何经济活动都必须依赖和利用的经济资源。一般情况下,土地资源的供给难以增加。根据中国城市化发展目标,2050年前后中国的城市化水平将提高到75%以上,城市人口达12亿。城市人口增加意味着城市建设用地面积的增加。我国规定,城市人均建设用地指标依据城市规模大小不同,从特大城市到小城市控制在90~120平方米以内。如果按人均100平方米测算,2050年左右我国城市建设用地规模要达到12万平方千米,城市建设用地新增需求约为6.38万平方千米。我国中小城市则是提供新增用地需求的主要区域。

（三）资本要素

资本包括物质资本和人力资本两种形式。起初,基于完善的基础设施、发达的信息市场等便利条件,各种资本纷纷涌向大城市。但随着经济发展和"大城市病"的出现,企业家将资本进而转向成本相对较低的中小城市,为中小城市发展提供了机遇。国际经验表明,人力资本的作用对经济社会的发展越来越大,教育对于国民收入增长率的贡献正在大幅攀升,人的素质和知识、才能等对经济发展越来越具有决定性意义。我国中小城市高等院校稀少、人才缺乏,一定程度上制约了中小城市的发展进程。

（四）其他要素

企业家才能、技术、信息等要素也是中小城市发展过程中必不可少的因素。技术一般以知识形态存在,在生产上,技术具有创造性和单一性,在使用和消费上具有持续性,并能在使用和消费中得到改进。经济信息是人类对社会生产、交换、分配和消费等活动特征和规律性的认识,其中的部分内容具有特殊的使用价值。中小城市在企业家才能、技术、信息等要素的供给方面存在"先天不足"。此外,中小城市的文化要素有异于大城市,同样也会影响中小城市的发展速度。

四、中小城市发展具有独特的动力结构

城市化进程受农业发展、工业化和第三产业发展三大力量的推动,但在城市化进程中,三大产业的发展对城市化进程的影响程度不同。从三大产业所占比重看,我国中小城市的产业结构一般是2:3:1。

第一产业对中小城市发展具有重要影响。因为农业发展是中小城市发展的初始动力,主要表现为农业剩余的贡献。城市化首先产生于那些农业分工完善、农村经济发达的地区,这些地区在农业生产力发展到一定程度之后产生了农业剩余,为城市化的发生和发展奠定了基础。因此,农业对中小城市发展的推动作用是全方位的。

第二产业是中小城市快速发展的推动力。工业化是城市化进程中至关重要的激发因素,是中小城市快速发展的根本动力。工业化和城市化之间存在着明显的正相关性,表现为工业化过程中在规模经济和产业聚集经济效益的驱使下,人口与资本等要素不断向城市聚集,城市规模不断扩张,城市数量急剧增加。中国的工业化过程中,由于行政力的巨大作用,产业结构沿重工业—农村工业化—第三产业的轨迹演进。与农村工业化相适应,农村剩余生产要素向非农产业和小城镇地区流动和聚集,中小城市得以形成和发展。

第三产业是中小城市亟待发展的产业。城市化推动服务业功能集聚,促进了知识、资本、信息、人力资源等的大规模流动,在城市功能转型的基础上,服务业与现代信息通讯技术相融合,生产过程从以资本要素投入为主(如金融、保险等)转向以知识要素投入为主(如信息、广告等)。服务外包也将随着服务业的升级与优化出现新的趋势。伴随着产业结构调整,我国中小城市应积极进行产业结构调整,促进产业结构"软化"。可见,第三产业是中小城市未来发展的支撑力。

第二节　中国中小城市发展服务外包的优势与劣势

受国家非平衡区域发展战略及自然因素的综合影响,我国形成了典型的东、中、西三大地带,不同地带的区域经济发展水平存在较大差距,现代服务业发展水平也呈现差异,承接服务外包的规模客观上也存在区域差异。2010年以国家级服务外包示范城市为代表的21个大城市集中了我国服务外包90%以上的业务(袁永友,2012),而为数众多的中小城市承接服务外包的占比不到10%。

一、中小城市承接服务外包的优势

国家制定了"十二五"国际服务外包发展规划,标志着服务外包已经上升到国家战略层面,也意味着我国服务外包发展环境良好,服务外包向中小城市梯度转移乃大势所趋。伴随着区域产业从沿海地区向中西部地区梯度转移,服务外包也逐渐由一线城市向二三线城市转移,中小城市将面临重要的发展机遇。

(一)作为未来我国促进城市化发展重要区域的中小城市为服务外包的发展奠定了产业基础

我国城市化率具有显著的区域差异性。例如,北京、上海、广州等地区的城市化率达到了80%甚至更高,"大城市病"已经凸显,未来中国城市化的重点必然是中小城市(张永岳,2012)。以促进城市化为导向的中小城市的发展,将促进服务业的发展,而服务业是服务外包的产业载体。因此,伴随着城市化进程的加快,中小城市劳动密集型的服务外包也必然随之发展起来。

(二)与大城市的分工合作能够带动中小城市服务外包的发展

目前我国服务外包主要聚集在东部沿海地区和大城市。长三角、环渤海、珠三角和中西部地区分别占64%,22%,5%和9%。优化区域布局,推动服务外包区域协调发展是未来的政策导向。加快形成一线城市和二三线城市之间的分工合作体系,能带动中小城市服务外包的发展。近年来,由于北京、上海、深圳等一线城市成本上升,许多服务外包企业将总部设立在一线城市,而将交付中心转移到二三线城市和中西部城市,"一线城市接单,二三线城市交付"的服务外包模式和分工格局正在形成,这一分工格局有利于发挥大城市的辐射带动作用,促进中小城市服务外包的发展。例如,合肥是"中国服务外包示范基地城市"之一,在合肥的带动下,芜湖、马鞍山的服务外包呈现良好发展势头。2010年芜湖一度新增服务外包企业52家,外包业务涵盖了工业设计研发、物流服务、软件开发设计、网络维护服务、数据库管理、人力资源管理、动漫及网游设计研发、工程设计等领域,初步形成了以工程设计、软件研发、游戏动漫为核心的产业特色。

(三)中小城市在要素、资源等方面的比较优势能够差异化地发展服务外包

国际经验表明,离岸外包的驱动力在于可以使发包方节省30%~50%的成本,其中人力成本、场地成本、电费和通信传输费占服务外包企业成本的90%以上。因此,低成本导向依然是部分发包方的主要考量因素。中小城市是低价格劳动力的富集区,有利于劳动密集型服务外包的发展。同时,中小城市具有相对丰富的土地资源,可为制造业的发展提供空间,制造业的梯度转移伴随着服务业的跟进发展,从而能够促进基于制造业的服务外包的发展。例如,大庆的人力成本比大城市低30%左右,普通数据处理人员工资800~1 800元/月,软件开发和中层管理人员工资1 800~2 200元/月,高级软件开发和高层管理人员工资3 000~5 000元/月。大庆的房屋租赁市场价格为0.4元/(天·平方米),房屋成本约为大城市的1/8~1/3。可见,服务外包企业在大庆可真正实现低成本运营。

此外,近年来越来越多的中小城市开始重视并重点发展服务外包,大力加强园区的建设力度,为吸引服务外包企业入驻、引进和培养服务外包人才搭建载体设施,从而提供良好的产业环境。同时,随着我国服务业从一线城市向二三线城市二次梯度转移趋势的不断加强,拥有较多土地资源的中小

城市,成为建设大面积全新服务外包园区浪潮的主力军。例如,江阴市成立了物流保税中心,为第三方物流企业的发展提供了一个很好的平台。

二、中小城市承接服务外包的劣势

目前中小城市服务业规模相对较小,发展速度缓慢,基础设施、信息流通、高素质人力资源等均存在局限。中小城市发展服务外包具有一定的劣势。

(一)服务外包人力资源供给不足

服务外包是高技术人力资源密集型的产业,中小城市发展服务外包的人力资源有效供给不足制约了服务外包的发展。与制造业相似,服务外包也具有规模经济效应和高度产业集聚的特征。随着政府对服务外包政策支持力度的加大,中国的服务外包逐渐形成了以国家级重点示范城市为基础的区域分布格局。通过对"2011年在华跨国服务外包企业二十强"评选(MNC TOP20)入榜企业以及"2011年中国服务外包企业五十强"评选(TOP50)入榜企业共70家企业的调研统计发现,85%的跨国企业和国内龙头企业总部设在国家级服务外包示范城市,其中,总部位于北、上、广、深一线城市的企业有58%,位于长三角二线城市的企业占13%,位于中西部二线城市和东北二线城市的企业分别有10%和7%,而在非国家级示范城市设置总部的服务外包企业只有12%。① 上述调研结果反映了中小城市对跨国公司总部的吸引力非常有限,而跨国公司总部往往是服务外包的发包方和信息来源地。

(二)中小城市过快的工资增长将削弱成本优势

我国目前人均GDP已超过4 000美元。"十二五"期间,中小城市工资增长速度将快于一线城市。一旦中小城市的工资增长速度超过了劳动生产率提高的速度,企业又缺乏承接服务外包的能力,那么中小城市低成本优势将不复存在,服务外包发展失衡与产业稳定性产生矛盾,形成中小城市实施服务外包振兴战略的局限(袁永友,2012)。可见,未来中小城市过快的工资增长将抑制服务外包的发展。

(三)中小城市非农产业基础薄弱

服务外包具有产业衍生性的特点,离不开区域内相关产业的发展。大庆之所以能够在石油石化服务外包领域形成特色,关键在于大庆充分发挥了本地在石油石化产业方面的多种优势基础。江苏省如皋市具有十分雄厚的产业基础,形成了以船舶制造及配套、石油及精细化工、汽车及配件为主

---

① 《深度解析2012中国服务外包城市发展现状》,中国服务外包网,http://chinasourcing.mofcom.gov.cn。

导产业,以新材料、新能源、电子电力电气为高新产业,以机械、纺织服装、钢铁冶金、长寿食品为传统产业的十大产业集群,产业集聚度和竞争力不断增强。以 2 个千亿级、14 个百亿级企业为龙头,20 家 50 亿元企业、50 家 10 亿元企业、400 家亿元企业为依托,2 000 家规模企业为基础的新型工业化产业体系加快形成,由此促进了高新技术产业、软件及外包产业不断向如皋市集聚。多数中小城市在服务外包发展方面几乎空白,关键原因是中小城市的非农产业基础薄弱,缺乏承接服务外包的产业支撑。

第三节 中国中小城市承接服务外包实践的典型案例

我国中小城市为数众多,发展服务外包也各具特色。大庆的 BPO 业务、泰州的医药研发外包、扬州的"中国声谷"等,在承接服务外包实践中均探索出了各具特色的发展之路。美国"乡村外包"的成功实践意味着中小城市发展服务外包具有全球意义。

一、泰州的医药研发外包

医药研发外包(简称 CRO)是一种为各类医药企业提供新药临床研究的服务,并以此作为盈利模式的专业组织,利用自身专业性和规模优势,为企业有效降低新药研发成本,同时帮助企业实现产品快速上市。CRO 于 20世纪 70 年代后期在美国兴起,80 年代后在美国、欧洲和日本迅速发展(王晓红,杨双慧,2011)。由于新药研发耗资大、周期长、风险高,研发一种新药一般需要耗时 8~14 年,投资 8~10 亿美元,这对任何一家生物医药企业都是沉重的负担。在这种情况下,许多医药企业与有实力的 CRO 公司建立战略性伙伴关系,将新药研发的某些环节外包,联合外部力量进行联合攻关,既能缩短新品上市的时间,又能节约技术成本,分散风险,为企业赢得高额的回报率。

江苏泰州地处长江三角洲中部,是一座历史悠久、文化积淀较深的名城。泰州医药高新技术产业开发区(又称"中国医药城")核心区规划面积30 平方公里,由科研开发区、生产制造区、会展交易区、康健医疗区、教育教学区、综合配套区等功能区组成。2005 年 4 月泰州被国家商务部确定为国家医药出口基地。2009 年 5 月 29 日,泰州医药高新技术产业开发区正式挂牌成立,成为我国唯一的国家级医药高新区。泰州已成为江苏省重要的医药产业高地和国内知名的医药产业集聚地。统计数据显示,2008 年泰州市医药销售收入 224.3 亿元,同比增长 23.9%;利税 33.6 亿元,同比增长59%;利润 17.4 亿元,同比增长 50.9%。全市拥有药品生产企业 25 家,其中扬子江药业、济川制药、江山制药、苏中制药 4 家企业名列全国医药企业

100强(吉寿如,2009)。2010年泰州医药产业销售收入达到550亿元。2012年3月泰州医药高新技术产业开发区被国家工信部授予"国家新型工业化产业示范基地"。预计2020年泰州医药产业规模可达2 000亿元。目前,欧美和日本等发达国家仍然是泰州医药研发服务外包的主要来源地。

泰州医药外包产业的发展还存在一系列问题。一是规模小、业务单一。目前泰州的CRO市场规模偏小,能够承接国际外包业务的企业少。二是创新能力不足、附加值低。泰州CRO所从事的业务基本上为跨国CRO的独资及合资企业所垄断,大部分是一些咨询业务,且多数处于新药研发价值的下游,这对于泰州乃至全国CRO的健康发展不利。三是知识产权保护体制有待进一步建立和完善。

在正视自身不足的同时,泰州医药外包产业的发展要树立更高的目标追求,创新发展思路,突破人才、机制的束缚,努力在科学发展的道路上走在江苏省乃至全国同行的前列。一是加大政府支持力度。对医药外包服务有明确的优先发展安排和战略,要制定规划,加强基础设施建设,为医药外包的发展起重要的导向性和带动性作用。二是医药外包企业要通过并购重组、企业联盟等形式整合上下游产业链,实现行业纵向一体化发展。三是加强产业政策扶持,不断完善和优化发展环境。应针对医药研发外包行业特点制定和完善企业减免税政策、人才引进和培训政策、融资政策、知识产权保护政策等相关优惠政策。

二、扬州的"中国声谷"

"中国声谷"是原江苏省信息产业厅与扬州市政府联手打造的省级信息服务业基地,2007年4月21日揭牌,占地2.52平方公里,总投资50亿元,是国内首个专业定位于呼叫中心和数据服务产业的园区,重点发展呼叫中心、数据服务以及具有扬州特色的IT培训和城市信息化应用软件三大支柱产业。截至2009年底,"中国声谷"已正式入驻企业40家,注册资本1.2亿元,总投资2.1亿元,其中外资项目2个。[①] 入驻企业中,电信行业集聚度明显,中国电信、中国移动、中国联通三大运营商全部入驻。除此之外,还有谷歌、百度、慧聪、神州数码、中电莱斯、上海购龙、深圳润迅等国内外企业。到2009年年底"中国声谷"一期在建座席近5 000个,已入驻座席3 500个。基地接纳了国内外300多家BPO客户资源数据库,呼叫中心产业潜力巨大。

"中国声谷"(扬州)的外包业务主要集中在金融保险、电子商务、网络游

---

① 《中国声谷,扬州"呼叫"中国》,http:// www. yznews. com. cn/yznews08/2010－05/16/content_3226049_3. htm。

戏、商旅服务、政府服务、消费电子、电视购物、软件研发等行业。目前,"中国声谷"所提供的合作模式较为灵活,包括土地出让,宗地自建,物业租赁或物业销售,物业定制＋销售租用,座席租用和服务外包,人才培训和输入 5 种合作模式,企业可根据实际需要灵活选择。

扬州发展呼叫产业具有得天独厚的比较优势。首先,作为中等城市,扬州有相对于北京、上海等一线城市的劳动力成本优势,人力资源丰富且人力成本相对较低。其次,作为历史文化名城,这里有大量的优质专业化人才。将这两点相结合,广陵新城正在成为发展信息服务产业的福地。

三、江阴的物流外包

物流业务外包(logistics business outsourcing)是指企业为集中资源、节省管理费用,增强核心竞争能力,将其物流业务以合同的方式委托给专业的物流公司(第三方物流)运作。随着市场竞争的不断激烈和信息技术的快速发展,企业为了获得竞争优势,可利用第三方物流服务供应商提供所有服务。因此,第三方物流业悄然兴起,在物流业中所占比重越来越大,它已成为西方国家物流业发展的有效运作模式。

江阴是自上海溯江而上的第一座滨江港口城市,2007 年江阴市被江苏省政府认定为"江苏省国际服务外包基地城市"。在 2004 年全国县域经济基本竞争力评比中,江阴首次成为"状元市(县)",并被新闻界、理论界推崇为"江阴现象"。多年来,江阴综合经济实力在全国县(市)一直保持领先地位。江阴港是国家一类对外开放口岸,处于长江 A,B 级航道的分界点,地理位置独特,交通区位优势明显,集疏运网络发达,腹地经济实力雄厚,是江、海、湖联运,水、公、铁换装的天然良港,为发展物流产业提供了条件。现代物流是当今服务业发展中的一个新兴领域。近几年来,江阴市依托独特的区位优势、交通优势和经济优势,以市场建设为推动,以物流园区建设为龙头,大力发展现代物流业,通过市场建设、物流园区建设推动现代物流业的发展。全市目前已有各类专业市场 40 多个,市场年成交额超过 120 亿元,投资建办各类专业市场的资金累计达 10 多亿元,物流园区建设投入超过 5 亿元。目前,江阴初步形成了石化、煤炭、粮油、建材和金属材料等大类的区域性生产资料中转、配送基地和集散中心。一批商贸、仓储企业和生产资料批发市场应运而生,全国性大企业、大集团也在江阴建立集散基地和分支机构,江阴物流外包产业蓬勃发展(周竹园等,2011)。

江阴物流外包的发展是物流企业与江阴政府通力合作的成果。一是政府的指导协调。江阴政府积极放大"江苏省重点物流基地"、"江苏省现代服务业集聚区"等品牌效能,积极延伸港口物流产业链,充分发挥政策的导向作用,及时出台相应的扶持政策,推广第三方物流产业的发展。临港新城设立了相关发展基金和扶持政策,以推动服务外包快速发展。二是注重加强理论研究与人才培养。发展第三方物流业需要懂网络技术、物流管理和信息管理等专业知识的复合型人才,加强物流从业人员的教育和培养,提高物流管理人才的素质。江阴开发区高新技术创业园与西安交通大学国家技术转移中心合作成立联合科技服务中心,初步搭建了公共服务、投融资服务、技术服务和产学研合作平台。在与高等院校合作开办和设置相关专业及课程的基础上,借鉴和引进国际先进的物流管理方法,引导企业进行物流人才培训。三是加强物流载体建设。江阴市设立了保税物流中心,阳光集团、福汇纺织、中船澄西、瀚宇博德等 10 多家有保税需求的生产型企业相继在中心开展业务;瑞士德迅、中运、中外运、远东快鹿等 20 多家物流贸易企业进驻保税物流中心,形成了强大的第三方物流方阵。海关、国检等涉外部门配套到位,在退单、查验等环节为企业提供"一站式服务",大大提高了办理业务的通关速度。2012 年江阴保税物流中心实现监管货值突破 20 亿美元,监管货运量超过 60 万吨,降低了企业物流成本。

江阴物流外包的发展还存在一些问题。一是物流服务外包总体规模偏小,有效需求不足。二是物流企业的信息化程度较低。目前,江阴许多物流企业采用传统运作方式,现代物流信息管理系统、电子数据交换技术和货物跟踪系统等未能得到普遍应用。三是物流人才供给不足。现代物流业的发展需要一大批熟悉物流服务管理、市场营销、计算机网络技术和物流信息开发维护等多方面的专业人才。目前,江阴物流人才还无法完全满足现代物流发展的要求,人才供需矛盾突出。

四、大庆的石油化工 BPO 服务外包

大庆作为一个资源型的城市,因油而生,因油而兴,主导产业是石油开采与加工。21 世纪初面临产业结构刚性、资源枯竭、城市转型等多重压力,大庆抢抓机遇,及时做出了大力发展石油石化服务外包产业的决策。

(一)发展服务外包概述

大庆把石油工程技术服务、软件开发与信息处理服务、专业服务 3 个方面作为服务外包发展重点。2007 年 12 月,大庆服务外包园区被商务部、信息产业部、科技部联合认定为"中国服务外包示范区",2009 年 1 月国务院批准大庆为"中国服务外包示范城市"。2010 年大庆服务外包主营业务额就突破了 70 亿元,离岸业务执行额达到 3.38 亿美元,人均全国第一。2011 年 2 月,大庆服务外包园区在全国同类 92 家园区中脱颖而出,被国家工信部评为最具发展潜力园区。

未来大庆市承接服务外包的目标:一个基地、两个中心。"一个基地"是指世界石油石化服务外包基地,重点发展行业软件开发、工业设计、技术服务等业务。"两个中心"之一是中国数据服务中心,重点发展数据处理、数据中心、灾难备份等业务;第二个中心是云服务中心,重点发展电子商务云服务、安防监控和物联网云服务、互联网内容和应用云服务、游戏云服务、医疗健康云服务、教育云服务、呼叫云服务等业务。预计到 2015 年底,园区营业收入将达到 300 亿元,企业数量将达到 600 家。

（二）发展服务外包的类别

1. 石油工程技术服务外包

依托本地的石油石化产业基础、市场资源和人力资源优势,大庆在石油石化服务外包领域形成特色,充分发挥大庆油田有限公司、大庆石油管理局等大企业科技和人力资源优势,依托高分辨率地震勘探、调整钻井完井、水淹层测井资料处理等国际领先技术,进一步拓展国际市场,重点发展石油软件开发及油田开采中涉及的物探、钻井、测井、录井、采油等领域的技术支持与服务。在石油工程技术服务方面,大庆已为中亚、东南亚、南美、北美、中东、北非等区域的 20 多个国家提供了勘探、测井、录井数据采集、处理、解释以及钻井、完井工艺设计和采油技术等外包服务。金桥公司的实时数据库及监控软件、流程行业控制及生产管理软件等打破国外垄断,占据国内 60% 的市场份额,驰名化工领域。锦华联电子公司的油田智能化生产管理系统和物联网、明达维尔公司的录井解释软件、中环电控公司的油井智能控制系统、德瑞克软件公司的勘探开发绘图软件、百米马公司和强生爱尔公司的油田测试仪器等在油田广泛应用,受到用户青睐,提升了油田的智能化水平。2009 年底大庆市实现服务外包收入 7.5 亿美元,企业达 223 家,从业人员 12 000 人;有 5 家企业通过 CMMI 三级认证。其中大庆市服务外包业中信息技术外包（ITO）占 60%,业务流程外包（BPO）占 30%,知识流程外包（KPO）占 10%。

2. 信息技术与软件开发服务外包

发挥大庆软件园国家火炬计划软件产业基地的集聚效应,依托大庆的石化技术和人才优势,积极扶持金桥信息、三维软件、华创通软等骨干企业,面向国际市场发展流程行业控制和管理、组态监控、化工装置和工艺优化,以及医院物流管理、财务审计、教育娱乐等行业应用软件,打造东北软件出口基地。在软件开发与信息处理方面,已为国内外石化、教育、审计、医疗、娱乐等行业提供了生产过程自动化控制、仿真模拟、工艺优化、生产管理、影像、游戏等方面的软件开发服务。目前大庆从事软件开发系统集成注册企业 400 多家,29 家企业通过了软件企业资质认定,6 家企业通过了系统集成资质评审,登记软件产品 48 个,1 家企业通过 CMMI 三级评估,形成了一批有自主知识产权的软件产品。

3. 信息处理服务外包

大庆以华拓数码、明达韦尔等企业为龙头,大力发展数据录入、图文处理、呼叫中心、软件服务、后台支持、信息工程监理、信息系统安全测评、信息技术咨询等信息服务。在巩固发展石油石化类工程咨询的同时,大庆发挥人才密集和专业优势,大力承接会计、审计、法律、人力资源、评估及产权交易、市场调查等服务外包,推进综合咨询、管理咨询、工程咨询服务,全力提供多样化的服务与交易方式,已为澳大利亚、英国、美国、香港等国家和地区提供了数据录入、图文处理等信息服务。金融保险商业后台支持、管理咨询、设计制作、人力资源及财务代理等专业服务外包也有一定的发展。以石油工程技术服务为主导,软件开发与信息处理、专业服务行业为两翼的服务外包产业发展格局已初步形成。

此外,大庆的设计服务外包发展初具规模。大连六环景观建筑设计有限公司、黑龙江省建筑标准设计研究院有限公司、黑龙江省寒地建筑科学研究院、大庆高新规划建筑设计院等设计企业相继入驻服务外包园,服务外包园的设计业务板块初具规模,服务于本地基本建设,促进了城市建设水平的提升和环境的改善,助力于地方经济的发展。

(三)大庆服务外包快速发展的经验

分析大庆服务外包快速发展的经验,可概括为以下几点。

1. 抢抓发展机遇

大庆顺应时代潮流,抢抓机遇,2006 年及时做出了大力发展石油石化服务外包产业的决策,体现了大庆在石油石化行业发展上的优势,回应了国内外石油石化行业对服务外包的巨大需求。

2. 注重载体建设

大庆服务外包产业园位于大庆高新区主体区,毗邻东北石油大学和黑龙江八一农垦大学,总规划占地面积 60 万平方米、建筑面积 100 万平方米。园区环境优美,配套服务设施齐全。截至 2011 年 7 月 1 日,园区已入驻企业 392 家。

3. 加大政策扶持

依据《国务院办公厅关于促进服务外包产业发展问题的复函》等文件规定,大庆服务外包园区在税收减免、工时制度、人才培训、资金补贴、外汇结算、融资信贷、电信服务等方面享有特殊扶持政策,即对符合条件的技术先进型服务企业,按减 15% 的税率征收企业所得税,离岸业务收入免征营业税;职工教育经费按不超过企业工资总额 8% 的比例据实在企业所得税税前扣除;每新录用 1 名大专以上学历员工从事服务外包工作并签订 1 年以上劳动合同的,中央财政给予企业不超过 4 500 元/人的培训支持。按照

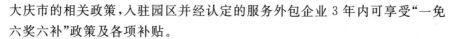

大庆市的相关政策,入驻园区并经认定的服务外包企业 3 年内可享受"一免六奖六补"政策及各项补贴。

4. 产业基础雄厚

大庆石油石化产业基础雄厚。大庆在服务外包发展之初,就注重结合石油石化产业的基础和优势,大力发展以石油石化行业应用软件为代表的石油石化外包服务,集聚了一批特色骨干企业。例如,拓普科技等企业开发的油藏描述、勘探开发绘图、录井、测井等软件在油田广泛应用,均获好评;华创电子研发的减少二氧化碳排放的硫磺回收装置控制系统被用于大庆石化公司炼油厂,使二氧化硫排放低于国家标准的 1/3,每年减少排硫量 165 吨,节约蒸汽 4 000 吨,取得了良好的经济效益和社会效益。

五、昆山的检验检测服务外包

伴随经济的全球化和信息化,跨国检验检测技术公司纷纷将与产品进出口配套的检测认证业务外包到出口国,促进了国际检验检测服务外包的发展。我国将检验检测服务业列为"十二五"期间重点发展的八大高新技术服务业之一,其年均收入增长率将超过 18%。江苏检验检疫自行车检测中心是国家级自行车检测重点实验室,位于江苏省昆山市,是国内检测项目最全、在国际上具有一定影响力的自行车专业检测机构,已获得 SG(日本经济产业省财团法人),TUV,INTERTEK(天祥集团公司)等的认可或授权,是国家认监委指定的 CCC(强制性产品认证制度)检测机构、中国质量认证中心(CQC)授权委托检测实验室、北京中轻联(CCLC)授权委托检测实验室,与德国 TUV、日本 SG、英国 INTERTEK 等国际知名检测机构开展了广泛的合资合作。与德国莱茵 TUV 签署自行车合作测试认证合同,可直接对外出具带有双方标记的测试报告。目前,其检测能力已覆盖美国、欧盟、日本、澳大利亚等进口国的 46 个检测标准,以及我国 GB,SN 的所有 47 个自行车检测标准,检测业务范围已覆盖美国、欧盟、日本等主要贸易国和香港、台湾等地区。近年来,该中心积极开展自行车产品检验检测服务外包,为江苏及全国自行车企业的发展做出了积极的贡献。经统计,2008 年 1 月至 10 月,该中心共承担检验检测离岸服务外包 636 批次,其中 343 批次为海外客户直接委托的离岸外包业务。

其他中小城市也在积极承接服务外包。例如,太仓市依托众多大型石油化工企业聚集的优势,率先设立成品油检测实验室,并力争成为国家级成品油检验检测外包服务基地。该实验室已投入 500 多万元购买仪器设备。投资全部完成后,油品实验室将拥有总值 1 250 多万元的 20 多台(套)国际先进仪器设备,能开展油品的 40 多项指标的检测,基本覆盖了油品的技术指标。美国进口油品检测核心设备——辛烷值机在太仓石化矿材检测中心安装调试完毕,标志着太仓市检测外包服务进入了实质性启动阶段,填补了华东地区检验检疫系统油品检测的空白。

附录

美国的"乡村外包"模式

　　受国际金融危机的影响,美国经济复苏缓慢,就业压力增大。离岸服务外包在美国饱受争议,一些批评者说它导致了美国工作岗位的流失。2010年8月12日,奥巴马总统签署法案加强边境安全,但相关费用却要通过提高对外国公民在美工作签证费来收取,并规定,凡是员工超过50人的高新技术企业,如果其中一半以上员工为外国籍,这些员工的签证费用每份将上涨至少2 000美元。业内分析师表示,美国此举可能适得其反,加速国内高科技企业向外转移。在国内政治和其他一些因素的影响下,美国的服务外包出现新动向,"乡村外包"模式应运而生。

　　"乡村外包"是指在美国内陆靠近大学的中小城市开办公司,然后找大型企业承接外包业务。这种操作模式与中国、印度提供的外包相似,只是工作地点在美国国内。2010年亚特兰大一家名叫"农村外包"的企业销售额增长300％,达到400亿美元。该公司首席执行官哈密尔顿自称他们的公司代表了"美国外包业的未来"。例如,在阿肯色州的琼斯伯勒设立一家"乡村外包"分公司将很有前景,因为琼斯伯勒的生活水平比美国全国平均水平低23％,IT工程师的年薪为3.5万美元,比大城市的6.5万美元少近一半。

　　在美国国内设立外包企业不仅成本大大降低,而且风险更小,不受汇率变动影响,不存在国际法律纠纷。更有利的是,它属于"政治正确"的举措,符合奥巴马政府鼓励中小企业发展和创新的政策。美国雷诺工业公司、蓝十字保险、圣尼嘉食品公司等都成为它们的客户。"乡村外包"帮助蓝十字保险公司开发的电子门户系统,年处理能力达到5 600万条保单。哈密尔顿说,"300％的增长率显示了在传统外包模式之外,市场对低成本、高质量国内外包的胃口很大。"

　　"乡村外包"模式的诞生,也表示美国大企业不再仅仅满足于削减成本,而且还考虑了效率、人才等因素。虽然"乡村外包"目前还无法与中国、印度等国的大型外包企业相提并论,但为美国国内的小型外包商创建了一种新的营运模式。"乡村外包"模式可否持续发展的关键在于能否形成规模,能否占据一定的市场份额。如果美国联邦政府和地方政府修改政策,这些企业将可能更快地扩大市场,为美国人保留和创造工作机会。

参考文献

[１] 刘永亮:《城市规模经济研究》,东北财经大学硕士学位论文,2009年.

［2］王雅莉:《城市经济学》,首都经贸大学出版社,2008年.

［3］中国中小城市科学发展评价体系研究课题组:《2010—2012年度中国中小城市科学发展评价指标体系研究报告》,社会科学文献出版社,2010—2012.

［4］熊玥,余曙光:《城市规模与经济发展关联》,《重庆社会科学》,2008年第2期.

［5］张昌良:《中国特色城市化道路——中小城市发展研究》,《河南社会科学》,2008年第4期.

［6］广德福:《中国特色城市化发展问题研究》,吉林大学硕士学位论文,2008年.

［7］毕琳:《中国城市化发展研究》,哈尔滨工业大学博士学位论文,2005年.

［8］李清娟:《产业发展与城市化》,复旦大学出版社,2003年.

［9］袁永友:《大中城市承接服务外包优势消长与持续发展》,《国际贸易》,2012年第4期.

［10］中国国际投资促进会:《2010年中国服务外包行业研究报告》,http://chinasourcing. mofcom. gov. cn.

［11］刘博文:《江苏省服务外包产业发展战略研究》,江苏大学硕士论文硕士论文,2010年.

［12］于立新,陈昭,江皎:《中国服务外包产业竞争力研究——基于部分试点城市的分析》,《财贸经济》,2010年第9期.

［13］江小涓,等:《服务全球化与服务外包:现状、趋势及理论分析》,人民出版社,2008年.

［14］伍俐洁:《我国承接国际服务外包的概况》,《国际经济》,2011年第9期.

［15］王晓红,杨双慧:《中国承接国际医药研发外包的发展及趋势》,《时代经贸》,2011年第10期.

［16］吉寿如:《践行科学发展观,建好泰州医药城》,《中国医药指南》,2009年第14期.

［17］许珺:《无锡服务外包产业发展的SWOT分析》,《南京广播电视大学学报》,2010年第3期.

［18］尹凡,沈平,朱怡洁:《江阴港加快建设临港新城和物流园区》,《中国港口》,2005年第11期.

［19］周竹园,周法祥:《江阴:以物流园区为龙头,推动现代物流业快速》,《中国储运》,2003年第5期.

第五章　镇江市承接服务外包的
　　　　特征与引力评估

　　江苏省镇江市位于长江下游南岸,地处长江与京杭大运河"十字黄金水道"交汇处,是国家历史文化名城,自古就有"天下第一江山"、"城市山林"之美称。2012 年镇江市常住人口 315.5 万人,面积为 3 847 平方千米,现辖丹阳、句容、扬中 3 个县级市和丹徒、京口、润州 3 个区,以及镇江新区和金山、焦山、北固山风景名胜区。《镇江国民经济和社会发展十二五规划纲要》明确指出,"十二五"时期,镇江市 GDP 年均增幅要达到 12%,服务业增加值占地区生产总值 48% 以上,服务业从业人员占全部从业人员比重的 40% 左右,万元地区生产总值综合能耗下降 18% 左右等。积极承接服务外包是镇江市实现上述目标的重要战略选择。

第一节　镇江市承接服务外包的基本特征

　　镇江市承接服务外包起步较晚,但在行政力的推动下,发展速度较快,并呈现出个性化的发展路径。

一、镇江市承接服务外包概述

（一）行政力推动镇江承接服务外包工作

　　服务外包是现代高端服务业的重要组成部分,发展国际服务外包有利于镇江市加快产业结构的转型升级,有利于扩大就业,有利于缓解镇江市资源环境压力,有利于提高利用外资水平和出口贸易效益。为此,2007 年镇江市委、市政府颁发《关于促进我市服务外包产业发展的意见》、《关于促进服务外包产业发展的若干政策》,正式提出了镇江市服务外包产业发展战略,同时成立了服务外包产业发展工作领导小组,召开全市服务外包工作会议,并将服务外包作为开放型经济的一项重要考核指标纳入年度考核体系和省级开发区考核评价指标体系。2008 年出台了为高端人才服务的《镇江市引进培育创新领军人才三年行动计划》,即"331"计划。2009 年镇江市委主要领导提出"三个紧盯",即紧盯外资到位、紧盯大项目、紧盯服务外包;镇江市政府主要领导在《产业兴则镇江兴》和《结构调整定输赢》中提出了镇江服务外包的发展方向和目标。2009年镇江市政府出台了《关于加快我市软件业发展的意见》,提出了创建国家软件业基地和国家服务外包示范城市的目标。与促进发展服务外包产业相配套,镇江市还出台了《信息软件业人才引进与培训计划》、《关于进一步加强职业教育主动服务地方经济发展的六条意见》、《"千百亿工程"人才引进与培训计划》等文件。目前镇江市财政每年直接安排服务外包产业发展专项资金2 000万元以上,主要用于规模外包企业奖励、国际市场开拓、公共技术服务平台建设等。可见,镇江市承接服务外包的重要推动力之一是行政力。

(二)服务外包业务规模成倍增长

镇江市服务外包起步于2006年,在行政力和市场力的共同推动下,承接服务外包的规模逐年提高。2010年服务外包执行额1.6亿美元,增长159.4%,通过各项认证的服务外包企业112家。2011年服务外包执行额为3.33亿美元,同比增长112%。截至2011年底,共有服务外包企业272家,从业人员3.7万人,累计通过各类资质认证233个,其中78家企业通过11项国际资质认证134个,55家企业通过CMMI三级以上认证。2012年服务外包执行额为5.86亿美元,同比增长75.8%,总量居江苏省第4位,增幅居苏南五市第1位。截至2012年底,共有登记注册企业364家(见表5-1),从业人员4.8万人,累计通过各类资质认证276个,其中通过13项国际资质认证181个,CMMI三级以上认证69个。镇江服务外包近年来发展速度很快(如图5-1所示),逐渐呈现出向规模化、品牌化方向发展的趋势。

表5-1 2012年镇江市服务外包注册企业分布情况

家

区域	当年新增(92)	累计(364)
丹阳市	13	37
句容市	6	37
扬中市	21	40
丹徒区	1	10
京口区	23	85
润州区	13	71
镇江新区	15	84

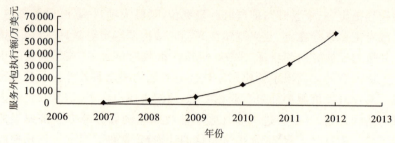

图 5-1　镇江服务外包产业发展状况

（资料来源：镇江市商务局，2012 年。）

二、镇江市承接服务外包的结构特征

镇江市承接服务外包的类别、区域分布具有明显的特征，同时，还充分体现了船舶服务外包、物联网应用、供应链与物流运营等镇江本地的产业特色。

（一）离岸服务外包的规模较大，在岸外包增长较快

从在岸与离岸来看，镇江服务外包执行额以离岸为主。2007—2012 年镇江市承接服务外包的离岸与在岸执行情况如图 5-2 所示。离岸服务外包的规模大于在岸外包，但在岸外包的发展速度较快。2010 年镇江服务外包执行额中离岸业务的执行额为 8 555 万美元，占总额的 54.5%，比 2009 年增长 107%；在岸外包执行额为 7 133 万美元，占比为 45.5%，同比增长 264%。2011 年离岸外包执行额为 1.75 亿美元，占总额的 52.6%，美国、日本、香港、欧洲、加拿大是镇江市离岸外包主要来源国家（地区），约占全部离岸外包的 84.4%；在岸外包收入中，89.14% 来源于华东地区，华东地区是我国最大的制造业基地，该地区的快速发展将会为镇江创造出更多的在岸服务外包机会。2012 年离岸外包执行额为 2.96 亿美元，同比增长 68.9%，占全部执行额的 50.5%，离岸外包执行额 50 万美元以上的企业有 110 家；从离岸服务外包的来源国别地区看，来自于美国和欧洲的服务外包分别占镇江市承接服务外包的 41.4% 和 17.6%，日本和香港分别占 11.5% 和 7.4%，其他地区占 18.9%，如图 5-3 所示。

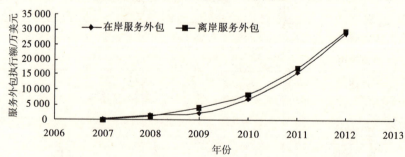

图 5-2　2007—2012 年镇江服务外包的离岸与在岸执行情况

（资料来源：镇江市商务局，2012 年。）

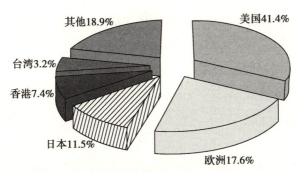

图 5-3　2012 年镇江离岸服务外包的来源地情况

（资料来源：镇江市商务局，2012 年。）

　　从 ITO,BPO,KPO 类别看,镇江以承接 ITO 服务外包为主,KPO 增长较快。2012 年服务外包执行额中,ITO 3.89 亿美元,占全部的 66.4%;BPO 0.28 亿美元,占全部的 4.8%;KPO 1.69 亿美元,是 2011 年的 2.33 倍,占全部的 28.8%。

　　（二）各类园区是承接服务外包的主阵地

　　截至 2012 年底,镇江共有服务外包省级品牌 13 个,镇江市被认定为"省级国际服务外包示范城市";京口区、镇江新区的镇江软件园、润州区的创意产业园及句容市被认定为"省级国际服务外包示范区"。江苏大学、镇江高等职业技术学校、京江软件园被认定为首批江苏省国际服务外包人才培训基地;江苏科技大学被认定为首批江苏省服务外包人才试点工作学校;亿华系统集成、名通信息科技、奥博洋信息科技、金钛软件 4 家企业被认定为"省国际服务外包重点联系企业"。目前,镇江软件园、润州创意产业园和京口区是镇江服务外包的主要基地。截至 2012 年全市已建成服务外包载体面积超过 200 万平方米,预计 2013 年新增 50 万平方米。

　　镇江软件园位于镇江新区丁卯片区,截至 2012 年底已聚集服务外包企业 84 家,共有载体面积约 110 万平方米,入驻企业 100 家以上,销售收入 30 亿元以上。润州创意产业园位于润州区省级镇江高新技术开发区内,规划载体面积数十万平方米,截至 2012 年底已建成载体面积约 4.3 万平方米,聚集服务外包企业 71 家。京口区服务外包企业主要集中于京口软件园、蓝舶科技园、归国博士创业园等,截至 2012 年底已建成载体面积约 10.2 万平方米,聚集服务外包企业 85 家。句容是镇江市下辖县级市,比邻南京,截至 2012 已集聚企业近 40 家,形成宝华软件园、江苏声讯安防科技园等特色园区,涌现出 IT 通讯业务、智能物联网传感系统研究者江苏紫光智能软件、智能识别安全防护产品软硬集成开发者江苏声讯电子、环境监测资源评估行业软件开发者江苏容力科技、信息安全领域创新者句容盛世软件等一批服务外包企业。镇江主要服务外包园区和目前主要产业见表 5-2。

表 5-2　镇江主要服务外包园区

园　区	主　要　产　业
丹阳市开发区高新技术产业园	技术服务、商务服务、市场服务
句容市空港文化创意园	数字出版、传媒产业及科研设计等
句容宝华软件产业园	嵌入式软件、集成电路设计、应用软件
扬中科技新城产业园	以电气元器件、环保节能产品研发为主
镇江软件科技产业园（丹徒）	软件研发、科技服务
镇江市大禹山创意新社区	创意产业、航空信息技术外包、智慧旅游外包
镇江无线产业园（京口）	重点发展宽带无线专网应用
镇江知识城	信息等软件、数字出版、工业设计、科技研发及成果产业化等
国家大学科技园	科技服务、软件和信息服务

（资料来源：《中共镇江市委镇江市人民政府关于加快推进产业集中集聚发展的意见》，镇发〔2013〕40 号。）

2012 年镇江市服务外包情况（分辖市区）如图 5-4 所示。

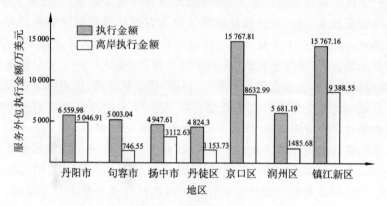

图 5-4　2012 年镇江市服务外包情况（分辖市区）

（资料来源：镇江市商务局，2013 年。）

（三）承接服务外包具有明显的区域产业特色

镇江服务外包的产业特色具体体现在 3 个方面：船舶服务外包、物联网应用、供应链与物流运营服务外包。

1. 在船舶服务外包方面

重点围绕船舶产业，发展研发、设计、物流、软件等特色服务。

（1）镇江已聚集了从事船舶自动化控制研发的亿华系统集成、承接船舶整体设计的江苏船舶设计研究所、从事船舶行业应用软件研发的金舟软件等 20 多家船舶服务外包企业,2009 年船舶外包离岸执行额占全市的 16％。2010 年镇江特种船舶及海洋工程配套产业基地获得国家科技部批准,成为国家级产业基地。产业基地内所生产的全回转拖船、海洋石油平台供应船两个系列的特种船舶,占据了国内 60％以上的规模。预计到 2015 年产业基地实现工业总产值 500 亿元。

（2）江苏大学和江苏科技大学的船舶设计制造、计算机等专业在国内有较强的竞争力。江苏科技大学拥有船舶与海洋结构物设计制造国家级重点学科,有"江苏省船舶先进设计制造技术重点实验室"和"江苏省船舶先进制造技术中心"两个省级先进技术服务平台,江苏船舶研究所是江苏省唯一的船舶设计研究单位。载体建设上,镇江软件园将专门打造建设船舶设计管理外包中心以及相关的嵌入式软件外包中心等。镇江的物联网应用产业初具规模。

2. 在物联网应用外包方面

（1）镇江以物联网领域的"云计算中心"为技术支撑平台,发展智慧城市、智慧旅游、智慧交通、智慧健康、金土工程、金宝工程等应用项目,以及系统集成、第三方解决方案,通过"政务云"＋"服务云"的方式,打造云计算产业链。2011 年 10 月正式挂牌成立"云神科技股份有限公司",已投资 1.5 亿元,建成 1 万多平方米的"云神工程"中心,完成基础设施建设一期工程。2011 年 5 月国家旅游局将全国唯一的"国家智慧旅游服务中心"的金字招牌授予镇江,镇江市以"云神工程"为依托,已建立"五个一"智慧旅游公共支撑体系,即一个国家旅游服务中心、一个中国智慧旅游云计算平台、一个中国智慧旅游感知传输网络体系、一个中国智慧旅游产业联盟、一个智慧旅游产业谷,以期实现旅游管理数字化、服务智能化和体验个性化。2013 年上线运行,向全国提供云计算资源申请、旅游行业信息发布、智慧旅游信息系统在线使用、智慧旅游行业解决方案服务。"畅游镇江呼叫中心"已建成开通,这是智慧旅游的重要依托。

（2）镇江已初步形成了智能电网、智能公交、智能农业、智能物流、智能公共安全、智能传感器制造、智慧公路、智慧航道等方面的物联网产业,智能公交、智能医护、智能家居等领域在全国率先开展了推广应用。物联网应用相关的科研和人才培训平台不断汇集,如 2010 年扬中市新坝科技园区开发有限公司与清华大学电机系落实共建"智能电网技术研发平台"。2010 年开始正式运作的东南大学—镇江智能电网研究院,由镇江市政府、东南大学和新区共建并落户在镇江新区,面向智能电网领域进行技术研发、成果转化、设计咨询和人才培训等服务。

（3）镇江已汇聚了一批物联网应用企业。拥有专利10余项、著作权100多项的中国物联网产业发展示范企业——镇江凌空网络技术有限公司、智能医疗和智能电网领域的江苏瑞蚨通软件科技有限公司、智能煤矿领域的镇江中煤电子有限公司、物联网和云计算领域的江苏物泰信息科技有限公司。

3. 在供应链与物流运营外包方面

重点发展基于信息技术、分销、采购、计划等基础上的企业供应链管理服务，为客户提供物流、资金流、信息流、融资、保税、外汇结算、人力资源管理、会计核算、制单外包等供应链解决方案。

（1）镇江地理位置良好，交通基础设施便利，在发展物流、供应链管理等产业方面有优良的条件。镇江在物流领域有近500家的企业群体，已涌现部分具有较高专业化、信息化水平的第三方物流企业。

（2）镇江市工业总产值超亿元的企业有近百家，包括50多家世界500强大公司投资的企业。另外还有20个亿元商品交易市场，其中综合市场6个，专业市场14个，如丹阳眼镜市场、华东灯具市场等，2012年成交额在400亿元以上，这对物流行业提出了很大的需求。而长三角地区发达的制造业，更是为处于长三角核心位置的镇江提供了广阔的物流产业发展机会。

（3）在国务院所发布的长三角地区区域规划中，镇江被定位为区域物流中心，因而物流行业在镇江有良好的发展前景，也有机会争取国家、省级政府的更多支持。

另外，以尚阳、名通等为代表的动漫影视外包具有一定的影响力。2012年尚阳数字承接的美国索尼国际电影发行公司的《2012》全片立体转换服务已在国内上映。以艾科半导体的集成电路测试、生物医药检测、亚旗技术服务的通用检测、国家中低压配电设备质检中心的电力电气检测等第三方检验检测外包，正逐步形成特色和规模。

第二节　镇江市承接服务外包的优势与劣势

镇江市作为中等城市，在承接国际服务外包方面，具有自身特色和环境特征，既具备有利于承接服务外包发展的有利因素，也有不利于承接服务外包的制约因素。

一、镇江市承接服务外包的有利因素

商务成本低、经济发展快、交通便捷、社会环境良好等是促进镇江承接服务外包发展的有利因素。

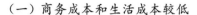

（一）商务成本和生活成本较低

镇江的基本商务成本相对较低,甲级写字楼平均租金低于周边其他城市。在岗职工年平均工资远低于东部沿海城市和邻近城市,2009 年在岗职工年平均工资 34 209 元,与内陆城市西安、武汉相近。普通计算机开发人员的平均工资约为 2 000 元/月,低于周边的主要城市。镇江的房价、房租等生活成本,比周边的南京、苏州、无锡低很多,更是大幅低于一线城市上海、北京等。按 2010 年 7 月的市场数据,镇江市区的住宅平均房价 5 052 元/平方米,远低于周边的南京、苏州、无锡(见表 5-3)。另外镇江实施了惠民工程和智能公交工程,公交车单次乘费仅 0.5 元,在主城区开通了公共自行车投运系统,极大地降低了市民的出行成本,优化了城市环境。

表 5-3 镇江市与其他城市的商务及生活成本比较

城市	甲级写字楼租金 [元/(平方米·天)]	在岗职工年 平均工资/元	电费 (元/千瓦时)	市区住宅平均 房价(元/平方米)
镇江	1.0	34 209	0.823	5 052
南京	1.7	40 134	0.823	12 016
苏州	1.0	40 261	0.823	9 103
无锡	1.2	43 350	0.823	7 843
常州	1.0	39 220	0.823	5 302
西安	1.3	34 032	0.604	5 398
武汉	1.1	33 320	0.51	6 196
大连	1.4	38 766	0.721	9 678
上海	2.0	42 789	0.835	19 168
北京	3.3	48 444	0.624	22 310

（资料来源:各城市统计局,2010;新浪网,2010。）

（二）经济增长较快

一个国家或地区的市场规模在一定程度上反映了当地的经济发展水平。服务外包具有产业衍生性,因此,市场规模是影响离岸服务外包发包方选择接包方的重要因素。近年来,镇江经济发展迅速(如图 5-5 所示),人均 GDP 不断提高(如图 5-6 所示),市场规模越大,越能对国外发包方产生较强的吸引力。2012 年镇江实现地区生产总值 2 630.1 亿元,同比增长 12.8%,其中第一产业增加值 116.7 亿元,增长 5.4%;第二产业增加值 1 419.5 亿元,增长 13.1%;第三产业增加值 1 093.8 亿元,增长 13%。三次产业结构比例由上年的 4.4∶55∶40.6 调整为 4.4∶54∶41.6。人均地区生产总值

（按常住人口计算）83 636 元,增长 12%。城镇居民人均可支配收入30 640元/年,农民人均纯收入 14 750 元/年,同比增长 12.3%;公共财政预算收入215.5 亿元,增长 18.5%;固定资产投资 1 500 亿元,增长 22%;社会消费品零售总额 767 亿元,增长15.5%。

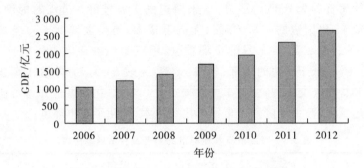

图 5-5　2006—2012 年镇江市地区生产总值情况

（资料来源:2006—2012 年数据来自于各年度《镇江统计年鉴》。）

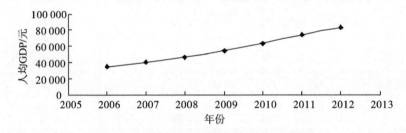

图 5-6　2006—2012 年镇江市人均地区生产值

（资料来源:2006—2012 年数据来自于各年度《镇江统计年鉴》。）

（三）对外开放不断扩大

近几年,镇江市依托扩大开放,加快经济发展和转型升级。现已吸引世界近 80 个国家和地区的公司在镇江投资兴办 4 000 多家企业,其中外贸世界 500 强公司 40 多家,累计实际到位外资 147.5 亿美元,其中 2012 年实际到位外资 22.14 亿美元,增长 22.4%。全市设立国家级经济开发区 1 家、国家出口加工区 1 个、省级经济开发园区 6 家(其中,省级高级技术开发区 1家)。全市有进出口经营权的企业超过 4 500 家,出口超亿美元的企业近 10家,出口超亿美元的商品 10 余种,出口超亿美元的国外市场 11 个。现有国家级眼镜出口基地 1 个、国家级科技兴贸创新基地 1 个、国家级出口基地企业 3 个、省级五金工具出口基地 1 个、省级五金工具集聚监管区 1 个。2012年全市完成进出口总额 114.1 亿美元,增长 13.3%;其中出口 77.4 亿美元,增长 37.7%。全市有对外经济技术合作经营权的企业 16 家,其中对外承包工程企业 10 家。累计批准境外投资企业 130 余家,中方实际投资近 4 亿美元。工程承包市场分布世界 10 多个国家和地区;劳务市场遍布世界 64 个国家和地区。2012 年全市完成外经合同额 3.5 亿美元,外经营业额 2.17 亿美元。镇江市目前已与世界 11 个国家和地区 15 个城市建立友好城市关系;与 10 多个国家和地区近 20 个城市建立友好交往关系。同时科技、文化、宣传、教育等领域的合作交流也日益扩大。

（四）人才培养基础较好

镇江是"全国科教兴国先进城市",拥有江苏大学、江苏科技大学等 5 所高等学校,在校生 8.9 万多名,每年毕业 2.4 万多名,其中 IT 专业人才 5 000 多人。除高校外,镇江还有 44 所高中、职业高中和中等专业技术学校。中专每年毕业生中机电专业 3 000 余人,电子专业 1 500 余人,计算机专业 900 余人。镇江每万人拥有在校大学生数量位居江苏省第二位,在校学生在常住人口中占比 14.15%,教育资源较丰富。江苏大学流体力学、车辆工程,江苏科技大学的船舶设计及自动化、焊接技术等专业在全国同等高校中处于领先地位。

（五）交通便捷

镇江位于上海经济圈和南京都市圈之间,离上海 230 多公里,离南京仅 60 公里,区位优势明显,距长三角大多数城市均在 2 小时车程内。从镇江乘坐高铁列车到南京只需 20 分钟,到上海只需 50 分钟,镇江已经进入南京 30 分钟经济圈和上海 1 小时经济圈内。上海和南京目前是长三角地区工商业的龙头城市,交通的便捷对于镇江承接长三角地区和长江沿岸地区的溢出业务十分有利。2010 年国务院批准实施《长江三角洲地区区域规划》(国函[2010]38),将镇江定位为长三角地区区域物流中心之一。

（六）口岸和港口优势明显

镇江有长江自然岸线 270 公里,占全省岸线总长的 24%,其中深水岸线 87.2 公里。镇江港是国家一类开放口岸,是国家主枢纽港,口岸查验机构和服务机构齐全,现由高资、龙门、谏壁、大港、高桥、扬中、新民洲等七大港区组成,已建成生产性码头泊位 226 个,其中万吨级以上泊位 41 个。目前已有 41 个泊位对外开放,其中万吨级泊位 29 个。镇江港已与世界 71 个国家和地区的 288 个港口建立了外贸运输业务,已成为具有"江、海、河"和"铁、公、水"联运的多功能国际化的综合性港口。长期以来,镇江市坚持"以港兴市"、"以港强市"战略,将港口建设与临港经济发展有机结合,形成了港区建设与沿江开发相互促进、城市与港口互为依托、港城一体化发展的良好态势。现在镇江市沿江地区集中了全市 75% 以上的经济总量和 80% 以上的外商投资企业,形成了新能源、装备制造、特种船舶、粮油加工、精细化工等主导临港产业。2010 年镇江港跻身全国亿吨大港行列;2012 年完成货物吞吐量 1.35 亿吨,外贸运量 2 132 万吨,集装箱 37.5 万标箱。

(七)文化旅游环境优良

镇江有文字记载的历史长达 3 000 余年,镇江之名自北宋至今,是国务院第二批公布的国家历史文化名城,素有"天下第一江山"、"城市山林"的美誉,是吴文化的重要发祥地,有丰厚的文化积淀。镇江是国家授予的首批中国优秀旅游城市,被评为中国十佳最具投资潜力文化旅游目的地城市,是全国首批智慧旅游试点城市。现全市有 A 级景区 34 家,其中 5A 级景区 1 家、4A 级景区 6 家。3 个省级风景名胜区、2 个国家级森林公园和 1 个省级自然保护区。国家级工农业旅游示范点 8 家、省级四星级乡村旅游区(点)8 家。2012 年金山、焦山、北固山"三山"景区成功争创国家 5A 级旅游景区,实现旅游总收入 452 亿元,同比增长 17.4%,旅游产业增加值占 GDP 比重的 7.68%。丹徒世业洲、句容茅山湖、丹阳水晶山旅游度假区被江苏省政府批准为"省级旅游度假区",丹阳市被江苏省旅游局批准为"江苏省旅游产业创新发展实验市"。镇江有星级饭店 56 家,其中五星级酒店 2 家、四星级酒店 8 家;有旅行社 106 家,其中国际旅行社 5 家。长江国际音乐节、长江草莓音乐节、"一起长江"中韩青草地滨江音乐派对等成为镇江时尚文化新品牌。

(八)制造业基础相对雄厚

镇江市工业总值超亿元的企业近百家,包括 50 多家世界 500 强企业。制造业在镇江工业经济发展中起到了重要的支柱作用,近 5 年的销售收入增长率都高于江苏省和全国的平均增长率。2012 年全市拥有规模以上工业企业 2 138 家,其中销售额超 10 亿元企业 115 家,50 亿以上企业 13 家。全市初步形成了机械、化工、造纸三大主导产业和电子信息、新材料、电力、交通设备、食品五大优势产业。镇江拥有世界产能第一的造纸生产线,世界五强之一的锚链生产基地,亚洲最大的工程塑料生产基地,全国最大的醋酸生产企业和铝箔包装材料定点生产基地,国内汽车行业最大的发动机缸体铸造企业等。2013—2015 年,将大力推进新材料、高端装备、新能源、航空航天、新一代信息技术、生物技术和医药六大千亿级战略性新兴产业发展三年行动计划。为推动全市经济发展方式的转变,进一步优化产业空间布局,全面提升产业竞争力,2013 年镇江市实施了"三集"政策,即促进企业向园区集中,产业向高端集聚,资源向集约利用,积极推进产城融合,加快优势产业集群发展,形成布局合理、特色鲜明、绿色低碳的产业发展格局,提高产业的整体竞争能力。

二、镇江市承接服务外包的制约因素

（一）思想认识有待进一步提高

对承接服务外包意义的认知局限及创业氛围不够浓厚，是制约镇江更好地发展服务外包的因素之一。承接国际服务外包，既是继续实现快速发展的挑战，更是实现跨越式发展的挑战。20世纪80年代末，国际上发生了以加工贸易为主要特征的产业转移，90年代中期，发生了世界制造业的跨国转移。两次产业转移都是以货物贸易为主要特征，以运输成本、市场因素等区位优势作为价值追求，具有上述优势的区域是产业转移的目标区域。当前，全球范围内迅速发展的服务外包是高端服务业的重要组成部分，是产业转移的重要内容。因此，要充分认识到当前新形势下发展服务外包的重要意义，它不仅可以推动镇江传统产业的转型升级，还可以优化引进外资结构，提升外向型经济发展的质量。因此，要转变重视制造业发展忽视服务业发展的传统观点，抓住发展机遇，大力促进服务外包的发展。

（二）服务外包企业规模较小

镇江服务外包企业实力弱、规模较小，地区分布不均衡。服务外包企业规模主要集中在50人以下，100人以上的不多，尚没有知名、龙头型外包大企业。2012年镇江服务外包执行金额5.86亿美元，服务外包企业数量364家，相比于无锡（51.1亿美元，1 249家），南京（63.8亿美元，1 339家），苏州（40.8亿美元，2 115家）有较大差距。

（三）外包业务层次有待提高

镇江服务外包企业特别是本土企业实力相对较弱，品牌影响力不够，国际市场开拓能力有待进一步提高；企业缺少具有自主知识产权的核心产品和技术，竞争力不强；接包合同大多是ITO，处于提供中低端技术服务环节，承接高端业务的企业较少。大多数企业以软件开发、测试、数据录入等低附加值外包业务为主，高附加值外包业务比重偏小；适合服务外包发展的中高级专业人才和管理人才供求失衡，具备一定外语能力、专业技能和项目管理经验的复合型人才不足，具有全球眼光、能带领大型技术团队承接复杂外包业务订单的高级管理人才则更缺乏。

（四）园区载体配套建设有待进一步完善

2012年底镇江市建成服务外包载体面积约200万平方米，与其他城市相差较远。南京、苏州、无锡三市2011年服务外包载体面积均在500万平方米以上，无锡所公布的载体面积更是达到了750万平方米。镇江现有多个不同规模的载体，分布比较零散，难以形成规模效应，载体间没有形成错位竞争的格局；辖市区之间的发展水平也不平衡，服务外包企业主要集中在京口区、镇江新区和润州区。不少园区交通、道路、排水、绿化等基础设施和

居住、医疗、休闲等各类配套均处于起步阶段。公共服务设施配套不足,制约着镇江园区的发展。

第三节 镇江市承接服务外包的区位引力评估

相关文献检索结果表明,目前国际上用于评估服务外包接包方区位引力的方法较少,国内对服务外包接包方区位引力的理论研究也相对缺乏。但设计一套综合评价体系有利于科学分析服务外包接包方的区位引力,从而促进接包方更好地承接国际服务外包。本节在借鉴国内外服务外包区位理论的基础上,吸收朱晓明(2006)、李志军(2006)等人的学术观点,参考科尔尼公司对服务外包承接的区位吸引力指数的计算方法,构建了一个包含3层指标的多因素指标体系。根据上述多因素评价体系,计算了江苏省沿江八市①服务外包的区位吸引力指数,并将镇江市与其他七市进行了横向比较。

一、服务外包接包方评价指标体系

(一)指标体系的构建

指标体系可分为3个层次,相对应于三级指标体系:一是接包方环境指标体系(含5个细分要素);二是服务外包人员指标体系(含5个细分要素);三是接包方成本指标体系(含3个细分要素)。每个二级指标又可分为若干个次级因素(第三级指标),第一、第二、第三级指标共同组成了服务外包接包方的区位引力指数的评价体系。

(二)所选择指标的含义

1. 接包方的商业环境

商业环境包括硬环境和软环境。硬环境是指该地区客观存在的自然条件和基础设施建设情况。软环境主要是指与外包风险息息相关的一些诸如政治、经济、环境、语言文化环境等因素。

2. 接包方的人员和能力

服务外包相关人员及其能力是指服务外包接包方在提供服务的过程中对服务过程和服务质量的保障能力,具体表现在企业经营规模、财务能力、管理能力、客户服务能力等方面。在规模、财务能力方面,如果接包方规模太小,就很有可能拿不到较大的合同,实地调研也证明了这一点。在管理能力方面,服务外包工作的标准化规范要求是减少交易成本的上佳选择,通过获得双方信赖的第三方认证(如 CMM)等,可以进一步地降低交易成本。

服务外包接包方区位引力评价指标体系见表 5-3。

---

① 江苏省沿江八市是指苏州、南京、无锡、常州、镇江、南通、泰州、扬州。

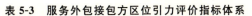

表 5-3 服务外包接包方区位引力评价指标体系

一级指标	二级指标	三级指标
环境 Q_1	政策/法规 Q_{11}	地方配套扶持基金 Q_{111}
		鼓励扶持政策 Q_{112}
		信息安全 Q_{113}
		签订《中国服务外包基地城市共建协议》情况 Q_{114}
	基础设施 Q_{12}	交通 Q_{121}
		电力供应 Q_{122}
		通信网络 Q_{123}
		基础设施及应用服务平台 Q_{124}
		生活环境 Q_{125}
	商业环境 Q_{13}	外商直接投资数量 Q_{131}
		服务外包出口额 Q_{132}
		CMM 认证数量 Q_{133}
		服务外包产业集聚度 Q_{134}
	教育/培训 Q_{14}	当地教育/培训机构数量 Q_{141}
		在校大学生数量 Q_{142}
	知识产权保护 Q_{15}	知识产权保护热线 Q_{151}
		投诉举报 Q_{152}
		案件办理 Q_{153}
		知识产权保护政策 Q_{154}
人员 Q_2	存量结构 Q_{21}	普通人员存量 Q_{211}
		管理人员存量 Q_{212}
	流量结构 Q_{22}	每年流入当地的普通人员数量 Q_{221}
		每年流入当地的管理人员数量 Q_{222}
	人员稳定性 Q_{23}	ITO 人员稳定性 Q_{231}
		BPO 人员稳定性 Q_{232}
	语言能力 Q_{24}	英语能力 Q_{241}
		日语能力 Q_{242}
	文化适应性 Q_{25}	当地外国人数量 Q_{251}
		当地海外留学回国人员数量 Q_{252}
		跨国公司在当地雇员人数 Q_{253}

一级指标	二级指标	三级指标
成本 Q_3	工资福利 Q_{31}	普通人员工资福利 Q_{311}
		管理人员工资福利 Q_{312}
	基础设施成本 Q_{32}	商务机票 Q_{321}
		办公场地租赁 Q_{322}
		工业电费 Q_{323}
		通讯费用 Q_{324}
	税收 Q_{33}	公司所得税 Q_{331}
		个人所得税 Q_{332}

3. 接包方的成本因素

成本因素是指服务外包发包方将内部硬件维护、软件开发或职能管理实务等委托给专业服务外包提供商管理,接包方根据需求提供合格的服务后向发包方收取的所有与服务相关的费用,具体包括员工成本、办公房使用成本、办公设备及办公用品费用、管理费用、财务费用、税收及利润等。

二、接包方区位引力评估方法与指标测度

(一)评估方法的选择

评价接包方的方法较多,但直到目前为止还没有一个公认的比较完善、科学的方法。一般要根据跨国企业对接包方的了解程度以及企业需求等因素来确定。本书主要采用以下几种评估方法。

1. 直观判断法

直观判断法是根据征询和调查所得的资料并结合个人的分析判断,对接包方进行分析、评价的一种方法。这种方法主要是倾听和采纳有经验的信息部门的意见,或者直接由信息部门凭经验做出判断。这种方式选择过程比较简单,适宜于选择能够得到高度信任和技术力强的接包方。一般来说,跨国企业可能与该接包方已有过合作经历,只需磋商具体的工作内容,或者该接包方在业内享有盛誉,只要发包方能够出得起一定的价钱,项目成功的机率就比较大。

2. 德尔菲(Delphi)法

实际的对象选定指标后,就需要确定各指标的权重值。权重的确定有不同的方法。有些方法是利用专家或个人的知识或经验去判断,称为主观赋权法。专家分析本身也是基于长期的实际工作经验,有客观基础。另一

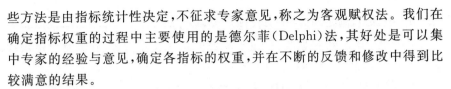

些方法是由指标统计性决定,不征求专家意见,称之为客观赋权法。我们在确定指标权重的过程中主要使用的是德尔菲(Delphi)法,其好处是可以集中专家的经验与意见,确定各指标的权重,并在不断的反馈和修改中得到比较满意的结果。

3. 模糊综合评价法

模糊综合评判是模糊数学领域中的一个分支。模糊数学是 1965 年由美国著名控制论专家 L. A. Zadeh 创立的,它用数学方法研究和处理具有模糊性的现象。模糊性是人类思维的特点之一,模糊集合论是处理模糊现象的有效工具,而评价是人对事物的一种看法,思维的本质决定了其带有模糊的性质,因而模糊数学方法近些年在系统评价领域得到了广泛应用。

4. 层次分析法

AHP(analytical hierarchy process)即层次分析法,是由美国著名运筹学家 T. L. Saaty 于 20 世纪 70 年代提出。它采用一定的标度把人的主观判断进行客观量化,将定性问题进行定量分析,是一种简单又实用的多准则评价方法。Weber 等人提出利用层次分析法进行接包方的选择。其基本原理是根据具有缔结结构的目标、子目标(准则)、约束条件、部门等来评价方案,采用两两比较的方法确定判断矩阵的最大特征相对应特征向量的分量作为相应的分解,最后综合给出各方案的权重(优先程度)。由于该方法要求评价者对照相对重要性函数表给出因素两两比较的重要性等级,因而可靠性高、误差小。不足之处是遇到因素众多、规模较大的问题时,该方法容易出现问题,如判断矩阵难以满足一致性要求时,难于一步即对其分组。但它作为一种定性和定量相结合的工具,目前已在多个领域得到了广泛应用。

(二) 指标体系的测度

指标体系的测度主要包括指标体系的量化、指标权重的确定以及综合分值的计算 3 方面内容。

1. 指标体系的量化问题

由于有关服务外包的统计资料很不系统,研究所需的部分资料包含不确定性和模糊性,产生这些特性既有客观的原因,如评价指标的模糊性和难以一一量化,同时又有评价者自身的主观原因,如评价者的性格、偏好、价值观念和认知程度等。因此,本书对评价体系中的部分因子采用了模糊综合评判方法进行科学评价。模糊综合评判法的具体步骤如下:

第一步,建立被评判对象的对象集 $A = (A_1, A_2, \cdots, A_m)$,因素集 $U =$

$(u_1, u_2, \cdots, u_n)$，满足 $\bigcup\limits_1^n u_i = U$，$u_i \bigcap u_j = \Phi$，$i \neq j$。

第二步，对 u_i 进行划分，设每个因素集 u_i 有 j 个因素，则得到二级指标 u_{ij}，以此类推到第三级指标。

2. 采用层次分析法（AHP）确定权重

第一步，邀请专家对各层指标通过两两比较并各自做出相对重要性的判断，按照九标度法，给出相对标度（见表 5-4），构造两两比较判断矩阵。

这样就可以得到判断矩阵 $B = (b_{ij})_{n \times n}$，它具有 3 个基本性质，即

$$b_{ij} > 0; \quad b_{ij} = 1/b_{ji}; \quad b_{ii} = 1 \quad (i, j = 1, 2, \cdots, n)$$

表 5-4　标度排列（Sort of measure）

标度排列 a_{ij}	定　义
1	i 因素与 j 因素一样重要
3	i 因素比 j 因素略微重要
5	i 因素比 j 因素较为重要
7	i 因素比 j 因素非常重要
9	i 因素比 j 因素绝对重要
2,4,6,8	为两个判断之间的中间状态对应的标度值
倒数	若 i 因素与 j 因素比较，得到的判断值为 $a_{ij} = 1/a_{ji}$，则 $a_{ij} = 1$

第二步，采用求和法求解指标权重。将判断矩阵的各列作归一化处理，即

$$\overline{b_{ij}} = \frac{b_{ij}}{\sum\limits_{k=1}^n b_{ij}} \quad (i = 1, 2, \cdots, n)$$

求出判断矩阵每一行各元素之和，即

$$\overline{w_i} = \sum\limits_{j=1}^n \overline{b_{ij}} \quad (i = 1, 2, \cdots, n)$$

对 w_i 进行归一化处理，即

$$w_i = \frac{\overline{w_i}}{\sum\limits_{i=1}^n \overline{w_i}}$$

得到权重系数，即

$$w = (w_1, w_2, w_3, \cdots, w_n)^{\mathrm{T}}$$

第三步，进行一致性检验。由于判断矩阵是人为赋予的，故需要进行一

致性检验,评价判断矩阵的可靠性。判断矩阵的最大特征根为

$$\lambda_{\max} = \frac{1}{n} \sum_1^m \frac{\sum_{j=1}^n b_{ij} w_j}{w_i}$$

随机一致性指标为

$$CI = \frac{\lambda_{\max} - n}{n - 1}$$

从平均随机一致性指标表中查找上例检验中所需的平均随机一致性指标 RI,对 $N=1,2,3\cdots,9$,satty 给出了 RI 的值,见表 5-5。

表 5-5　一致性指标值

n	1	2	3	4	5	6	7	8	9
RI	0	0	0.58	0.9	1.12	1.24	1.32	1.41	1.45

计算一致性比率 CR,即

$$CR = \frac{CI}{RI}$$

一般来说,相对一致性指标 CR 愈小,判断矩阵一致性愈好。当 $CR < 0.1$ 时,认为判断矩阵具有满意的一致性,否则要调整判断矩阵,使其具有满意的一致性。同理,可以计算出第 i 类因素中第 k 个因素的权重 w_{ki}。

第四步,层次单排序及一致性检验。通过以上 3 步得到的是一组元素对其上一层某元素的权重向量,但最终要得到各元素,特别是最低层中各方案对于目标的排序权重,从而进行方案选择。总排序权重要自上而下地将单准则下的权重进行合成。

设上一层次(A 层)包含 $A_1, A_2, \cdots, A_m$,共 m 个因素,它们的层次总排序权重分别为 $a_1, a_2, \cdots, a_m$;设其后的下一层次(B 层)包含 n 个因素 $B_1, B_2, \cdots, B_n$,层次单排序权重分别为 $b_{1j}, b_{2j}, \cdots, b_{nj}$(当 B_i 与 A_j 无关联时,$b_{ij} = 0$)。现求 B 层中各因素关于总目标的权重,即求 B 层各因素的层次总排序权重 $b_1, b_2, \cdots, b_n$,计算按下式进行,即

$$b_i = \sum_{j=1}^m b_{ij} a_j \quad (i = 1, 2, \cdots, n)$$

对层次总排序也需做一致性检验,由高层到低层逐层进行。这是因为虽然各层次均已经过层次单排序的一致性检验,各层次对比较判断矩阵都已具有较为满意的一致性。但当综合考察时,各层次的非一致性仍有可能积累起来,引起最终分析结果较严重的非一致性。

设 B 层中与 A_j 相关因素的成对比较判断矩阵在单排序中经一致性检

验,求得单排序一致性指标为 $CI(j),(j=1,2,\cdots,m)$,相应的平均随机一致性指标为 $RI(j)[CI(j),RI(j)$ 已在层次单排序时求得],则 B 层总排序随机一致性比例为

$$CR = \frac{\sum_{j=1}^{m} CI(j)a_j}{\sum_{j=1}^{m} RI(j)a_j}$$

当 $CR<0.10$ 时,认为层次总排序结果具有较满意的一致性,并接受该分析结果。

3. 综合分值的计算

依据评估体系结构自下而上对三级指标、二级指标、一级指标进行统计及加权求和计算(其中,$Q_{ii} = \sum_{i=1}^{n} W_{iii}Q_{iii}$,$Q_i = \sum_{i=1}^{n} W_{ii}Q_{ii}$),得出每个项目的第一级指标 $Q_i = (Q_1,Q_2,Q_3)$,然后由权重和数值计算出区位吸引力指数 P,即

$$P = \sum_{1}^{3} W_i Q_i$$

三、镇江市承接服务外包区位吸引力评估

(一)评价指标值的确立

本部分所用数据来源于实地调研和职能部门的统计。由于该评估体系涉及经贸、教育、电信、公安、法院、服务外包产业园等多个部门,数据收集任务十分繁重,特邀请了镇江市商务、统计、科技、税务、公安等有关部门的领导就江苏沿江八市服务外包各级影响指标的关系及八城市服务外包发展的现状情况召开座谈会。最终评价指标体系的评分值取自专家调研评分的加权平均值。不过考虑到专家打分的主观性,在对比各个专家打分的过程中,参考了来自《中国统计年鉴 2010》、《中国城市年鉴 2010》、《中国环境年鉴 2010》的数据,对专家打分中与实际可考数据基本相符的指标数据,选用的是专家打分数据;对于专家打分与实际可考数据出入较大的指标,选用的是实际指标数据,并采用十分制的模糊评判方法。以 Q_{133} CMMI 认证数量为例,这一指标专家打分平均值与实际数据出入较大,因此把沿江八市实际通过 CMMI 认证数量应获的得分按照通过的企业数量划分为多个级别。其中,20 家以上得分为 10,15~20 家得分为 9,10~15 家得分为 8,5~10 家得分为 7,5 家以内得分为 6,以此来计算该指标的最后得分。由于指标数量过多,在此不一一列举。以第一级指标中的成本因子为例,江苏沿江八市成本各指标情况见表 5-6。

表 5-6　江苏沿江八市第三级指标情况——以第一级指标中的成本指标为例

沿江八市第三级 指标情况（成本）	苏州	南京	无锡	常州	镇江	南通	泰州	扬州	平均值
Q_{311}　普通人员工资福利	5.00	6.00	7.00	8.00	9.00	9.00	9.00	8.00	8.13
Q_{312}　管理人员工资福利	5.00	5.00	6.00	7.00	8.00	8.00	9.00	9.00	7.63
Q_{321}　商务机票	8.00	8.00	7.00	6.00	6.00	6.00	4.50	4.50	6.25
Q_{322}　办公场地租赁	4.00	4.00	5.00	5.50	7.00	6.50	7.50	6.50	5.75
Q_{323}　工业电费	7.00	7.00	7.00	7.00	7.00	7.00	7.00	7.00	7.00
Q_{324}　通讯费用	7.00	7.00	7.00	7.00	7.00	7.00	7.00	7.00	7.00
Q_{331}　公司所得税	7.00	7.00	8.00	6.00	5.00	5.00	5.00	5.00	6.00
Q_{332}　个人所得税	7.00	7.00	8.00	6.00	5.00	5.00	5.00	5.00	6.00

在此，对表 5-6 中 Q_{311}—Q_{332} "成本类"指标作如下说明：表中的成本具体指承包方承接服务外包所产生的成本，主要由 3 部分组成：工资、办公场地成本（含租金、通讯费用等）、税收。一个地区的工资水平越高，说明服务外包接包方所需收取的费用也就越高，显然这将提高发包方的成本，在评估体系中反映出来的分值也就越低。办公场地成本、税收成本同理。以 Q_{312} 管理人员工资福利为例，苏州管理人员的工资福利要优于南京，因而，苏州承接服务外包的费用也就高于南京，这显然不利，体现在得分中即苏州的分值 5.00 小于南京的分值 6.00。

（二）指标体系权重的确立

通过对指标体系各因子进行综合，结合主抓服务外包相关部门和业内专家对各指标的相对重要程度评价，建立判断矩阵并检验其一致性，在此基础上确立权重。指标排序见表 5-7 至表 5-10。

表 5-7　P-Q_i 指标排序

P-Q_i	环境 Q_1	人员 Q_2	成本 Q_3	权重	一致性检验
环境 Q_1	1	2	4	0.31	$\lambda_{max}=3.0183$
人员 Q_2	1/2	1	3	0.34	$CI=0.092$ $RI=0.58$
成本 Q_3	1/4	1/3	1	0.35	$CR=0.0158<0.1$

表 5-8　Q_1 - Q_{1i} 指标排序

Q_1 - Q_{1i}	政策、法规 Q_{11}	基础设施 Q_{12}	商业环境 Q_{13}	教育、培训 Q_{14}	知识产权保护 Q_{15}	权重	一致性检验
政策、法规 Q_{11}	1	1/2	1	1/3	1/4	0.27	
基础设施 Q_{12}	2	1	1/2	2	4	0.22	$\lambda_{max}=5.0502$
商业环境 Q_{13}	1	2	1	3	3	0.2	$CI=0.0126$ $RI=0.12$
教育、培训 Q_{14}	3	1/2	1/3	1	1	0.16	$CR=0.1046\approx0.1$ 故是可以接受的
知识产权保护 Q_{15}	4	1/4	1/3	1	1	0.15	

表 5-9　Q_2 - Q_{2i} 指标排序

Q_2 - Q_{2i}	存量结构 Q_{21}	流量结构 Q_{22}	人员稳定性 Q_{23}	语言能力 Q_{24}	文化适应性 Q_{25}	权重	一致性检验
存量结构 Q_{21}	1	1	2	1/3	1/2	0.23	
流量结构 Q_{22}	1	1	2	3	1	0.14	$\lambda_{max}=5.0067$
人员稳定性 Q_{23}	1/2	1/2	1	3	1/4	0.28	$CI=0.0017$ $RI=0.12$
语言能力 Q_{24}	3	1/2	1/3	1	1	0.18	$CR=0.0139<0.1$
文化适应性 Q_{25}	2	1	4	1	1	0.17	

表 5-10　Q_3 - Q_{3i} 指标排序

Q_3 - Q_{3i}	工资福利 Q_{31}	基础设施成本 Q_{32}	税收成本 Q_{33}	权重	一致性检验
工资福利 Q_{31}	1	1/2	1/4	0.51	$\lambda_{max}=3.024$
基础设施成本 Q_{32}	2	1	1/5	0.25	$CI=0.0118$ $RI=0.58$
税收成本 Q_{33}	4	5	1	0.24	$CR=0.0203<0.1$

　　通过层次分析法（AHP）构造判断矩阵并进行一次性检验，可以得到服务外包承接地评价体系权重汇总表（见表 5-11）。

表 5-11　服务外包业承接地评价指标权重汇总表

一级指标	二级指标	三级指标
环境 Q_1(0.31)	政策/法规 Q_{11}(0.27)	地方配套扶持基金 Q_{111}(0.3)
		鼓励扶持政策 Q_{112}(0.3)
		信息安全 Q_{113}(0.2)
		签订《中国服务外包基地城市共建协议》情况 Q_{114}(0.2)
	基础设施 Q_{12}(0.22)	交通 Q_{121}(0.2)
		电力供应 Q_{122}(0.15)
		通讯网络 Q_{123}(0.23)
		基础设施及应用服务平台 Q_{124}(0.22)
		生活环境 Q_{125}(0.2)
	商业环境 Q_{13}(0.2)	外商直接投资数量 Q_{131}(0.23)
		服务外包出口额 Q_{132}(0.25)
		CMM 认证数量 Q_{133}(0.25)
		服务外包产业集聚度 Q_{134}(0.27)
	教育/培训 Q_{14}(0.16)	当地教育/培训机构数量 Q_{141}(0.55)
		在校大学生数量 Q_{142}(0.45)
	知识产权保护 Q_{15}(0.15)	知识产权保护热线 Q_{151}(0.15)
		投诉举报 Q_{152}(0.22)
		案件办理 Q_{153}(0.26)
		知识产权保护政策 Q_{154}(0.37)
人员 Q_2(0.34)	存量结构 Q_{21}(0.23)	普通人员存量 Q_{211}(0.57)
		管理人员存量 Q_{212}(0.43)
	流量结构 Q_{22}(0.14)	每年流入当地的普通人员数量 Q_{221}(0.52)
		每年流入当地的管理人员数量 Q_{222}(0.48)
	人员稳定性 Q_{23}(0.28)	ITO 人员稳定性 Q_{231}(0.48)
		BPO 人员稳定性 Q_{232}(0.52)
	语言能力 Q_{24}(0.18)	英语能力 Q_{241}(0.6)
		日语能力 Q_{242}(0.4)
	文化适应性 Q_{25}(0.17)	当地外国人数量 Q_{251}(0.29)
		当地海外留学回国人员数量 Q_{252}(0.38)
		跨国公司在当地雇员人数 Q_{253}(0.33)

续表

一级指标	二级指标	三级指标
成本 Q_3(0.35)	工资福利 Q_{31}(0.51)	普通人员工资福利 Q_{311}(0.5)
		管理人员工资福利 Q_{312}(0.5)
	基础设施成本 Q_{32}(0.25)	商务机票 Q_{321}(0.18)
		办公场地租赁 Q_{322}(0.36)
		工业电费 Q_{323}(0.21)
		通讯费用 Q_{324}(0.26)
	税收 Q_{33}(0.24)	公司所得税 Q_{331}(0.53)
		个人所得税 Q_{332}(0.47)

(三)综合计算结果

在对各评价指标因子进行处理以便于比较分析的基础上,依据层次分析法确定的各指标权重,对江苏沿江八市服务外包承接水平进行定量分析,结果见表5-12。

表5-12 江苏沿江八市第二级指标值一览

二级指标	苏州	南京	无锡	常州	镇江	南通	泰州	扬州	平均值
Q_{11} 政策/法规	8.44	7.83	8.68	6.13	5.79↓	5.85	5.45	5.45	6.70
Q_{12} 基础设施	8.18	7.94	8.06	7.59	6.96↓	7.37	6.51	6.92	7.44
Q_{13} 商业环境	9.45	8.79	8.85	7.82	7.03↓	6.93	6.48	6.24	7.70
Q_{14} 教育/培训	8.15	9.30	7.60	7.50	8.27↑	6.93	6.25	7.25	7.66
Q_{15} 知识产权保护	8.74	9.14	8.34	7.94	7.10↓	7.49	6.64	6.64	7.76
Q_{21} 存量结构	9.50	9.40	9.50	9.20	8.90↓	8.90	9.90	8.80	9.26
Q_{22} 流量结构	9.40	9.30	9.30	9.08	9.00↓	9.04	8.94	8.94	9.13
Q_{23} 人员稳定性	8.00	7.70	8.00	6.00	5.00↓	4.60	4.00	4.50	5.98
Q_{24} 语言能力	7.00	9.00	6.00	600	7.00↑	5.00	4.00	6.00	6.25
Q_{25} 文化适应性	8.60	7.80	7.20	6.20	5.20↓	5.00	4.1	4.51	6.08
Q_{31} 工资福利—成本	5.00	5.40	6.40	7.40	8.40↑	8.40	11.00	10.60	7.83
Q_{32} 基础设施成本	5.90	6.00	6.20	6.30	6.90↑	6.70	6.95	6.55	6.43
Q_{33} 税收—成本	8.00	7.00	8.00	6.00	5.00↓	5.00	5.00	5.00	6.13

根据得到的第一级指标数据环境(Q_1)、人员(Q_2)、成本(Q_3)以及8个

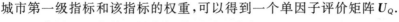

城市第一级指标和该指标的权重,可以得到一个单因子评价矩阵 U_Q.

江苏沿江八市第一级指标单因子矩阵为:

$$U_Q=[0.31\ 0.34\ 0.35]\times\begin{bmatrix}7.85 & 7.85 & 7.52 & 6.39 & 6.02 & 5.86 & 5.19 & 5.44\\ 8.46 & 8.57 & 8.03 & 7.2 & 6.86 & 6.35 & 6.07 & 6.38\\ 5.95 & 5.91 & 6.73 & 6.79 & 7.21 & 7.16 & 8.55 & 8.24\end{bmatrix}$$

$$=[7.492\quad 7.313\quad 7.486\quad 6.806\quad 6.722\quad 6.682\quad 6.064\quad 6.640]$$

通过运算,可以得出苏州、南京、无锡、常州、镇江、南通、泰州、扬州八市承接国际服务外包区位吸引力指数的分值(见表5-13)。沿江八市承接服务外包的区位引力指数由大到小依次为:苏州、无锡、南京、常州、镇江、南通、扬州、泰州。

表 5-13　江苏沿江八市承接服务外包区位吸引力指数分值

城市	苏州	无锡	南京	常州	镇江	南通	扬州	泰州	平均值
指数分值	7.492	7.486	7.313	6.806	6.722↓	6.682	6.640	6.064	6.900 6

从指标得分情况来看,镇江承接服务外包的区位吸引力在江苏 8 个城市范围内处于苏州、南京、无锡、常州之后,领先于南通、扬州、泰州,其中泰州的服务外包吸引力指数最小。无论是在环境资源还是人才优势上,作为外商投资最密集的苏州以及作为江苏省会城市的南京均具有无可比拟的优势。此外,无锡服务外包异军突起,从统计数据看出,无锡的服务外包水平优于南京。

四、评价结果分析

综合对江苏沿江八市承接服务外包区位引力的一级、二级指标的分值进行横向比较,可以清楚地看出镇江市的区位优势因子(高于平均值的因子,表 5-12 中箭头向上所示)和区位劣势因子(低于平均值的因子,表 5-12 中箭头向下所示)。

(一)优势区位因子

表 5-12 的统计结果显示,镇江具有明显的成本优势,在二级指标体系中,基础设施成本、工资福利成本、教育/培训 3 个因子的分值高于均值。主要原因在于:镇江市范围内普通人员、管理人员的工资水平还比较低,基本生活成本低于一线城市;镇江房产价格适中稳定,相对于一线城市居高不下的房价,优势明显,搭建服务外包载体或者说基础设施的成本还比较低。沿江八市的教育/培训指标的平均值为 7.66,而镇江市的分值为 8.27,具有非常显著的优势。该指标的分值较高,可能是因为相对于人口总量,镇江高等院校众多,在校大学生的规模相对较大,专业技术人员相对丰富等。镇江市在基础设施成本、工资福利两方面也具有比较优势,意味着未来镇江市承接国际服务外包的发展空间比较广阔。

（二）劣势区位因子

相比于优势因子，镇江市承接服务外包的劣势因子的数量较大，这证实了镇江市承接服务外包目前处于初级阶段的结论。在一级指标体系中，从统计结果可以看出，镇江在环境、人员两方面的优势低于苏州、南京、无锡、常州，但明显优于泰州、扬州和南通。

在二级指标体系中，文化适应性、人员稳定性、当地外国人数量等10个因子的得分均低于平均值，但多数高于南通、泰州和扬州。总之，通过横向对比可以发现，镇江承接服务外包在八城市中的总体水平处于中间地位，区位引力指数得分（6.722）略低于沿江八市的平均得分（6.9066）。这一方面证实了前文所提出的镇江市承接服务外包还处于起步阶段，未来发展服务外包的空间和潜力十分巨大；另一方面也说明了镇江市要更好地发展服务外包，还需做出很大的努力，改善综合商业环境，切实提高吸引服务外包的区位竞争力。沿江八市之间的区位引力都相差不大，意味着沿江八市将对承接服务外包展开激烈的竞争，根据优胜劣汰的规则，那些发展速度相对缓慢的城市将遭淘汰，这是一个比较严峻的现实。

（三）沿江八市承接服务外包区位吸引力的三大方阵

对表5-13进一步分析可以看出，依据承接服务外包的区位引力指数的特征，可以把沿江八市划分为三大方阵。第一方阵包括苏州（7.492）、无锡（7.486）、南京（7.313）；第二方阵包括常州（6.806）、镇江（6.722）、南通（6.682）、扬州（6.640）；第三方阵为泰州（6.064）。

第一阵营的平均值为7.430，南京的区位引力指数值略低于平均值，三城市区位引力值的差额分别为0.006，0.173。第二阵营的平均值为6.713，常州、镇江的区位引力指数高于平均值，南通、扬州的分值低于平均数。第二阵营四城市按顺序之间的差额分别为0.084，0.040，0.042。

从极差看，三大方阵的极差为1.428，第一方阵的极差为0.179，第二方阵的极差为0.166。依据统计学原理可知，极差越小，意味着城市之间吸引服务外包的区位引力差别越小，从而在承接服务外包方面的竞争就越激烈。从上述分析可以看出，第二方阵四城市之间的竞争强度大于第一方阵三城市之间的竞争强度。

具体到镇江市，其承接服务外包的区位吸引力指数处于第二方阵，但高于第二方阵的均值，与常州之间的差额为0.084。因此，在苏南八市中镇江市承接服务外包的发展水平处于中等偏上的地位。但值得重视的是，镇江与南通之间的区位引力值的差额仅为0.004，这意味着，镇江与南通在承接服务外包的吸引力方面差别较小，两城市在未来引进服务外包方面的竞争将更激烈。

参考文献

［1］Grossman G M，Helpman E. Managerial incentives and international organization of production. Journal of International Economics，2003 (63).

［2］Mary A. Marchant and Sanjeev Kumar，an overview of U. S. foreign direct investment and outsourcing. Review of Agricultural Economics，2005 (27).

［3］Steven M. Bragg，outsourcing，a guide to…. John Wiley & Sons，Inc，1998.

［4］Peter Lucas. Outsourcing：the good，the bad & the ugly，collection & credit risk. New York：Dec，2004

［5］Bhagwati J，Panagariya A，Srinivasan T，The muddles over out sourcing. Economics Perspect，2004，18(4).

［6］加里·哈梅尔，普拉哈拉德：《企业的核心竞争力》，《哈佛评论》，1990 (05).

［7］朱晓明：《转移与承接——把握服务外包业发展新机遇》，《上海企业》，2006 年第 12 期。

［8］朱晓明，等：《服务外包业——把握现代服务业发展新机遇》，上海交通大学出版社，2006 年.

［9］中国投资促进委员会，等：《中国服务外包业发展报告》，上海交通大学出版社，2007 年.

［10］何骏：《我国发展服务外包的动因、优势和建议》，《当代经济管理》，2002 年第 4 期.

［11］科尔尼公司：《科尔尼 2004 年离岸业务所在地吸引力指数》，2003 年第 5 期.

［12］Gartner. Business process outsourcing at the crossroads：market trends. A Gartner Report by Rebecca Scholl，2002，1(31).

［13］谭文立，田笔飞：《世界主要外包参与国的外包政策及其对我国的启示》，《管理现代化》，2006 年第 1 期.

［14］毕博管理咨询(上海)有限公司：《2007 年度中国服务外包产业发展战略报告》，http：// www. sh-outsourcing. cn.

［15］江小娟，等：《服务全球化与服务外包：现状、趋势及理论分析》，人民出版社，2008 年.

［16］Valery A. Vgrinovskii，Ian，Petersen R. Job creation and inequality：

the challenges and opportunities on both sides of the offshoring divide. Nonlinear Analysis,2002(4).

[17] Bhagwati,Jagdish,Panagariya Arvind,Srinivasan T N. The muddles oversourcing. Journal of Economic Perspectives,2004(04).

[18] 林毅夫,蔡颖义,吴庆堂:《外包与不确定环境下的最优资本投资》,《经济学(季刊)》,2004年第4卷第1期.

[19] 卢锋:《服务外包的经济学分析:产品内分工视角》,北京大学出版社,2007年.

[20] 陈菲:《服务外包动因机制分析及发展趋势预测》,《中国工业经济》,2005年第6期.

[21] 杨圣明:《加快发展我国服务外包产业》,Economic & Trade Update,2008年第10期.

[22] 刘晓:《现代服务业与承接服务外包》,《环渤海经济瞭望》,2007年第2期.

[23] 周丽红:《经济全球化背景下的国际服务外包》,《求实杂志》,2005年第3期.

[24] 国务院:《关于加快发展服务业的若干意见(国发[2007]7号)》,2007年.

[25] 镇江市委、市政府:《关于促进全市服务外包产业发展的意见(镇发[2007]77号)》,2007年.

[26] 镇江市政府:《关于促进服务外包产业发展的若干政策(镇政发[2007]77号)》,2007年.

[27] Sourafel Girma, Holger Görg. Outsourcing, foreign ownership and productivity:evidence from UK establishment level data. Discussion Papers of DIW Berlin 361, DIW Berlin, German Institute for Economic Research,2003.

[28] 2008年度镇江市软科学课题组:《镇江市服务外包业发展方略研究》,《宏观经济观察》,2009年第10期.

[29] 裴慎:《服务外包中发包方选择接包方的影响因素分析——基于中国的研究》,《国际经贸探索》,2007年第10期.

[30] 赵书华,等:《中国服务贸易国际竞争力的定量分析》,《北京工商大学学报》,2006年第10期.

[31] 范纯增,于光:《服务贸易国际竞争力发展研究——兼论上海服务贸易国际竞争力发展战略》,《国际贸易问题》,2005年.

[32] 詹晓宁,刑厚媛:《我国承接服务外包业的战略思考》,《当代亚太》,

2006 年第 3 期.

[33] Gorg H,Hanley A. Outsourcing helps improve your firm's performance-or does it? Journal of Financial Transformation,2003(8).

[34] 黄慧:《中国服务外包产业的发展及策略》,对外经贸大学硕士学位论文,2007 年.

[35] 徐兴峰:《服务外包业国家竞争优势分析及对策研究》,对外经贸大学硕士学位论文,2007 年.

[36] 陈宝敏,等:《南京新兴服务业发展实证分析》,《软科学研究》,2006 年第 6 期.

[37] 迈克尔·波特:《竞争优势理论》,上海财政经济出版社,2002 年.

第六章 镇江市承接服务外包的
产业结构优化效应

产业结构是决定经济发展方式的重要因素,是体现国民经济发展质量的重要指标。承接服务外包对于镇江市转变经济发展方式,优化产业结构,突破资源、能源、环境等发展瓶颈,实现产业转型升级具有重要作用。产业结构优化是保障经济社会可持续发展的基础。目前,衡量产业结构优化的方法主要包括:结构效果法、比较分析法、影子价格法、需求弹性分析法、比例分析法等。本章将分别应用结构效果法和比较分析法评价镇江市产业结构的动态变化,并用产业结构的合理化、高度化与高效化三大指标衡量产业结构的优化,分析承接服务外包对镇江市产业结构优化的影响路径。

第一节 衡量镇江市产业结构优化的指标与基本假设

一、镇江市产业结构优化的衡量指标

借用产业结构合理化、高度化及高效化 3 个指标表示镇江市产业结构优化特征。

（一）产业结构合理化的衡量

首先运用结构效果法,衡量 1999—2011 年镇江市产业结构是否朝着合理化的方向变动,评判依据是产业结构优化将引起国民经济总产出和总利润的增加。如果产业结构变化引起国民经济的总产出相对增长、总利润增加,表明产业结构在朝着合理的方向变动;假若产业结构变化引起国民经济的总产出相对下降、总利润相对减少,则说明产业结构在朝着不合理的方向变动。财政收入主要来源于企业税收,能较好地反映区域经济的发展质量,因此,考察镇江市 1999—2011 年财政收入能够从一个侧面反映同期镇江市产业结构是否优化及其优化的程度。

1999—2011 年镇江财政收入情况见表 6-1。

表 6-1　1999—2011 年镇江市财政收入情况

亿元

年份	1999	2000	2001	2002	2003	2004	2005
财政收入	25.26	32.41	40.81	56.8	73.92	92.12	118.45
年份	2006	2007	2008	2009	2010	2011	
财政收入	151.26	203.27	233.2	296.35	381.5	531.25	

（资料来源：2000—2012 年《镇江市统计年鉴》。）

　　表 6-1 显示，镇江市财政收入从 1999 年的 25.26 亿元增长到 2011 年的 531.25 亿元，总量规模不断扩大，年增长率不断提高。分析 1999—2011 年镇江市财政收入占 GDP 的比重，即财政收入/同期国民生产总值（如图 6-1 所示）可以发现，图形中的曲线呈现不断上升的趋势，财政收入占同期 GDP 的比值由 1999 年的 6.8％提高到 2011 年的 23.0％。根据结构效果衡量法可知，镇江市国民生产总值的总产出和总利润都在增长，即镇江市产业结构存在合理化变动的趋势。

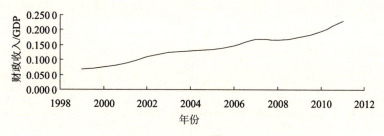

图 6-1　1999—2011 年镇江市财政收入占 GDP 的比重

（资料来源：2000—2012 年《镇江市统计年鉴》。）

（二）镇江市产业结构高度化的衡量

　　根据第三次产业比重的变化亦可判断 1999—2011 年镇江市产业结构是否朝着高度化的方向变动。第三产业在国民经济中占的比重越大，产业结构的高度化就越高。1999—2011 年镇江市第三产业产值占国民生产总值的比重见表 6-2。

表 6-2　1999—2011 年镇江市第三产业产值占国民生产总值比重

年份	1999	2000	2001	2002	2003	2004	2005
第三产业占比重/％	33.2	33.3	33.4	35.9	35.3	33.9	34.97
年份	2006	2007	2008	2009	2010	2011	
第三产业占比重/％	35.4	36.4	36.5	37.3	38.4	40.5	

（资料来源：根据 2000—2012 年《镇江市统计年鉴》相关数据计算整理而得。）

表 6-2 显示,镇江市第三产业产值占国民生产总值的比重从 1999 年的 33.2％增长到 2011 年的 40.5％,所占比重不断提高,产业结构不断"软化"。根据第三次产业比重衡量法可知,镇江市产业结构存在高度化变动趋势。

（三）镇江市产业结构高效化的衡量

劳动生产率是国内生产总值与全社会从业人员的比值,是全社会平均每个劳动者所创造的国内生产总值。劳动生产率的高低标志着平均每个劳动者为社会创造财富的多少,是衡量劳动力投入产出效率的重要指标。分别计算 1999—2011 年镇江市全社会劳动生产率、第一产业、第二产业和第三产业的劳动生产率,结果见表 6-3,计算公式为:

$$劳动生产率＝生产总值/从业人数$$

表 6-3　1999—2011 年镇江市劳动生产率

元/人

年份	全社会劳动生产率	第一产业劳动生产率	第二产业劳动生产率	第三产业劳动生产率
1999	26 707.92	11 927.15	34 102.64	31 672.39
2000	29 530.93	13 196.18	40 105.56	32 538.93
2001	35 796.90	15 286.33	49 100.87	41 462.09
2002	36 418.44	7 361.27	53 972.35	44 007.64
2003	42 029.61	8 769.59	57 683.60	50 714.81
2004	49 430.71	10 097.96	69 667.36	53 561.92
2005	58 716.15	10 947.13	77 205.09	68 222.92
2006	66 690.61	12 747.08	82 528.01	79 189.13
2007	76 854.98	15 092.11	89 087.77	96 298.25
2008	85 140.35	16 007.52	99 976.29	104 572.48
2009	96 590.61	23 563.58	111 094.87	116 256.75
2010	103 354.30	31 992.46	117 837.20	109 760.20
2011	121 272.60	39 484.96	132 470.10	135 893.10

（资料来源:根据 2000—2012 年《镇江市统计年鉴》相关数据计算整理而得。）

由表 6-3 可以看出,镇江市全社会劳动生产率不断提高,从 1999 年的 26 707.92 元/人增长到 2011 年的 121 272.60 元/人。其中,第一产业劳动生产率呈现先降后升的趋势,从 1999 年的 11 927.15 元/人增长到 2011 年的 39 484.96 元/人;第二产业和第三产业的劳动生产率则呈现出不断上升的趋势,分别从 1999 年的 34 102.64 元/人、31 672.39 元/人增长到 2011 年的 132 470.1 元/人、135 893.1 元/人。因此,从 1999—2011 年期间全社会劳动生产率不断提高,并依据产业结构高效化的衡量原则可以判断,镇江市产业结构存在高效化变动趋势。

二、基本假设与检验

以上分析了镇江市产业结构变化的 3 个衡量指标,即合理化、高度化和高效化,现基于经济意义建立基本假设并做格兰杰因果检验。

(一)基本假设

假设Ⅰ:其他条件不变,承接国际服务外包可以有效促进镇江市产业结构合理化。

假设Ⅱ:其他条件不变,承接国际服务外包可以有效促进镇江市产业结构高度化。

假设Ⅲ:其他条件不变,承接国际服务外包可以有效促进镇江市产业结构高效化。

本节选取了 4 个指标,分别是镇江市财政收入占国民生产总值比重、第三产业占 GDP 比重、全社会劳动生产率和对外服务贸易规模。本节的实证检验以对外服务贸易规模来代替承接国际服务外包规模,分别用英文字母 FG,SG,SC 和 OS 来表示。其中,镇江市财政收入占国民生产总值比重作为衡量产业结构合理化的指标;第三产业产值占 GDP 的比重作为衡量产业结构高度化的指标;全社会劳动生产率作为衡量产业结构高效化的指标;对外服务贸易规模作为衡量服务外包水平的指标。相关样本数据从《镇江市统计年鉴》和镇江市统计局网站获得,采用 1999 年至 2009 年的时间序列数据。

(二)格兰杰因果检验

首先对格兰杰因果检验的各时间序列求自然对数,使其平稳,然后利用 Eviews 5.0 对外服务贸易与衡量产业结构优化的 3 个变量之间的关系进行检验,检验结果见表 6-4。

表 6-4　格兰杰因果检验结果(1)

Null Hypothesis	Obs	F-Statistics	Probability
FG does not Granger Cause OS	8	68. 227 6	0. 088 71
OS does not Granger Cause FG		44. 200 6	0. 110 02
SG does not Granger Cause OS	9	3. 187 78	0. 148 63
OS does not Granger Cause SG		5. 813 39	0. 065 52

续表

Null Hypothesis	Obs	F-Statistics	Probability
SC does not Granger Cause OS	8	5. 364 93	0. 304 92
OS does not Granger Cause SC		24. 166 7	0. 148 18

（资料来源：根据相关数据计算整理取得。）

格兰杰因果检验结果表明，对外服务贸易（*OS*）能够影响财政收入占国民生产总值比重（*FG*）、第三产业产值占 GDP 比重（*SG*）和全社会劳动生产率（*SC*）的 *F* 统计量都比较显著，相应的接受实证检验前所做的假设，即对外服务贸易与财政收入占国民生产总值比重、第三产业产值占 GDP 比重和全社会劳动生产率均有着直接的因果关系。也就是说，承接国际服务外包可以促进镇江市产业结构的合理化、高度化和高效化。

第二节 镇江市承接服务外包对产业结构的影响效应

镇江市承接服务外包经历了从无到有的发展过程。目前，镇江市承接服务外包的条件日益成熟，在综合成本、交通区位、人力资源和产业基础等方面都具有比较优势。作为一种特殊的业态，服务外包正以其自身的方式影响着镇江市产业结构变化。

一、镇江市产业结构的现状特征

改革开放以来，随着经济的发展，镇江市三次产业结构发生了很大变化。

（一）三次产业占比发生了较大变化

1999—2011 年镇江市三次产业比重发生了较大变化（如图 6-2 所示）。

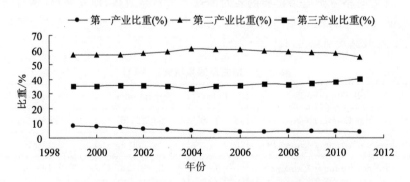

图 6-2　1999—2011 年镇江市三次产业比重变化趋势

以当年价格计算的 GDP 结构中,1999—2011 年第一产业比重一直呈下降趋势,下降了 9.03%;第二产业比重波动较小,保持在 53.9%～59.9% 之间;第三产业比重呈上升态势,从 1999 年的 33.19% 上升到 2011 年的 40.5%,提高了 7.31%。

(二)第一产业所占比重下降较快

根据世界经济发展的经验以及产业结构理论,随着一国经济发展水平的提高,第一产业比重将下降,第二产业比重将上升。但在镇江市工业化的进程中,工业发展对农业提供技术改造和应有的配套服务不足,农业生产条件没有得到根本性的改善,农业发展的后劲不强。

(三)第二产业比重偏高,第三产业比重偏低

1999—2011 年镇江市第二产业在 GDP 中的平均比重为 58.3%,比江苏省同时期的平均比重高出 5% 左右,比全国同期的平均比重高 12% 左右。镇江市第三产业在 GDP 中的平均比重为 36.3%,低于江苏省和全国同时期第三产业占比的平均值。20 世纪 90 年代以来,镇江市的乡镇工业高速发展,同时外商投资工业也在迅速发展,工业比重居高不下,第三产业比重的上升相对缓慢,第一产业的比重下降较快。经济发展中的活跃因素——非国有经济主要集中于工业部门,尤其是消费品工业部门,而较少进入第三产业,特别是高层次服务部门。一方面是经济原因,比如发展前景、投资规模、技术水平和人才资源等制约;另一方面是体制原因,私人资本由于各种原因不能进入或难以进入第三产业中的许多行业,而这些行业在第三产业中的增加值比重高达 60%～70%。因此,在非国有经济迅速发展的今天,第三产业的发展将受到一定影响。

国外有关研究(凯琳·布莱恩特思等,2004)表明,第二产业占国民经济的比重过大容易引起经济增长波动,第三产业比重的提高将会对国民经济稳定增长发挥重要的支撑作用,且第三产业的发展受经济景气循环的影响较小,很多服务业的需求在经济衰退时仍然保持相对稳定。如 1991 年美国经济增长减速,其中制造业的产出比重下跌了 3.4%,而服务业的产出却没有衰退,主要原因之一是美国经济服务化和第三产业的强劲增长(刘庆林等,2007)。同样,镇江市自改革开放以来,第三产业对国民经济增长的贡献率上升是其经济增长稳定提高的一个重要的解释变量。

二、承接服务外包对镇江市产业结构影响效应评估

(一)分析框架

承接国际服务外包引致产业结构优化效应。下面着重从 4 个方面考察镇江市承接服务外包的产业结构优化效应:劳动结构升级效应、投资促进效应、技术溢出效应和能源消耗结构升级效应。首先,建立一个计量模型。然后,利用镇江市历年统计数据,实证分析镇江市承接国际服务外包的产业结构优化效应。

图 6-3 为承接国际服务外包影响镇江市产业结构的分析框架示意图。

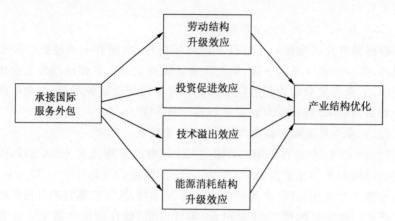

图 6-3　镇江市承接国际服务外包对产业结构优化的影响路径

按照图 6-3 所示,产业结构优化受承接国际服务外包的劳动结构升级效应、投资促进效应、技术溢出效应和能源消耗结构升级效应 4 个路径的影响,通过灰色系统理论中综合关联度指标来表示这种影响关系,具体形式如下:

$$\rho_{0i} = \theta \varepsilon_{0i} + (1-\theta) r_{0i} \quad (i=1,2,\cdots,11)$$

式中,ρ_{0i},ε_{0i} 和 r_{0i} 分别表示综合关联度、绝对关联度和相对关联度。灰色综合关联度是较为全面地表征劳动结构升级效应、投资促进效应、技术溢出效应和能源消耗结构升级效应对产业结构优化影响的一个数量指标。取 $\theta=0.5$,分析承接国际服务外包影响镇江市产业结构优化的 4 个路径,并基于经济学意义建立基本假设。

1. 劳动结构升级效应

从理论上讲,当劳动力在三次产业间调整到能够使三者的边际生产率相等时,产业结构达到最优,GDP 取得最大值。但由于边际生产率变动是不规则的,实践中无法找到理论上使三次产业边际生产率相等的就业人口配合比。承接国际服务外包如果可以促进接包方三次产业结构调整到与需求结构变动一般趋势相吻合,就可以近似地认为劳动结构效应潜力已经被充分挖掘了。

假设Ⅰ:其他条件不变,承接国际服务外包能够促进镇江市劳动结构升级。

2. 投资促进效应

范德成、刘希宋(2003)论述了投资结构与产业结构之间存在相互制约和影响的关系,产业结构是由投资结构决定的,产业结构的调整和升级依赖于投资结构的优化。承接国际服务外包如果可以促进接包方投资总量水平的增加、投资品供给结构的优化,那么就可以认为承接国际服务外包对投资结构的升级有积极作用。

假设Ⅱ:其他条件不变,承接国际服务外包与镇江市投资促进效应之间存在正相关关系。

3. 技术溢出效应

Blomstrem 和 Kokko(2003)认为,在跨国公司与东道国本土企业的频繁接触中,跨国公司的专有知识和技能不能通过市场交易转移到东道国的本地企业,但通常可以通过东道国职员的流动发生技术溢出效应。承接国际服务外包的技术溢出效应主要体现在示范效应和溢出效应方面。示范效应是指接包方在与服务业跨国公司竞争中能够学习先进的服务模式和管理理念,并为改善企业服务水平提供新思路。溢出效应则表示服务业跨国公司提供的专业化服务将对上、下游企业的技术创新提供"免交学费"的默认知识。

假设Ⅲ:其他条件不变,承接国际服务外包对镇江市技术水平的提高存在推动作用。

4. 能源消耗结构升级效应

承接国际服务外包可以有效促进第三产业的发展,增加第三产业在国民经济中的比重,减少煤炭资源的使用,刺激能源利用率提高和降低环境污染。

假设Ⅳ:其他条件不变,承接国际服务外包可以有效地推动镇江市能源消耗结构的升级。

(二)变量、数据的选取和处理

本节的实证检验以对外服务贸易规模来代替承接国际服务外包规模。为遵循 WTO 有关服务贸易的定义,选取镇江市历年服务贸易出口额代表承接国际服务外包产值。

研究选取了 6 个指标,分别是对外服务贸易市场规模、第三产业的产值、三次产业劳动结构效应值、外商直接投资额、对外服务贸易行业劳动生产率(用对外服务贸易产业产值总额除以第三产业就业人数计算得出)和能源消耗结构值,分别用英文字母 OS,OPT,L,I,TEC 和 EC 来表示。其中,对外服务贸易市场规模作为衡量服务外包水平的指标;第三产业的产值是代表产业结构优化的指标;三次产业劳动结构效应值作为衡量劳动结构效应的指标;外商直接投资额作为衡量投资促进效应的指标;能源消耗结构的值是衡量能源消耗结构升级效应的指标。相关样本数据来自于《镇江市统计年鉴》和镇江市统计局网站,采用 1999 年至 2009 年的时间序列数据。

（三）影响效应的评估

本部分研究服务外包对接包方的劳动结构升级效应、投资结构促进效应、技术溢出效应和能源消耗结构升级效应等方面的影响，进而研究其能否带来产业结构优化效应。

1. 劳动结构升级效应

采用1999—2009年的数据对镇江市三次产业的劳动结构效应进行测算，结果如图6-4所示。

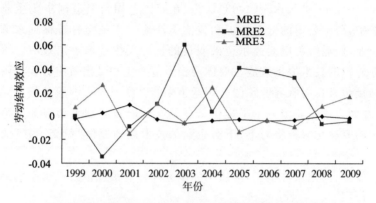

图6-4 镇江市经济增长中三次产业的劳动结构效应

（注：MRE1，MRE2，MRE3分别表示三次产业部门的劳动结构效应。）

图6-4显示，第一产业和第三产业部门的劳动结构效应具有相似的演变轨迹。第二产业的演变轨迹自成体系，且波动较大：1999—2001年在波动中低于第一和第三产业的劳动结构效应值，2001—2003年上升，2003—2004年有所下跌，2004—2007年间第二产业的劳动结构效应值均大于第一和第三产业，2008—2009年出现了劳动结构效应下跌为负值。

镇江市劳动结构效应值变动情况见表6-5。

表6-5 镇江市劳动结构效应值变动情况统计

年份	1999	2000	2001	2002	2003	2004
镇江市 MRE 值	0.004	−0.006	−0.015	0.018	0.048	0.023
年份	2005	2006	2007	2008	2009	
镇江市 MRE 值	0.024	0.030	0.020	0.001	0.010	

从表6-5可以看出，1999—2009年镇江市劳动结构效应值有增有降，且在2000年和2001年呈现负值的情况。从总体来看，镇江市劳动结构值呈现下降的趋势，说明随着劳动结构的不断调整，镇江市劳动结构不断优化，调整劳动结构对经济增长的贡献越来越小。由此看出，镇江市劳动结构在

这 11 年间存在优化升级的效应。服务外包对镇江市劳动结构升级的促进效应在下面的实证分析中将通过具体数据加以检验。

2. 投资促进效应

考察 1999—2009 年镇江市外商直接投资的各项指标,具体数据见表 6-6。

表 6-6 镇江市 1999—2009 年外商直接投资额统计

年份	外商直接投资额/万美元	外商直接投资增长率/%	外商直接投资累计额/万美元	外商直接投资累计增长率/%
1999	508 40	−0.328 740	126 578	−0.328 740
2000	292 84	−0.424 000	155 862	−0.752 740
2001	326 37	0.114 499	188 499	−0.638 240
2002	500 95	0.534 914	238 594	−0.103 330
2003	805 52	0.607 985	319 146	0.504 658
2004	559 61	−0.305 280	375 107	0.199 378
2005	595 90	0.064 849	434 697	0.264 227
2006	730 34	0.225 608	507 731	0.489 835
2007	106 354	0.456 226	614 085	0.946 061
2008	120 175	0.129 953	734 260	1.076 014
2009	144 081	0.198 927	878 341	1.274 944

根据表 6-6 的数据可绘制 1999—2009 年镇江市外商直接投资的趋势变化图(如图 6-5,图 6-6 所示)。

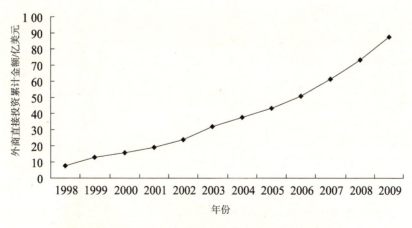

图 6-5 1999—2009 年镇江市外商直接投资的累计增长

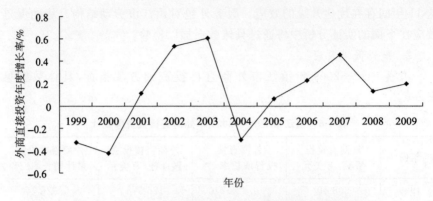

图 6-6   1999—2009 年镇江市外商直接投资的年度增长率

图 6-5 和图 6-6 显示,镇江市外商直接投资规模总体呈现逐年增长态势,但每年的增长幅度不同,且不同时期增长幅度变化较大。由于 FDI 影响镇江市在不同产业的投资规模,投资结构影响产业结构,因此,FDI 通过在不同行业的存量最终会影响镇江市的产业结构。

3. 技术溢出效应

承接国际服务外包的技术溢出效应可从镇江市三次产业产出水平变化中得到验证。1999—2009 年镇江市三次产业劳动生产率结果见表 6-7。

表 6-7   1999—2009 年镇江市三次产业劳动生产率估测

年份	GDP/亿元	GDP 同比增长/%	GDP 累计增长/%	就业人数/万人	劳动生产率/(万元/人)	劳动生产率年增长/%	劳动生产率累计增长/%
1999	416.51	6.633	6.633	155.95	2.671	6.968	6.968
2000	452.03	8.528	15.161	153.07	2.953	10.570	17.538
2001	502.66	11.201	26.362	140.42	3.580	21.218	38.757
2002	513.50	2.157	28.519	141.00	3.642	1.736	40.493
2003	587.70	14.450	42.968	139.83	4.203	15.407	55.900
2004	712.00	21.150	64.119	144.04	4.943	17.609	73.510
2005	871.70	22.430	86.548	148.46	5.872	18.785	92.295
2006	1 021.50	17.185	103.733	153.17	6.669	13.581	105.876
2007	1 206.70	18.130	121.863	157.01	7.685	15.241	121.117
2008	1 408.14	16.693	138.557	165.39	8.514	10.781	131.898
2009	1 672.08	18.744	157.301	173.11	9.659	13.448	145.346

根据表 6-7 可绘制出从 1999—2009 年镇江市三次产业劳动生产率的趋势变化图,如图 6-7、图 6-8 所示。

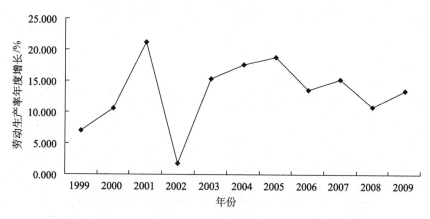

图 6-7　1999—2009 年镇江市三次产业劳动生产率的年度增长

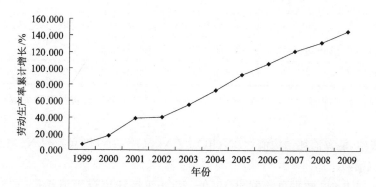

图 6-8　1999—2009 年镇江市三次产业劳动生产率累计增长

由图 6-7 和图 6-8 可以看出,虽然镇江市三次产业的劳动生产率每年的增长幅度不同,但是累计增长是稳中有升,该趋势意味着,镇江市三次产业的劳动生产率是逐年提高的。

4. 能源消耗结构效应

在当代社会中,能源资源的占有与开发利用不仅直接影响社会经济的发展,并且已经成为影响世界政治经济秩序和格局的重要因素。近年来,一方面镇江市的经济总量和能源消耗总量都出现了一定幅度的增长,三次产业结构得到了进一步的升级。但另一方面,镇江市能源消耗结构也面临着严峻挑战。20 世纪 90 年代镇江市开始大力发展工业。2000 年后镇江市进入了一个新的发展阶段,固定资产投资迅速增加,重工业比重提高,能源消耗量逐步增加(见表6-8),能源消耗速度甚至超过了经济增长速度。

表 6-8　1999—2009 年镇江市能源资源利用一览表

年份	煤炭消耗量/吨	全社会用电量/万千瓦时	焦炭/吨	汽油/吨	能源消耗结构值/%
1999	7 280 885	439 259	137 661	14 954	25.862
2000	7 683 935	485 892	185 629	18 382	25.725
2001	8 711 369	532 525	233 597	21 810	25.594
2002	9 387 716	606 450	313 935	14 002	25.818
2003	10 691 520	759 115	318 647	13 155	26.098
2004	11 874 488	829 550	357 159	14 597	26.062
2005	13 128 297	971 782	312 601	14 899	26.291
2006	13 815 649	1 102 367	332 244	14 705	26.418
2007	13 060 247	1 268 025	460 525	21 248	26.296
2008	13 005 351	1 376 869	368 611	20 783	26.532
2009	13 937 450	1 449 203	426 883	19 679	26.523

（资料来源：根据 2000—2010 年《镇江市统计年鉴》中外商直接投资相关数据计算取得。）

表中，能源消耗结构值＝LN（电）/（LN（电）＋LN（煤炭）＋LN（焦炭）＋LN（汽油））。

根据表 6-8 数据可绘制出 1999—2009 年镇江市煤炭消耗量（如图 6-9所示）以及能源消耗结构值的趋势变化（如图 6-10 所示）。

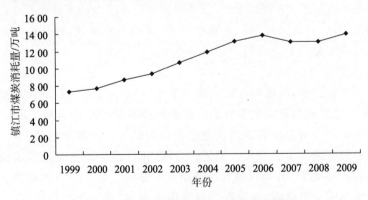

图 6-9　1999—2009 年镇江市煤炭消耗量

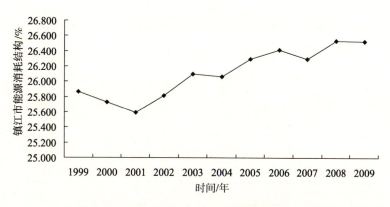

图 6-10　1999—2009 年镇江市能源消耗结构值

从图 6-9 和图 6-10 可以看出,虽然镇江市煤炭和焦炭消耗量呈现不断增长的趋势,但增幅逐渐减缓,且在 2007 年呈现负增长。这说明镇江能源消费结构发生了积极变化,第二产业能源消费量增幅逐年减少,占比下降,从 2008 年开始低于 80%。第三产业能源消费增幅逐年上升,占比由 2007 年的 10.83% 上升到 2009 年的 12.97%。另外,煤炭比重逐年下降。2009 年全市终端煤炭消耗量折合 211.09 万吨标准煤(不含发电供热等加工转换量),较 2005 年减少 32.3%,反映出镇江市能源消耗结构存在优化升级效应。

5. 其他效应

镇江市承接国际服务外包还可以增加就业岗位,特别是有利于大学生的就业。承接服务外包的就业创造效应突出表现在第三产业从业人口的增加和全社会劳动生产率的提高。

1999—2009 年镇江市分行业全部就业人数和所占比例统计见表 6-9。

表 6-9　1999—2009 年镇江市分行业全部就业人数和所占比例统计

年份	全市就业人数/万人	第一产业		第二产业		第三产业	
		就业人数/万人	所占比例	就业人数/万人	所占比例	就业人数/万人	所占比例
1999	155.95	47.22	0.303	65.08	0.417	43.65	0.280
2000	153.07	47.15	0.308	59.68	0.390	46.24	0.302
2001	140.42	46.10	0.328	53.83	0.383	40.49	0.288
2002	141.00	44.15	0.313	54.98	0.390	41.87	0.297
2003	139.83	38.93	0.278	60.05	0.429	40.85	0.292
2004	144.04	36.75	0.255	62.23	0.432	45.06	0.313

年份	全市就业人数/万人	第一产业		第二产业		第三产业	
		就业人数/万人	所占比例	就业人数/万人	所占比例	就业人数/万人	所占比例
2005	148.46	35.37	0.238	68.41	0.461	44.68	0.301
2006	153.17	32.58	0.213	74.96	0.489	45.63	0.298
2007	157.01	30.40	0.194	81.01	0.516	45.60	0.290
2008	165.39	31.91	0.193	84.36	0.510	49.12	0.297
2009	173.11	31.85	0.184	87.59	0.506	53.67	0.310

（资料来源：根据 2000—2010 年《镇江市统计年鉴》中三次产业就业人数的相关数据计算取得。）

表 6-9 显示，1999—2009 年镇江市就业人数在逐年增长。第三产业的人数由 1999 年的 43.65 万人增加到 2009 年的 53.67 万人，增幅约为 18.67%，其中第三产业就业人数占全市就业人数的比重由 1999 年的 28% 扩大到 2009 年的 31%。全市劳动人口人均 GDP 由 1999 年的 2.67 万元增加到 2009 年的 9.66 万元，增幅高达 261.66%。上述数据分析显示，镇江市第三产业经过多年的发展，无论是在吸纳就业能力还是提高居民的生活水平方面，均有了大幅提高。

此外，承接服务外包还会产生竞争效应。承接国际服务外包能够提高接包方的竞争力水平，企业通过承接国际服务外包能够逐步提高技术和管理水平，进而提高整个行业的竞争力水平。首先，作为发包方的跨国公司和作为接包方的企业在技术方面的合作比较密切，接包方可以通过"干中学"掌握一些技术。其次，在这个合作过程中，发包方还会转让一些技术。同时，发包方会传授与接包方技术水平相匹配的管理理念和模式，使接包方企业不断地提高自身的技术和管理水平，以增强企业竞争力，扩大在国际服务外包市场上的份额。上述过程是一个持续和动态的链式反应过程，接包方竞争力水平的提高提升了企业所在行业的整体竞争力水平，从而对接包方整体竞争水平产生积极影响。

（四）因果检验与关联分析

1. 格兰杰因果检验

格兰杰因果检验用于检验时间序列变量之间是否存在因果关系。这里先对三次产业劳动结构效应值取其指数值，其余各时间序列求自然对数，使其平稳，再对对外服务贸易与影响产业结构优化的单个变量之间的关系进行检验。

（1）分别进行对外服务贸易与三次产业劳动结构效应值、外商直接投资额、对外服务贸易产业劳动生产率和能源消耗结构值 4 个变量的格兰杰因果检验,检验结果见表 6-10。

表 6-10　格兰杰因果检验结果(2)

Null Hypothesis	Obs	F-Statistics	Probability
L does not Granger Cause OS	8	0.274 71	0.622 59
OS does not Granger Cause L		3.597 39	0.116 36
I does not Granger Cause OS	9	20.346 5	0.008 01
OS does not Granger Cause I		3.521 70	0.131 19
TEC does not Granger Cause OS	9	0.139 28	0.874 03
OS does not Granger Cause TEC		7.978 32	0.040 17
EC does not Granger Cause OS	9	0.878 64	0.482 71
OS does not Granger Cause EC		5.725 47	0.005 55

　　格兰杰因果检验结果表明,对外服务贸易(OS)单向影响三次产业劳动结构效应值(L)、外商直接投资额(I)、对外服务贸易产业劳动生产率(TEC)和能源消耗结构值(EC)的 F 统计量都比较显著,相应地接受实证检验前所作的假设,即对外服务贸易对劳动结构升级、产业投资结构升级、产业技术水平的提高和能源消耗结构升级均有直接的因果关系。

　　(2)检验三次产业劳动结构效应值、外商直接投资额、对外服务贸易产业劳动生产率和能源消耗结构值 4 个变量是否分别为代表产业结构优化的第三产业产值占 GDP 比重的格兰杰因果检验,检验结果见表 6-11。

表 6-11　格兰杰因果检验结果(3)

Null Hypothesis	Obs	F-Statistics	Probability
L does not Granger Cause OPT	7	2.946 58	0.253 38
OPT does not Granger Cause L		4 820.06	0.000 21
I does not Granger Cause OPT	8	0.875 95	0.636 35
OPT does not Granger Cause I		2.907 10	0.401 25
TEC does not Granger Cause OPT	8	6.517 59	0.278 56
OPT does not Granger Cause TEC		41.682 0	0.113 26
EC does not Granger Cause OPT	9	2.029 99	0.466 69
OPT does not Granger Cause EC		36.999 6	0.120 13

检验结果表明,三次产业劳动结构效应值、外商直接投资额、对外服务贸易行业劳动生产率和能源消耗结构值是第三产业产值的格兰杰原因,这与现实情况相符合。

2. 灰色关联分析

应用灰色关联分析方法,分析对外服务贸易通过劳动结构升级效应、投资促进效应、技术溢出效应和能源消耗结构效应 4 个路径最终对产业结构优化产生的影响。分析模型为

$$\rho_{0i} = \theta \varepsilon_{0i} + (1-\theta) r_{0i} \quad (i=1,2,\cdots,11)$$

(1)对劳动结构升级效应、投资促进效应、技术溢出效应和能源消耗结构效应进行灰色关联分析,即分别分析对外服务贸易对三次产业劳动结构效应值、外商直接投资额、对外服务贸易行业劳动生产率和能源消耗结构的影响,分析结果见表 6-12。

表6-12　承接国际服务外包业的效应分析

指标		劳动结构升级效应	投资促进效应	技术溢出效应	能源消耗结构效应
对外服务贸易	绝对关联度	0.537	0.664	0.523	0.536
	相对关联度	0.721	0.755	0.555	0.692
	综合关联度	0.629	0.709	0.539	0.614

灰色关联分析结果表明,对外服务贸易对三次产业劳动结构升级效应、外商直接投资额、对外服务贸易行业劳动生产率和能源消耗结构的综合关联度介于 0.53~0.71 之间,对外服务贸易具有明显的劳动结构升级效应、投资促进效应、技术溢出效应和能源消耗结构升级效应。

(2)对劳动结构升级效应、投资促进效应、技术溢出效应和能源消耗结构效应对产业结构优化即第三产业产值占 GDP 的比重的影响程度进行灰色关联,分析结果见表 6-13。

表6-13　劳动、投资、技术和能源消耗效应对产业结构优化的影响

指标		劳动结构升级效应	投资促进效应	技术溢出效应	能源消耗结构效应
产业结构优化	绝对关联度	0.543	0.692	0.525	0.542
	相对关联度	0.667	0.693	0.550	0.692
	综合关联度	0.586	0.701	0.532	0.578

表 6-13 显示,劳动、投资、技术和能源消耗 4 个解释变量与产业结构优

化指标的综合灰色关联度值通过了假设。分析结果表明,劳动结构升级效应、投资促进效应、技术溢出效应和能源消耗结构升级效应对产业结构具有明显的产业结构优化效应。在劳动、投资、技术和能源消耗四大效应中,投资效应对产业结构优化的影响最为显著,其次是劳动结构效应和能源消耗结构效应,最后是技术溢出效应。

三、结论与启示

(一)承接国际服务外包对镇江市产业结构的影响是多方位的

根据国际服务外包的经济意义,我们设定了影响镇江市产业结构指标的第三产业产值占 GDP 比重的 4 个路径,即劳动结构优化效应、投资促进效应、技术溢出效应和能源消耗结构升级效应。经过计量分析,发现影响产业结构的劳动结构优化效应、投资促进效应、技术溢出效应和能源消耗结构升级效应都通过检验,对产业结构优化的影响显著。

(二)承接国际服务外包对镇江具有重要意义

实证分析表明,承接国际服务外包已对镇江市产业结构产生了深远的影响,对促进镇江转变经济发展方式,推动服务业向更高层次发展有重要的推动作用。为了更好地承接国际服务外包,镇江市应该做出更积极的努力。

完善承接国际服务外包的基础设施,制定相应的鼓励政策,建设承接国际服务外包的平台等,充分发挥承接国际服务外包对产业结构的优化作用。

在积极承接国际服务外包的同时,重视中高端人才的培养,在市场竞争中学习先进的技术和理念,推动镇江市服务外包整体水平的提高。

第三节　基于服务外包的镇江市产业结构优化的对策

镇江市承接服务外包促进了产业结构的优化,但产业结构优化的空间依然较大。为此,镇江市要抓住服务外包快速发展的历史机遇,针对现有产业结构的特点,制订一系列措施,努力放大服务外包的产业优化效应。

一、积极促进服务外包的发展

服务外包具有知识密集、就业容纳和产业结构优化等多重效应。因此,镇江市应积极促进服务外包的发展,扩大服务外包的规模,提升服务外包的层次,为促进产业结构优化奠定基础。

(一)完善服务外包的发展环境

完善的产业发展环境是镇江市服务外包快速发展的必要条件。因此,镇江市应继续完善与服务外包相配套的基础设施建设,制定促进服务外包既好又快发展的鼓励政策。例如,对软件园周边物业电力系统等设施进行改造,扩大其辐射范围;积极对外宣传知识产权保护;为接包方提供海外业务信用担保;利用各种网络渠道和承办重要会议等机会,积极宣传镇江市服务外包产业。同时,加快服务外包平台建设,如服务外包集聚平台、技术服务平台、招商平台、供求网络信息平台以及客户关系平台等。此外,要加强适合于服务外包发展的复合型人才的培养,拓宽人才培养途径,鼓励公私合作机制,提供一定的教育资金并确定政策导向,教育机构、行业协会和企业共同参与,同时鼓励第三方服务外包培训机构面向社会在职人员提供服务外包职业技能培训。

(二)加大服务外包招商引资力度

加大宣传力度,注重服务外包的招商引资,让更多的跨国企业了解镇江,进而为承接国际服务外包创造良好条件。同时,避免不同园区之间产业趋同化现象,增强"镇江外包"整体的品牌意识,各辖市区和园区在制订服务外包发展规划时应各有侧重,合力打造镇江市服务外包的品牌形象,提升镇江国际服务外包的整体产业竞争力。

二、发挥服务外包对镇江特色产业竞争力的提升效应

国内外实践表明,服务外包具有技术外溢特征,能够促进接包方的技术进步和全要素生产率的提高。由此也决定了强大的产业竞争力本身就是吸引服务外包的重要条件,同时,服务外包竞争力的提高能进一步促进接包方优化其产业结构,二者相辅相成。

(一)提升镇江市服务外包的竞争力

镇江市在承接国际服务外包方面具有广阔的发展空间。为了推动镇江市服务外包的发展,一方面要制定合理的产业政策,正确引导服务外包企业积极参与国际合作,最大限度地获取国际客户资源,提升专业技能水平,树立品牌形象,以此吸引全球领先的服务外包企业将其外包服务转移至镇江。另一方面要为镇江企业参与国际合作提供各项所需的支持,如提供专业的咨询和建议,帮助企业建立良好的融资渠道等,让镇江市外包企业在国际合作竞争中做大做强。

(二)促进服务外包与镇江特色产业的融合发展

大力发展若干镇江特色产业的服务外包,放大服务外包对镇江特色产业的优化效应,促进服务外包与特色产业的融合发展是镇江未来努力的方向。镇江市在车船设计、研发与制造方面具有雄厚的产业基础,可继续积极承接关于车船产业方面的服务外包。车船服务外包的发展反过来可进一步延长镇江车船产业链条,并提升该产业链条的附加值,最终增强该产业的竞争力。镇江市要充分利用"江苏省船舶先进设计制造技术重点实验室"和"江苏省船舶先进制造技术中心"两个省级先进技术服务平台,根据产业链条理论,大力引进和发展相关的服务外包,保障上述产业的可持续发展。

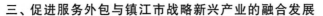

三、促进服务外包与镇江市战略新兴产业的融合发展

镇江市"十二五"规划明确提出了要大力发展新材料、新能源等战略新兴产业。因此,要配合"十二五"时期镇江市战略新兴产业的发展趋势,顺势而为,统筹考虑,大力促进服务外包与战略新兴产业的融合发展,关注知识含量与附加值较高的服务外包产业,尤其是 BPO 领域的产业。构建镇江市产业生态系统,协同发展,使得镇江的服务外包与镇江战略新兴产业,以及服务外包内部各细分产业之间能互为支撑、互为促进;关注产业间的相互合作和相互促进,形成产业间的良性循环和共生共荣。重点推荐行业为车船服务外包,物联网应用外包,供应链与物流运营外包,应用软件、嵌入式软件、数字内容开发与运营、互联网服务及工业设计等。

此外,服务外包输出的是智力,获得的是订单,有助于优化镇江市的能源结构。

参考文献

［1］Amrit Tiwana. Knowledge overlaps in software outsourcing. Ieee Software，2004(10).

［2］Nilay V,Tracy H,Austen R,Susan G. Trust in software outsourcing relationships. Information and Software Technology. 2006(11).

［3］Amiti M, Wei S J. Service outsourcing. Productivity and Employment Working Paper,2004(07).

［4］Bhagwati J, Panagariya A, Srinivasan T N. The muddles over outsourcing. Journal of Economic Perspectives,2004,(18).

［5］Solvay J,Sanglier M. A model of the growth of corporate productivity. International Business Review,1998,(07).

［6］Richard H,Krishna S,Nicholson B,Sahay S. Effect of partnership quality on IS outsourcing success. Ieee Software,2001(04).

［7］Krishna S, Sahay S, Walsham G. Managing cross-culture in global software outsourcing. Communications of the ACM,2004(04).

［8］Ulli Arnord. New dimension of outsourcing：a combination of transaction cost economics and core competeneies concept. European journal of Purehasing&Supply Management,2000,(6).

［9］Albert Sargent,Jr. Outsourcing relationship literature. Information Systems and Technology,2009(6).

［10］黄秀英:《国际服务外包对中国产业结构升级的影响研究》,厦门大学硕士学位论文,2009 年.

[11] 任姝:《服务离岸外包的动因、影响及中国的对策分析》,对外经济贸易大学硕士学位论文,2006 年.

[12] 杨继军,等:《承接国际服务外包与长三角产业结构升级》,《南京社会科学》,2008 年第 5 期.

[13] 喻美辞:《国际服务外包、技术外溢与承接国的技术进步》,《世界经济研究》,2008 年第 4 期.

[14] 朱晓明:《服务外包把握现代服务业发展新机遇》,上海交通大学出版社,2006 年.

[15] 宋丽丽:《信息技术国际服务外包东道国选择影响因素实证研究》,《国际贸易问题》,2008 年第 4 期.

[16] 徐建敏,任荣明:《外包对服务贸易的影响及承接服务外包的策略》,《经济管理研究》,2006 年第 11 期.

[17] 原小能,石奇经:《服务外包与产业结构升级研究讨会综述》,《经济研究》,2008 年第 8 期.

[18] 邹全胜,王莹:《服务外包:理论与经验分析》,《国际贸易问题》,2006 年第 5 期.

[19] 李淑华:《我国制造业结构升级面临问题及对策建议》,《中国经贸导刊》,2007 年第 2 期.

[20] 张晓涛,杨艳娇:《国际服务外包发展分析及我国对策》,《中国经济导刊》,2008 年第 14 期.

[21] 常玉佼,温小霓:《西安服务外包产业发展的策略探讨》,《经营管理者》,2008 年第 11 期.

[22] 卢根鑫:《国际产业转移论》,上海人民出版社,1997 年.

[23] 来有为:《服务业国际转移的发展取向与我国的承接对策》,《国务院发展研究中心调查研究报告》,2004 年第 3 期.

[24] 陈刚,张解放:《区际产业转移的效应分析及相应政策建议》,《华东经济管理》,2001 年第 2 期.

[25] 蒋菲:《我国服务外包业经济效应研究》,《时代经贸》,2008 年第 6 期.

[26] 来有为:《我国应积极承接服务业的国际转移》,中国经济时报,2004 年第 5 期.

[27] 刘庆林,白洁,王雪:《服务业国际转移的经济效应分析》,《山东大学学报》,2007 年第 2 期.

[28] 刘庆林,刘小伟:《国外服务外包业理论研究综述》,《山东社会科学》,2008 年第 6 期.

[29] 卢峰:《当代服务外包的经济学观察:产品内分工的分析视角》,《世界

经济》,2007 年第 8 期.

[30] 刘重:《国际外包服务市场、机遇、挑战》,《资本经营》,2006 年第 3 期.

[31] 刘小伟:《我国承接服务外包业影响因素研究:理论与实证》,山东大学硕士学位论文,2008 年.

[32] 肖云:《我国产业结构的演进及对外经济的战略选择》,《贵州社会科学》,1994 年第 5 期.

[33] 李悦:《产业经济学》,中国人民大学出版社,2004 年.

[34] 方甲主:《产业结构问题研究》,中国人民大学出版社,2007 年.

[35] 李淑华:《我国制造业结构升级面临问题及对策建议》,《中国经贸导刊》,2007 年第 2 期.

[36] 冯之浚,于丽英:《知识密集型服务创新与现代服务外包》,《中国软科学》,2007 年第 10 期.

[37] 喆儒:《产业升级——开放条件下中国的政策选择》,中国经济出版社,2006 年.

[38] 李永,刘鹏:《贸易自由化、产业结构升级与经济发展》,立信会计出版社,2005 年.

[39] 杨圣明:《关于服务外包问题》,《中国社会科学院研究生院学报》,2006 年第 6 期.

[40] 张晖明,丁娟:《论技术进步、技术跨越对产业结构调整的影响》,《复旦学报(社会科学版)》,2004 年第 3 期.

[41] 汪斌:《全球化浪潮中当代产业结构的国际化研究》,中国社会科学大学出版社,2004 年.

第七章　物联网背景下镇江市承接服务外包的战略选择

物联网(internet of things)、云计算被认为是继互联网之后的第三次产业浪潮,将对世界经济、政治、文化等各方面产生巨大影响,是信息产业新一轮竞争中的制高点。物联网将广泛应用于服务外包、智能交通、环境保护、政府工作、公共安全、平安家居和个人健康等诸多领域。赛迪顾问(2011)研究预测,2015年中国物联网整体市场规模将达到7 500亿,年复合增长率超过30%,市场前景将远远超过计算机、互联网、移动通讯市场。物联网产业属于传感信息产业,与服务外包同属于新兴产业,且二者密切相关。物联网将促进服务外包规模扩张,改变服务外包的传统模式。目前,物联网在国际上还是一个新课题,镇江应深入研究物联网与服务外包的协同发展课题。

第一节　物联网对服务外包发展的影响

Elgar Fleisch 和 Enrico Senger 等(2005)指出,由于不能很好地理解一种新技术的潜在经济规则,很多公司迟早会被淘汰,因为这些公司不能用新的技术构建合适的商务模式。物联网的到来,事实上已经对许多产业产生了深远的影响。物联网产业可与服务外包很好地融合,并为服务外包带来发展机遇,加快服务外包的发展。信息周刊的调查(2011)显示,物联网对服务外包影响重大,相比传统外包模式,云计算和SaaS模式受到更多好评。Bertolini M 和 Bottani E 等(2010)认为,使用RFID技术[①]能够提高流程自动化程度和劳动效率,以及实现对物

---

① RFID(radio frequency identification,简称RFID),又称电子标签、无线射频识别,是一种通信技术,可通过无线电讯号识别特定目标并读写相关数据,而无须识别系统与特定目标之间建立机械或光学接触。2008年12月31日,长三角高速公路不停车收费系统(ETC)正式开始运行。装有车载单元的车辆只需3~5秒即可通过收费道口,通行效率大为提高。所谓ETC系统,即是RFID技术在交通领域的实际应用。

流的准确定位与实时跟踪。

一、物联网影响国际服务外包的规模

众所周知,世纪之交的"千年虫"危机成为印度服务外包快速扩张的重要契机,该时期印度承接服务外包不仅从后台转移到了前台,并且开始从简单录入到高端研发及分析功能,服务内容呈现复杂化和高端化。同样,物联网的发展必将全面而深刻地影响国际服务外包。

（一）物联网扩大服务外包市场的容量

物联网产业实质上是工业化与信息化融合的典型产业,物联网与各行各业都有很强的融合性和渗透性,这将大大释放各行各业对信息化的需求,由此衍生出的服务外包需求总量将是前所未有的。目前,人和事的数字化表达都相当有基础,但物的数字化表达方面还有很大的空间。每个建筑物——铁路、高速公路、餐馆的数字化表达,将提供大量的服务外包需求。另外,物联网产业涉及生活的方方面面(如图 7-1 所示[①]),其未来的市场以及对未来服务外包市场规模的影响非常巨大。朱晓明(2010)认为,在 2020年前,全球物联网将成为万亿元级别的产业,产业链将衍生出千亿元的服务外包。中国国际物联网大会(2010)透露,2015 年全球物联网市场规模接近3 500亿美元,年均增长率接近 25%;中国物联网整体市场规模将达到 7 500亿元,年复合增长率超过 30%,市场前景将远远超过计算机、互联网、移动通讯等。2020 年前全球物联网的终端将达到 500 亿个,成为又一个万亿元级别的产业(覃正 等,2011)。预计到 2020 年,全球潜在的服务外包市场需求将达到 1.65 万亿美元~1.8 万亿美元(焉靖文,2011)。

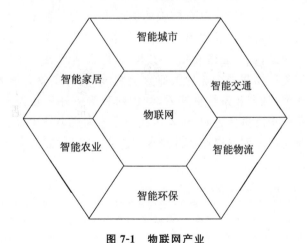

图 7-1 物联网产业

① 覃正,等:《云计算、物联网背景下服务外包产业的发展政策研究》,《国际贸易》,2011 年第 7 期。

（二）云计算①能丰富服务外包内容

物联网与云计算既有区别又有联系，物联网和云计算之间是应用与平台的关系，二者可以互补。根据 IDC 发布的数据和预测，来自公共云计算服务的全球收入将以 5 倍于传统 IT 的速率增长。预计 2014 年的公共云计算服务收入将达到 555 亿美元，2009 年该数字仅为 160 亿美元，按此计算，其年复合增长率达到了 27.4%。研究机构 Forrester 预计，2020 年全球云市场估值将达 2 410 亿美元，远高于 2010 年 400 亿美元的市值。另外，2011年 IDC 发布的中国云计算市场的研究报告指出，2010 年中国云计算服务市场规模已经达到 3.2 亿美元，其中超过 60% 的市场是来自应用软件即服务（SaaS）市场的贡献，主要包括各软件供应商通过云计算方式在线为中小企业提供财务、企业管理以及协作等应用软件。

云计算服务包括 Iaas，Paas 和 Saas。一方面，云计算本身就可以以服务外包的形式提供，从而扩大服务外包市场规模；另一方面，云计算服务平台在支持传统互联网服务的同时，可以衍生出数据安全、数据恢复、数据分析、商业智能等外包服务。另外，不管是企业内部私有云还是外部公有云，由于数据中心规模的集成化，规模经济性导致成本和费用的迅速下降，将使得进入外包市场的门槛降低，从而促使更多的企业选择业务外包。中小型企业将逐渐成为外包市场中的主要成员，而传统的发包方也将在产品和流程中尝试新的外包形式，扩大了服务外包市场规模。

二、物联网影响服务外包的产业链条

（一）通过产业关联带动服务外包产业升级

服务外包与物联网产业具有较强的关联度。从产业环境看，物联网和服务外包发展的产业环境非常契合，企业主体经营范围契合、人才需求契合和载体需求有交集；从产业链和核心技术看，物联网和服务外包互动互存，信息服务外包覆盖物联网产业的大部分领域，物联网产业有很大一部分属于信息服务外包；从产业系统框架看，物联网和服务外包互为支撑和促进，在处理传感器采集巨量信息时，将应用到云计算等众多技术服务。另外，物联网核心产业与物联网支撑产业等高端制造业的发展，需要有专业化的、高

---

① 云计算（cloud computing）是一种通过 Internet 以服务的方式提供动态可伸缩的虚拟化的资源计算模式。物联网，顾名思义，就是物物相连的互联网。物联网是互联网向物理世界的延伸，云计算是基于物联网的 IT 资源的使用和交互的模式。物联网的发展依赖于云计算系统的完善，从而为海量物联信息的处理和整合提供可能的平台条件，云计算的集中数据处理和管理能力将有效地解决海量物联信息存储和处理问题。所以云计算技术对物联网技术的发展具有决定作用，没有统一数据管理的物联网系统将丧失其真正的优势，而云计算平台的成熟和传感器技术的发展则是物联网技术需要解决的核心问题。

级生产要素的投入,需要高端的生产者服务业与之匹配,即物联网相关制造业对生产者服务外包有推动作用。服务外包企业在承接物联网这一新兴产业、高新产业的相关服务外包的同时,将促进外包企业自身在业务能力和业务层次、企业管理水平、研发能力、整体规模上有较大的提升,有助于企业打造国际核心竞争力,占领国际服务外包产业链高端市场,推动服务外包企业的整体升级,从而带动产业的整体升级。

（二）延长服务外包产业链条

物联网涉及制造业、服务业的方方面面。物联网延长服务外包产业链主要是指物联网产业的发展将带来巨额服务外包需求,可丰富和扩展现有3种类型服务外包的内容（如图 7-2 所示①）,延长外包产业链。

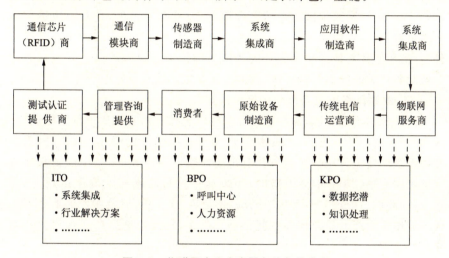

图 7-2　物联网产业丰富服务外包的内容

1. 扩展 ITO 业务

物联网的应用,不仅增加了系统集成、平台设计、软件系统外包、智能电网、智能交通和智能物流等行业解决方案的需求,还丰富了软件开发、数字资源利用、配套生产的通信和由云计算服务产生的数据安全与数据恢复、软件及服务外包、网络服务、内容服务、中间件外包、基础设施服务外包等 ITO 业务。

2. 扩展 BPO 业务

物联网的应用,丰富了 BPO 的业务范围,如增加了智能供应链管理、远程仓库管理、智能物流、基于云计算服务平台的商业智能以及云的应用管理外包等 BPO 业务。物联网在物流领域的应用必将激发大量供应链管理外

---

①　覃正,等:《云计算、物联网背景下服务外包产业的发展政策研究》,《国际贸易》,2011 年第 7 期。

包需求。据专家分析,随着无线射频识别(RFID)技术的日益成熟,有望在零售和物流领域迎来最大规模、最有前景的应用,将对商品的采购、运输、仓库库存模式带来革命性的颠覆,由此必将带来物流外包即大量供应链管理的 BPO 业务需求和远程仓库管理等 BPO 外包业务需求。

3. 扩展 KPO 业务

物联网的应用能够拓展 KPO 的业务,例如数据分析、数据挖掘、跨区域的远程医疗、芯片设计外包、传感器设计外包、检验检测外包、电子产品设计外包、知识产权研究外包、工业工程设计外包、相关物联网技术应用外包等 KPO 业务。处理物联网海量信息将带来大量数据分析、数据挖掘等服务外包需求,扩大了 KPO 市场。物联网的广泛应用将降低远程医疗的使用成本,从而带来跨国跨地区的远程医疗等 KPO 业务。另外,物联网传感设备的大量普及,将导致相关制造商的蓬勃发展,从而衍生出大量的生产者服务外包(指那些被其他商品和服务的生产者用作中间投入的服务外包),如与金融服务相关的数据分析外包、数据挖掘等生产者服务外包业等。

三、物联网影响服务外包的区位选择

国内外的研究表明,影响服务外包区位选择的因素主要包括市场规模、成本、服务贸易开放度、人力资本存量、基础设施建设规模等。其中,完善的基础设施对发包方选择接包方具有重要影响。赛迪顾问在《中国物联网产业地图白皮书(2011 年)》中指出,2010 年中国物联网产业规模达到 1 933 亿元,物联网产业已初步形成环渤海、长三角、珠三角,以及中西部地区等四大区域集聚发展的总体产业空间格局。其中,长三角地区产业规模位列四大区域之首。

(一)物联网影响区域基础设施的竞争力

完善的基础设施是保障服务外包产业健康发展的最基本的因素,物联网将通过改善基础设施而影响国际服务外包的区位选择。与服务外包相关的基础设施具有一定的独特性,主要表现在交通运输、仓储和邮政业、信息传输、计算机服务和软件业以及金融业等方面(蒋文福,2010)。

1. 物联网吸引政府对服务外包相关基础设施进行投资

正如互联网已经创造了巨大经济效益和社会效益,物联网技术变革将引起企业间、产业间甚至国家间竞争格局的巨大变化。伴随上述变化,全球服务外包的竞争格局也将发生调整,云计算、物联网下服务外包的发展关系到我国服务外包在未来激烈国际竞争中的成败(覃正 等,2011)。物联网未来制高点的争夺,吸引政府对邮电、通讯和交通等基础设施的投资,尤其是对服务外包共同载体的建设。我国 21 个国家级服务外包示范城市之一的无锡,在公共载体的建设上取得了巨大的进展。我国高度重视物联网等新

兴产业的发展,陆续出台了促进物联网发展的一系列措施,其中包括促进物联网等基础设施的投资。2010 年物联网正式列入国家"十二五"规划,成为重点发展的五大战略性新兴产业之一,随着物联网"十二五"规划的出台,对物联网相关基础设施的投资建设将会扩大,如对与物联网有很好契合点的智能铁路、智能高速公路、智能电网等投资。政府对智能交通的投资将提升区域对服务外包的吸引力。

2. 物联网在交通运输、金融、政府行政等行业的应用产生了巨大影响

(1)物联网在铁路、公路、航空领域的应用空间广阔。物联网技术在公路、水路、运输物流等方面的逐渐普及,将极大地推进交通运输信息化建设的发展进程。金盾工程、畅通工程、电子警务信息化等建设工程的推进,智能交通系统的研发以及系统集成、软件技术、集成管理平台为一体的综合解决方案正越来越受到市场关注。例如,在传统平台上开发的交通视频监控解决方案不能满足市场的需要时,英特尔、IBM 借助低功耗的英特尔酷睿 2 双核处理器平台前端智能分析的帮助,利用内部软件的加速分析更好地提升了道路动态管控。这说明物联网技术的应用对于交通系统新方案的优化具有非常显著的作用。

(2)物联网在软件及金融业领域的应用能提升金融业信息化水平和服务能力,增强服务外包区位吸引力。对传统 IT 企业来说,云计算意味着商业模式的改造和新商机的增加。面对严峻的市场竞争,国内外金融业已积极应对,越来越多的国内外银行开始考虑将传统 IT 基础设施迁移到云计算方案中。使用云计算方案,并不需要添置任何服务器、存储设备以及网络设备,一切软、硬设备和技术问题都交给云计算服务提供商完成。对于金融机构而言,云计算方案的出现,使 IT 基础设施的维护和使用得到了最大程度的简约化。因此,云计算服务在未来必将成为金融业重要的业务推广方向。

(3)云计算可最大程度地实现既有 IT 投资的价值最大化,有助于快速提升行政、金融、电信等公共服务能力和信息化水平。微软全球政府及公共部门总经理马修·米斯休斯曾表示,微软的创新产品和解决方案已被国内外众多的政府、金融、电信、能源、医疗等机构所采用,其稳定可靠、经济实用等特点受到了广大用户和行业伙伴的高度评价。因此,物联网在当地软件及金融业领域的应用能够提高金融机构、政府部门等的信息化水平,从而能增强对服务外包企业的区位吸引力。

综上所述,一方面物联网和服务外包作为全球新兴产业,其巨大的市场规模和经济制高点的争夺会加速政府对相关基础设施的投资;另一方面,物联网在交通运输业、仓储、邮政业等行业的应用,提升了金融业等服务外包基础设施行业信息化水平和服务能力,从而增强了服务外包区位吸引力。

物联网影响区域承接国际服务外包的吸引力机理如图 7-3 所示。

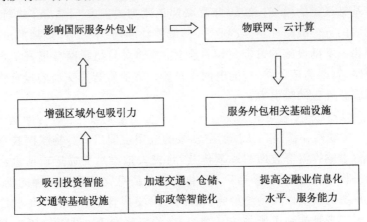

图 7-3 物联网影响区域承接服务外包的吸引力机理

（二）物联网通过降低成本增强区位吸引力

物联网主要通过以下路径降低服务外包接包方的成本。

1. 规模效应

云计算本身的规模化和集中化不仅可以降低固定资产投入，还可以降低运行费用。当资源被集中后，资源的分时共享或者分区共享使得同样的资源可发挥更大的作用，再加上智能化的资源调配，就能实现资源的最大化利用。而通过建立完整的自动化运行管理系统，整个云计算服务的提供可以极大地降低人力投入，若干倍地提高工作效率，同时管理成千上万的计算资源。此外，电力、制冷、宽带和空间等成本通过资源集中化，也可以大幅度地降低（朱近之，2010）。通过运营商构建的物联网运营支撑平台和服务体系，可以将认证、计费等内部支撑能力和短信、定位等关键资源进行统一封装，从而降低学习成本，简化产品开发环节，加快产品上线速度，还可以提高网络安全性，提升产品质量和管理效率，降低管理成本。

2. 节约外包企业初始成本

将数据置于云端，企业从这个数据池中各取所需，可节省硬件方面的设备投资和管理费用。云计算的付费方式与传统方式不同，它采用可计量的模式进行计算，按实际资源的消耗进行计费，能够实现为企业降低成本的目的。随着云计算规模的扩大，资源的边际成本不断下降。对于公共云的用户而言，单位成本基本不变。如果使用非云的环境，其单位成本则快速增加。有分析指出，云计算带来的成本节约可达到 90% 甚至更多（朱近之，2010）。

图 7-4① 是云计算模式下和原有模式下用户成本比较示意图。

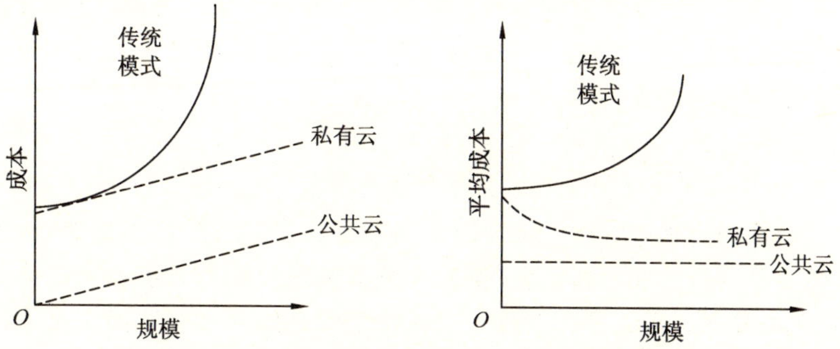

图 7-4 云计算模式和传统模式下使用成本比较

3. 依靠智能模式节约人力成本

在物联网模式下,企业通过建立完整的自动化运行管理系统,例如生产线的智能化管理等,能够极大地缩减人力成本。例如,沃尔玛因使用了RFID 技术,每年为其节省数十亿美元的人力成本开支(康伟,2009)。随着区域经济的发展,劳动力成本必将逐渐上升,智能模式使得企业的积极性越来越大(张金旭等,2010)。

四、物联网影响服务外包的管理模式

云计算能够创新外包模式,助力企业发展,重置人才结构,挑战治理结构。以创新外包模式为例,《纽约时报》的档案室中以 TIF 格式储存了大量有价值的数据,这种格式既占空间,又不适宜上网,必须将它们转化为 PDF格式。如果《纽约时报》自己来做这项工作,既耗时又费钱。于是,他们尝试了购买亚马逊的"云计算"服务,几百台大型计算机同时运行,用 2～3 天时间内完成了任务,却仅花费了 3 000 美元。

(一)实现服务外包供应链的智能管理

物联网能够充分利用射频识别技术和互联网,有效地解决 BPO 信息准确性和时效性问题。

1. 信息同步化能有效解决 BPO 信息准确性和时效性问题

物联网技术对外包流程进行实时监控,随时获取物品信息,同时向所有参与者实时传输数据,从而减少了信息失真的现象。快速的信息传输速度可对供应链中的制造、仓储、运输及销售等环节实施高效管理;外包企业能更及时、准确地预测需求变化,亦可大幅度降低库存水平,提高企业对市场变化的适应能力(樊世清,于泽,郭红军,2009)。

---

① 朱近之:《智慧的云计算》,电子工业出版社,2010 年。

2. 管理过程优化能实现服务外包的智能化

企业供应链的管理由物—人—物的模式转变为物—物模式,通过物与物的直接"沟通",管理系统大大减少了对员工的依赖,供应链管理工程得到优化。上述运转模式,提高了整个供应链的运营效率,同时降低了人工出错率,实现真正意义上的实时跟踪、监控和管理。

3. 供应链可视化能增加服务外包的附加值

以物联网为基础的供应链为网络中的每一个"物品"贴上标签,标签里包含该物品的所有互用性信息,相关人员可以通过信息系统追溯产品的成分、加工过程甚至是成分的来源。这种价值信息链通过互联网在企业内部信息共享和交换,实现供应链的可视化管理。

4. 网络无缝化能优化外包业务流程

随着人们可支配收入的不断增加,顾客的个性化要求将越来越多。为了满足这种日益多元化的个性化需求,企业必须提高其反应速度,保证及时生产和柔性加工。但上述生产方式容易增加管理成本(陈利 等,2011)。智能型的供应链网络通过增强对信息流、资金流和物流的控制力,有助于企业确定物资采购路线,降低库存仓储成本和优化产品运输,实现 BPO 业务流程再造。

(二)实现服务外包管理模式的转变

通过物联网,带射频标签的物品信息能实时传到中央数据库,实现智能化识别、定位、跟踪、监控和管理。以物流管理为例,当零售点的商品数量低于安全存货量时,系统能自动向供应商发出补货请求,库存补给完全可以智能化地触发;当产品即将达到或超过有效期时,系统则能自动向零售商发出促销或撤下货架的要求。另外,生产执行系统(简称 MES[①])能通过信息传递将生产命令下发到产品生产过程进行优化管理。当工厂中有实时事件发生时,MES 能及时对这些事件做出反应、报告,并用当前的准确数据对它们进行约束和处理。MES 着重动态管理,需要收集生产过程中的大量实时数据,根据现场变动进行调整。而 RFID 恰能快速、准确地完成大量实时数据的收集工作。因此,可通过 RFID 与 MES 的结合,对各个生产环节进行实时智能控制,保证生产的顺利进行。通过安装在各个车间的固定读写器实时读取各个车间内物料的消耗情况,并把数据传输到数据库中,MES 根据对数据的实时监控,对各个车间工作地点下达指令,进行调度。当各个生产

---

① MES 以过程数学模型为核心,连接实时数据库或非实时的关系数据库,对生产过程进行实时监视、诊断和控制,完成单元整合和系统优化,在生产过程层(而不是管理层)进行物料平衡,安排生产计划,实施调度、排产及优化。

车间的物料降到了预先设置的临界点时,MES会对WMS(仓库管理系统)发出补料指令,仓库可以根据指令对生产车间进行补给,从而大大提高了制造业物流管理信息系统的信息化、自动化程度,并且能对各个车间的用料情况进行实时监控,实现对整个生产流程的节拍调控,提高整体智能化程度和效率(陈劲松,2010)。可见,物联网技术的使用,使数字世界通过传感器等设施与物质世界融为一体,实现了对物质世界的自动识别和智能管理,使得服务外包企业减少了用工成本,消除了人为操作误差,避免了繁琐的人工数据收集工作,优化了服务外包企业的管理模式。

(三)改变传统的信息技术外包模式

云计算的出现将会改变传统的信息技术外包模式。

1. IaaS通过改变企业传统的IT架构影响外包模式

云计算的引入将IT基础设施像水、电一样以服务的形式提供给用户,以服务形式提供基于服务器和存储等硬件资源的可高度扩展和按需变化的IT能力(如基本的计算与存储能力),通过虚拟技术降低IaaS平台成本与用户使用成本。例如,无锡软件园建立的云计算中心以及亚马逊的EC2,通过虚拟技术的动态迁移功能大大提高了服务的可用性。因此,企业将逐渐不再拥有任何IT资产,基础设施外包服务提供商的重点将发生较大的改变,相关外包企业管理的重点从基础设施向其他模式转变。

2. PaaS可以改变外包企业的应用管理模式

PaaS将开发环境作为服务来提供,应用开发者在云环境中进行软件编写开发、测试及运行,通过网络将外包企业的应用传给发包商,大大提高了业务流程的管理效率。为提高未来业务流程管理的竞争力,这一业务流程管理模式必将吸引越来越多的外包企业采纳,最终导致外包企业管理模式的巨大变化。

3. SaaS改变了传统的软件计费管理模式

与传统软件设计方式不同,云计算抽象掉了那些通常在传统开发和集成中的低端任务,提供标准化、即装即用的解决方案(覃正 等,2011)。SaaS通过Web浏览器把应用程序作为服务提供给成千上万的客户,外包服务提供商只需要维持一个程序。外包企业的计费模式从传统的授权模式改变为按需付费的模式,这种模式减少了软件许可证费用的支出以及客户安装、维护软件的时间和技能等代价。

综上所述,物联网对服务外包管理模式的影响可用图7-5表示。

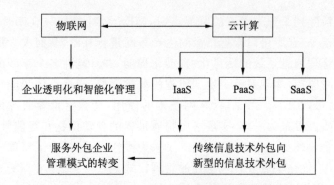

图7-5 物联网对服务外包管理模式的影响

物联网产业的发展能够扩大国际服务外包的规模,延长服务外包产业链,增加接包方的区位吸引力,优化服务外包企业管理模式。同时,国际服务外包的发展又能促进物联网的发展。国际服务外包与物联网同属于新兴产业,两类产业的发展载体、人才要素、发展环境有交集等,二者相辅相成,相互影响与促进。

五、物联网影响接包方承接服务外包的路径

物联网对国际服务外包的影响路径是复杂的,本书根据有关物联网对服务外包规模、产业链条、区位选择和管理模式的影响分析,总结出物联网对承接国际服务外包的一般影响路径(如图7-6所示)。

云计算的发展能促进服务外包企业获得规模经济,节约外包成本,提高外包质量,从而在承接国际服务外包的竞争中占据一定的市场;云计算技术的出现将改变信息技术外包的传统外包方式,使其向新一代外包方式转变。IaaS将改变基础设施服务,PaaS会导致应用管理模式的转变,SaaS将引导外包企业由传统ITO外包方式向新一代ITO外包方式转变。当物联网技术融入服务外包,且后者接受前者的无缝汇合时,服务外包将如虎添翼,进入双赢的快速发展车道。

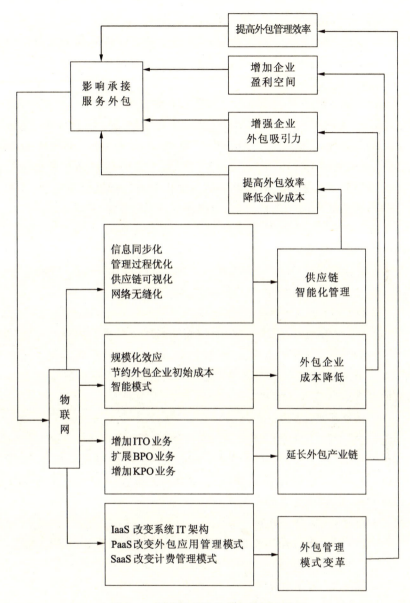

图 7-6 物联网对服务外包的影响路径

第二节 镇江市承接物联网服务外包的 SWOT-CLPV 分析

　　Gartner(2010)预计,2010—2015 年镇江市服务外包产业市场复合年均增长率为 56.9%,2015 年其市场规模将达到人民币 100 亿元(约合 15 亿美元），占镇江市 GDP 的 2.5％，服务外包将成为镇江市重要产业之一。镇江市物联网、云计算产业也有一定的发展基础。科学分析物联网背景下镇江市承接国际服务外包的发展环境是正确选择其发展战略的关键。

一、SWOT-CLPV 分析模型

SWOT 是一种战略分析方法，又称为态势分析法，是一种评估外部环境与内部特征的战略分析方法。SWOT 分别代表：strengths（优势）、weaknesses（劣势）、opportunities（机会）和 threats（威胁）。SWOT 分析就是对研究对象内部的优势与劣势进行分析，对外部环境机会与威胁进行评估，然后以矩阵方式表达出研究对象的内部优劣与外部机遇和威胁，进而确定其战略，再从战术层面进行分析，以确保研究对象能够实现目标。

SWOT-CLPV 矩阵模型理论在 SWOT 理论的基础上，变化和产生出 4 种不同的市场环境及战略态势，分别为杠杆作用 L（Leverage）（S＋O）、抑制性 C（Control）（W＋O）、问题性 P（Problem）（W＋T）、脆弱性 V（Venerability）（S＋T）。4 种态势的具体情况如下所述。

（一）抑制性（机会＋劣势）

抑制性意味着妨碍、组织、影响与控制。当环境提供的机会与企业内部资源优势不相适合或者不能相互重叠时，企业优势将得不到发挥。这种情形下，企业就需要提供和追加某种资源，以促进内部资源从劣势向优势转化，从而迎合或适应外部的机遇。

（二）杠杆效应（优势＋机会）

杠杆效应产生于企业内部优势与外部机会相互一致时。这种情况下，企业应该发挥其内部优势，并利用外部机会使机会与优势充分结合，二者共同发挥优势。然而机会往往稍纵即逝，因此，企业管理者应敏锐地抓住机遇，把握时机，以寻求更大的发展。

（三）问题性（劣势＋威胁）

当企业内部劣势与外部威胁相叠加时，意味着企业面临严峻的挑战，如果处理不当，可直接威胁到企业的生死存亡。

（四）脆弱性（优势＋威胁）

当外部环境对企业的内部优势构成威胁时，企业的优势将得不到发挥，形成"优势不优"的脆弱性局面。这种情况下，企业必须克服外部环境的威胁，以便能够发挥其内部优势。

二、分析步骤

使用 SWOT-CLPV 分析法常采取以下步骤。

（一）分析内外部因素

分析目前相关产业发展的环境因素，包括内部因素和外部因素。内部因素又包括优势因素和劣势因素,即研究对象在其发展过程中自身存在的积极和消极因素,属于主观因素,这些因素可以通过主观能动性进行改变。外部因素包括机遇因素和威胁因素,是直接影响研究对象发展的有利和不利因素,属于客观因素。

（二）构建 SWOT 矩阵

将 S,W,O,T 的分析结果按照重要程度或影响程度进行排序,构造 SWOT 矩阵。

（三）对 SWOT 矩阵进行分析,选取最佳方案,制订相应的实施计划

制订计划的基本思路是:发挥优势因素,克服弱点因素,利用机会因素,化解威胁因素,运用系统分析方法,将排列与考虑的各种环境因素相互匹配起来加以组合,得出一系列关于产业未来发展的可选择对策。

三、镇江市物联网服务外包的 SWOT-CLPV 分析

（一）优势因素

除经济发展迅速,商务成本、人力成本及生活成本相对较低等是镇江市承接国际服务外包的有利因素外,镇江还具有如下一些有利因素。

1. 良好的社会环境

镇江治安和稳定程度在全国首屈一指,多次被评为全国治安 10 城市(刘博文,2010),被评为浙商(中国)最佳投资城市,被《福布斯》评为中国最佳商业城市之一,为承接国际服务外包及物联网产业的发展提供了稳定的社会环境。

2. 物联网产业具备一定的发展基础

2009 年镇江市涉及物联网领域的嵌入式软件外包和系统集成服务外包执行额 1 570 万美元,占镇江全部外包业务的 25.9%。截至 2011 年 9 月,镇江市拥有物联网企业约 30 家,年产值 50 多亿元。其中涉及 IC 卡芯片设计的有恒宝等企业;涉及船舶电气控制系统传感技术的有康士伯船舶电气、镇江船舶电气等;镇江中煤电子专业从事矿用传感器研发生产,在业内具有一定知名度;被誉为"中国第一动芯"的国内第一款具有自主知识产权的商用陀螺仪系列惯性传感器 MEMS(微机电)芯片产业化生产基地——丹阳深迪亚微电子于 2011 年 6 月正式开业投产,每月的产能至少为 250 万片 MEMS 微型陀螺仪传感器芯片,属于"十二五战略新兴产业"新一代信息技术领域;惠通集团、云神公司等 10 多家企业已开展与物联网产业相关的外包业务。在物联网应用研究方面,镇江已经开始进行规划布局。例如,2010 年先后成立"东南大学—镇江智能电网研究院"、"南京大学—会津大学镇江物联网技术研究中心"等。在物联网应用的商业化探索方面,也已经涌现出一批企业,如江苏瑞蚨通软件科技有限公司、镇江中煤电子有限

公司等,分别在智能医疗及智能煤矿等方面取得了重大突破。

3. 拥有相对完善的基础设施

镇江拥有较为完善的互联网基础设施,虽然物联网的发展基于互联网,但物联网对基础设施的要求更高,符合互联网发展的较为完善的基础设施,为物联网背景下镇江承接服务外包奠定了基础。基于 IT 技术的服务外包的发展高度依赖于信息和通信网络、电力供应和 IT 基础设施及应用服务平台等(张金旭等,2010)。另外,由于离岸服务外包的发包商和接包方分布在不同国家,因此,服务外包的发展过程中存在相当多的商务旅行,故国际商务交通设施的便利性尤为重要。镇江地处长三角的中心位置,西临南京禄口机场,由镇江航站楼直换禄口机场的登机牌,非常便捷,可通往国内多个重要城市。镇江、上海之间的城际高铁直通虹桥机场,并经地铁与浦东机场相连,可飞往若干个国家。近年来镇江在电信硬件设施、高速公路、航空、酒店等基础设施上发展很快。截至 2012 年年底,镇江公路线路里程 7 068 公里,移动电话用户 337 万人,国际互联网宽带接入用户 72 万户(见表 7-1)。泰州大桥建成通车,宁杭高铁镇江段贯通,已完成镇江西、南高速公路出入口整治,官塘桥路快速化改造项目基本完成;苏南运河"四改三"、扬中三桥、镇荣公路工程进展顺利。2012年末拥有公共交通车辆运营数 1 218 标台,当年新辟优化公交线路 50 条。物联网与服务外包产业在载体等方面有交集,完善的基础设施能促进物联网和服务外包产业的发展,并为物联网背景下镇江承接国际服务外包奠定一定的基础。

表 7-1　2007—2012 镇江部分基础设施情况

年份	公路线路里程/公里	铁路客运量/万人	邮电业务总量/亿元	年末移动电话用户/万人	国际互联网用户/万人
2007	6 219	495	27.21	166.70	25.49
2008	6 475	540	28.77	186.27	33.92
2009	6 732	562	30.25	230.01	37.08
2010	6 936	606	38.21	277.78	43.21
2011	7 015	690	28.92	320.86	45.37
2012	7 068	798	31.73	336.71	72.40

(资料来源:2008—2013 年《镇江市统计年鉴》,《镇江市统计公报》。)

(二)劣势因素

1. 有关物联网与服务外包融合发展的认识局限性

由于物联网的概念在国内外并没有统一认识,加之物联网是近年来出现的新生事物,调查显示,企业管理者对物联网产业与服务外包的融合发展在认识上存在局限。物联网和服务外包是我国重点发展的战略新兴产业,也是镇江重点培育和发展的产业,是促进全市经济转型的重要产业。虽然服务外包、物联网均属于近年来频繁出现在现实生活中的概念,但企业管理者对此了解甚少,对如何推动二者形成良性互动发展局面没有深入研究。虽然镇江市一些企业已经在积极介入云计算、物联网领域,抢抓物联网产业服务外包需求,但更多的服务外包企业对物联网带来的新机遇并没有深入地思考,缺乏对物联网产业与服务外包的发展规划,因而制约了物联网背景下服务外包的发展。

2. 缺乏有物联网专业背景的研发团队

针对物联网技术及物联网环境下的管理模式,镇江市缺乏较多有物联网专业背景的研发团队和研发人才。随着我国众多城市把物联网、服务外包作为"十二五"时期的战略新兴产业,如《杭州市物联网产业发展规划(2010—2015年)》提出,力争到2015年,物联网产业年产值超过1 000亿元,年均增幅保持在30%以上,各地的人才竞争日显激烈。例如,物联网智能交通方面的人才需求旺盛,智能交通工程师、智能交通项目经理等供不应求。目前处于起步阶段的物联网产业被称为是一个万亿级的产业,它将催生千亿级别的服务外包。在此背景下,镇江市如果不及时引进一批物联网、服务外包方面的专业技术人员,就无法对物联网技术进行快速反应,从而将错过占领国内物联网产业制高点的时机。

3. 缺乏复合型的高层次服务外包人才

镇江具有承接国际服务外包的人力资源优势,尤其是具有丰富的初级人才资源,且与周边城市相比,在人力成本、商务成本上也具有成本优势。但镇江缺乏承接国际服务外包所需要的复合人才和关键技能人才,同时具备"硬技术"(学术技能、语言技能、服务交付能力)和"软技能"(实践能力、问题解决能力、项目管理能力、国际经验)的"全能型"人才相对稀缺。从人才储备来看,镇江市初级人才较为丰富,但人才流动率相对较高,近年来江苏大学、江苏科技大学等驻镇高校的毕业生在镇江的就业率一直徘徊不前。

4. 物联网服务外包品牌企业少

品牌是商业社会中企业价值的延续,在当前品牌先导的商业模式中,品牌意味着商品定位、经营模式、消费族群和利润回报。树立企业品牌特别是知名的国际品牌需要企业拥有很强的资源整合能力,在创立初期也需要政府的大力扶持。目前品牌效应正受到企业的重视,因为品牌可以给企业带来巨大的经济效益和社会效益。往往一个知名品牌的建立需要几十年的时间,但是一旦品牌建立成功,其收益是其他方式无法比拟的。镇江市要想做大做强基于物联网的服务外包,就必须培育自己的品牌,利用品牌效应带动全市服务外包的发展。目前镇江市现有从事物联网、云计算服务外包的企业数量较少,且企业规模偏小,缺乏在全国乃至世界有一定地位和知名度的旗舰型骨干企业,无法产生规模效应和集聚效应。

（三）机遇

从产业发展的外部环境分析,镇江市承接基于物联网的国际服务外包的机遇主要体现在行政力和市场力并行推动上。

1. 国家高度重视物联网与服务外包的发展

2011年全国物联网产业规模超过了2 500亿元,预计2015年将超过5 000亿元①,凸显了万亿级产业的发展势头。从国家层面看,2009年8月温家宝同志提出了"感知中国"的口号,物联网被正式列为国家五大新兴战略性产业之一写入"政府工作报告"。2010年10月国务院颁布了《关于加快培育和发展战略性新兴产业的决定》,提出促进物联网技术的研发和示范应用。2012年8月工信部开展了"2012年物联网发展专项资金项目申报工作",标志着我国物联网产业已经渗透到了社会管理和国民经济的各个领域。服务外包作为我国现代服务业的重要组成成分,已成为促进我国经济增长方式转变的重要手段,各级政府也给予了高度关注。根据中国服务外包网的数据,我国2008年至2009年,共出台了31项扶持服务外包发展政策。其中,2008年出台了19项相关政策,2009年出台了12项相关政策,如《国务院关于印发进一步鼓励软件产业和集成电路产业发展若干政策的通知》、《工信部关于鼓励服务外包产业加快发展及简化外资经营离岸呼叫中心业务试点审批程序的通知》等。2011年我国出台了《关于做好2011年度支持承接国际服务外包发展资金管理类工作的通知》、《国务院关于印发进一步鼓励软件产业和集成电路产业发展若干政策的通知》等政策来支持服务外包的发展。

服务外包产业已经成为镇江市重点发展的产业之一。近年来,镇江市政府积极出台了扶持服务外包和物联网产业发展的若干条例。2011年7月23日正式发布施行的《镇江市五大新兴产业发展规划》明确提出,物联网是信息产业领域未来竞争的制高点和产业升级的核心驱动力,提出要立足现有产业技术优势,加快物联网研发中心建设,培养和引进物联网领军人才,加强核心技术研发,尽快掌握关键技术,快速提升镇江市物联网领域自主创新能力和技术水平,重点发展智能电网、智能农业、智能医护与健康、智能交通、智能公共安全等物联网领域,并提出了相应的发展目标:2015年基本完成镇江市物联网特色产业基地建

---

① 工控中国网:《物联网政策扶持与现实发展分析》,http://www.gkzhan.com/news/detail/30794.html,2013年1月16日。

设,销售收入超过 400 亿元,集聚规模以上企业超过 300 家,培育销售超 10 亿元的龙头企业 5 家。

2. 物联网产业规模巨大,催生服务外包的发展

万亿级的物联网产业能够衍生出千亿级的服务外包,产业前景良好,市场潜力空前。资料显示,智能交通投入与收益比约为 1∶10,智能电网投入与收益比约为 1∶4 到 1∶6(覃正 等,2011),地理信息系统(GIS)软件市场规模在 2011 年达到了百亿,其衍生品的应用市场规模将更大。目前,全球基于物联网、云计算背景的服务外包处于起步阶段,镇江市如能及时将物联网、云计算与服务外包相结合,抓住产业衍生特点,不仅能够直接推动镇江市物联网产业的发展,还能够促进镇江市相关服务外包产业的发展。物联网和服务外包两个产业同属镇江市重点培育和发展的新兴产业,两个产业的发展呈现出互相支撑、互相推动的特点。统筹物联网和服务外包两个产业发展,既是镇江市服务外包产业构建新的竞争优势,又是实现"智慧镇江"的重要途径。目前,镇江市已经启动了相关工作。

3.《苏南现代化建设示范区规划》将引领和驱动现代服务业迈向新的更高层次

2013 年 4 月国务院批复同意《苏南现代化建设示范区规划》(以下简称《规划》),这是我国第一个以区域现代化建设为主题的战略规划。根据《规划》要求,苏南产业发展突出两个主攻方向:一是大力发展现代服务业,加快形成以服务经济为主的产业结构;二是提升战略性新兴产业核心竞争力,率先建成全国重要的战略性新兴产业策源地。《规划》提出,"到 2020 年服务业增加值占地区生产总值比重达到 60%。支持常州、镇江按照国家有关规定申请国家服务外包示范城市。"该《规划》为镇江在新的起点上加速发展服务外包特色,推动服务外包向高端化、集聚化、国际化发展注入了新的活力和动力。

4. 上海自贸区建设为服务外包发展带来新契机

中国(上海)自由贸易试验区(以下简称上海自贸区)是中国政府设立在上海的区域性自由贸易园区,于 2013 年 9 月 29 日正式挂牌,范围涵盖上海外高桥保税区、上海外高桥保税物流园区、洋山保税港区和上海浦东机场综合保税区等 4 个海关特殊监管区,根据先行先试推进情况以及产业发展和辐射带动需要,逐步拓展实施范围和试点政策范围,形成与上海国际经济、金融、贸易、航运中心建设的联动机制。总体目标是,经过两至三年的试点试验,加快转变政府职能,积极推进服务业扩大开放和外商投资管理体制改革,大力发展总部经济和新型贸易业态,加快探索资本项目可兑换和金融服务业全面开放,探索建立货物状态分类监管模式,努力形成促进投资和创新的政策支持体系,着力培育国际化和法制化的营商环境,力争建设成为国际

水准的投资贸易便利、货币兑换自由、监管高效便捷、法制环境规范的自由贸易试验区,为我国扩大开放和深化改革探索新思路和新途径。它的一项重要职能是"推进贸易转型升级","积极培育贸易新型业态和功能,形成以技术、品牌、质量、服务为核心的外贸竞争新优势","鼓励跨国公司建立亚太地区总部,建立整合贸易、物流、结算等功能的营运中心";"推动生物医药、软件信息、管理咨询、数据服务等外包业务发展"①。作为紧邻上海的镇江,在今后的服务外包发展上应当是受益者。同时对加工贸易企业来说,有利于改变现有研发和营销"两头在外"的模式,使跨国公司将更多的设计、生产、流通和服务环节放在中国,促使加工贸易由单纯生产向综合服务和全球运营方向转型,从而开启服务贸易新纪元。

目前在上海自贸区已宣布的试验区方案中涵盖了金融、航运、贸易、文化、社会服务、专业服务6大领域18个行业对外开放的具体措施。由于简化了行政审批,使得区内注册企业能享受贸易、投资、金融、人员进出、服务进出、货物存储等方面的便利和自由。这些优越条件给上海乃至周边城市服务外包发展提供了较大的空间。上海自贸区的溢出效应将为镇江服务外包发展带来新契机。

5. 中瑞镇江生态产业园将为镇江承接国际服务外包搭建新平台

2012年4月中国与瑞士两国确定在镇江建设"中瑞镇江生态产业园"。该园是我国政府与欧洲发达国家政府签订的第二个以生态环保为主题的生态产业园。该园的建设,有利于打破欧盟贸易保护壁垒,有利于落实"中瑞自贸协定",有利于对接上海自贸区,有利于推进镇江全面开放。园区总体定位为全面承接瑞士及欧洲在节能环保、装备制造、医疗健康、职业教育、金融服务、特色旅游等领域长期积累的高端理念、先进技术、创新体系和优势产业,总面积20平方公里,分为创新研发区、生态产业区、低碳生活区和健康休闲区四大功能区,着力打造"三基地"和"三中心",即生态产业基地、技术研发创新基地、国际高等职业教育示范基地,中瑞精品名品展示交易中心、瑞士钟表检测保养中心、健康服务中心。国家、省、市将对该园给予一系列投资、贸易、通关便利化措施,并将极大地推动与促进镇江承接国际服务外包转型升级。

(四)威胁因素

镇江市发展基于物联网背景的服务外包的主要外部威胁,源于云计算对小企业的冲击、相关标准不确定性以及知识产权保护不力等外部环境问题。

1. 云计算发展对小型IT服务外包企业形成冲击

云计算将引起服务外包发生变化和转移。一些不具备向云计算外包模式转型的中小外包商将被收购或淘汰。大型云计算公司正通过并购传统软

---

① 国务院:《中国(上海)自由贸易试验区总体方案》,2013年9月18日。

件外包公司获取业务渠道,巩固其云计算软件外包商的地位,例如 Google 与 Computer Sciences. Amazon. com 以及 Capgemini 都已开展了合作。基于云计算的服务外包新企业也取得了巨大成功,如 Salesforce,Rack space 公司的 Jungle Disk(使用亚马逊 S_3 服务的加密的云计算存储和自动文件备份服务)和 Dropbox(基于云计算的文件共享)。发包方正努力把云计算服务嵌入更广泛的外包产品中并且使自己成为云计算服务提供商(覃正 等,2011)。镇江市目前的服务外包企业主要以中小型企业为主,因此,云计算的发展将对中小服务外包企业的生存发出挑战。

2. 云标准尚不成熟,国际服务外包具有不确定性风险

目前云和云之间还没有共同标准,即企业用户难以从一家云服务供货商转换到另外一家,降低了服务转移的弹性。云计算的"动态云"特性使得云计算具有以下几种主要风险:

(1)因资源和数据外包引发的安全问题。企业的资源和数据置于企业边界之外的共享公共网络上,因此用户失去了对物理资源的直接控制,会面临与云服务商协作的一些安全问题。

(2)因云计算服务商的可靠性引发的安全问题。即理想情况下,无论云计算服务商发生了怎样的变化(破产或被并购),都要确保数据仍能继续使用。否则,就存在因云计算商发生变化而引致的安全问题。

(3)多租户环境引发的安全问题。云计算平台上集成了多个租户,造成多租户之间的信息资源安全隔离问题、服务专业化引发的多层转包导致的安全问题等。

(4)云计算管理标准缺乏。云计算服务商必须遵守各种不同的 IT 流程控制和管理需求,包括外部需求和内部需求,假如可以通过联合的合规工作处理所有这些需求,使用更加统一和有效的方法,则可以提高效率并满足合规性,同时实现不同云计算间的无缝互通。而目前各类云计算标准缺乏,使得企业很难改变云服务商。因为不同服务提供商所提供的云计算服务从用户的角度来说不能完全兼容。因此,未来建立相关标准和规则可帮助企业灵活选择云计算服务提供商,并在不同云之间快速迁移,解除企业应用云计算的后顾之忧;可为用户提供统一标准的云服务,有助于政府等公共组织接受云计算服务;可防止形成大企业对云的垄断;可使云平台提供统一接口,为创业公司提供参与云计算市场的机会,促进云计算的进一步发展;可保证云计算产品和服务的质量。目前在产业界已有几项正在进行的针对云计算标准化的工作,如开放云计算联盟(open cloud consortium,OCC),分布式管理任务组(distributed management task force,DMTF)等。综上所述,云计算标准的不确定性一方面有利于镇江物联网云计算中小企业的壮大,另一方面却对镇江市承接基于物

联网云计算的国际服务外包的发展产生了不确定性。

3. 知识产权保护不够理想

服务外包是现代服务业的重要组成部分。服务外包区别于传统服务业的特征之一就是它并非单纯的劳动密集型产业,而是知识密集型产业,在很大程度上服务外包是知识的应用和创造。因此,服务外包所处的知识产权环境将会影响接包方的自主创新能力和综合竞争能力,关系到服务外包的整体运行。基于物联网产业的芯片制造与系统集成等服务外包与物联网关键技术相关,对接包方知识产权保护环境也有较高的要求。虽然近年来镇江市知识产权环境不断优化,但相关的法律法规仍需要细化。因镇江市知识产权保护环境依然存在某些隐患,国际发包方对镇江接包企业存在一定的担忧,某种程度上阻碍了服务外包的健康发展。

4. 人民币升值对镇江承接国际服务外包也有一定的影响

人民币升值将会增加镇江服务外包企业的成本,降低利润以及在国际市场上的价格竞争力。但同时也将有利于镇江服务外包的调整重组,促进服务外包向高端发展。

通过上述对物联网背景下镇江承接国际服务外包的优势、劣势、机遇、威胁因素的分析,可得出如下的 SWOT 表(见表 7-2)。

表 7-2 物联网背景下镇江市承接服务外包的 SWOT 分析

优势(S)因素	劣势(W)因素
社会环境稳定	对两产业融合发展认识不足
经济发展迅速	缺乏研究团队
商务成本较低	复合人才供给不足
物联网产业基础	缺乏品牌和龙头企业
基础设施较完善	
机会(O)因素	威胁(T)因素
政府重视	冲击小型 IT 服务外包企业
物联网服务外包市场潜力大	相关标准尚不成熟
国务院《苏南现代化建设示范区规划》引领,上海自贸区外溢效应,中瑞生态产业园搭建新平台	知识产权保护环境有待改善
	人民币升值

四、SWOT-CLPV 矩阵分析

在分析了镇江市物联网背景下承接国际服务外包的优势、劣势、机遇和威胁的基础上,本部分将运用扩展的 SWOT-CLPV 模型,分别对杠杆效应

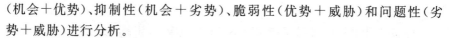

（机会＋优势）、抑制性（机会＋劣势）、脆弱性（优势＋威胁）和问题性（劣势＋威胁）进行分析。

1. 杠杆效应（机会＋优势）

矩阵中的实心圆圈是指被 SWOT-CLPV 所识别的一系列优势和机会，二者的结合可以发挥出杠杆效应。杠杆效应只有在内部优势与外部机会相互一致和适应时才会产生。具体到镇江市，优势与机会的组合见表 7-3。镇江市可发挥其自身优势，利用外部环境蕴含的机遇，使机遇与优势结合，并充分发挥作用。

表 7-3　SWOT-CLPV 矩阵：优势与机会

优势＼机会	政府重视	物联网服务外包市场潜力	苏南现代化示范区和上海自贸区溢出效应、中瑞生态产业园	杠杆效应/L
社会环境稳定	●	●	●	3
经济发展迅速	●	●	●	3
商务成本低	●	●	●	3
有较好的产业基础	●	●	●	3
基础设施相对完善	●	●	●	3
杠杆效应/L	5	5	5	15

2. 抑制性效应（机会＋劣势）

表 7-4 中，实心圆圈是指被 SWOT-CLPV 所识别的一系列机会和劣势，二者的组合将会对经济活动主体产生抑制效应。当外部环境蕴含的机会与镇江市自身资源优势不匹配或者不能重叠时，镇江市承接服务外包的自身优势就得不到充分发挥。在这种情况下，就需要提供和追加某种资源，将劣势转变为优势，至少应消除原来的劣势，才能利用外部环境所蕴含的机会，将外部机遇转化为镇江自身的竞争优势。

表 7-4　SWOT-CLPV 矩阵：机会与劣势

劣势＼机会	政府重视	物联网服务外包市场潜力	苏南现代化示范区和上海自贸区溢出效应、中瑞生态产业园	抑制性/C
对两产业融合发展认识不足	●	●	●	3
缺乏复合人才	●	●	●	3
缺乏品牌	●	●	●	3
抑制性/C	3	3	3	9

3. 脆弱性(优势＋威胁)

表 7-5 中,实心圆圈是指被 SWOT-CLPV 所识别的一系列优势与威胁,二者的组合会使镇江承接服务外包具有一定的脆弱性。脆弱性意味着镇江自身优势程度或强度的降低。当外部环境对镇江市承接服务外包的自身优势构成威胁时,其优势就得不到充分发挥,出现优势不优的脆弱局面。在这种情形下,镇江市必须借助于各种力量克服外部威胁,才能充分发挥自身优势。

表 7-5　SWOT-CLPV 矩阵:优势与威胁

优势 ＼ 威胁	冲击小型 IT 服务外包企业	相关标准 尚不成熟	知识产权 保护有待改善	脆弱性/V
社会环境稳定	●		●	3
经济发展迅速	●	●	●	3
低成本			●	1
物联网产业基础			●	1
基础设施较为完善			●	1
脆弱性/V	2	2	5	9

4. 问题性(劣势＋威胁)

表 7-6 中,实心圆圈是指被 SWOT-CLPV 所识别的一系列劣势与威胁,二者的组合意味着镇江市在物联网背景下承接国际服务外包所面临的困境。当镇江市内部劣势与外部威胁相叠加时,镇江市服务外包的发展将面临严峻挑战。如果处理不当,可能会直接威胁镇江市服务外包的正常发展。

表 7-6　SWOT-CLPV 矩阵:劣势与威胁

劣势 ＼ 威胁	冲击小型 IT 服务外包企业	相关标准 尚不成熟	知识产权 保护有待改善	问题性/P
对两产业融合 发展认识不足	●		●	2
缺乏研究团队	●	●	●	3
缺乏复合人才	●		●	2
缺乏品牌	●	●	●	3
问题性/P	3	3	4	10

第三节 物联网背景下镇江市承接服务外包的战略优选

物联网背景下镇江市承接国际服务外包的战略选择,是基于对镇江市自身所具有的优势、劣势与外部环境所蕴含的机会、威胁的具体分析,以及对 4 种因素的不同组合情形进行的分析。

一、战略构成分析

镇江市承接基于物联网的服务外包的战略主要包括 SO 战略、WO 战略、ST 战略和 WT 战略。不同的战略应对不同的情形,具体内容见表 7-7。

表 7-7 SWOT 战略对策分析表

内部因素 / 外部因素	优势(strength)	劣势(weakness)
	(1) 社会环境稳定 (2) 经济发展迅速 (3) 商务成本低 (4) 物联网产业基础好 (5) 基础设施较为完善	(1) 认识不足 (2) 缺乏研究团队 (3) 复合人才缺乏 (4) 缺乏品牌 (5) 外语水平不高
机会(Opportunity)	SO 战略	WO 战略
(1) 政府重视 (2) 物联网服务外包市场潜力 (3) 苏南现代化示范区、上海自贸区的外溢效应和中瑞生态产业园搭建新平台	(1) 产业协同发展战略 (2) 产业集聚发展战略	(1) 宣传引导战略 (2) 人才强市战略 (3) 品牌创建战略
威胁(Threat)	ST 战略	WT 战略
(1) 冲击小型服务外包企业 (2) 相关标准尚不成熟 (3) 知识产权保护有待改善	(1) 标准制定战略 (2) 知识产权战略	(1) 专家组研究战略

二、4 种不同战略类型的特点

SO 战略(优势—机会)是一种增长型战略模式,是指经济活动主体的内部优势与外部有利时机的结合。当区域产业发展具有特定优势,而外部环境又为发挥这种优势提供有利机会时,可以采取该战略。

WO 战略(劣势—机会)是一种扭转型战略模式,是指经济活动主体面临有利的外部机遇,但同时却存在自身劣势。因此,经济活动主体可充分利用外部机遇来弥补内部劣势,最大限度地改变或消除自身劣势的负面影响,以扭转当前的局面。

ST 战略(优势—威胁)是指利用经济活动主体的自身优势,规避或减轻外部威胁的影响,它是一种多元经营的战略模式。

WT战略(劣势—威胁)是一种防御性战略模式,旨在减少内部弱点,回避外部环境威胁的防御性策略。当经济活动主体的发展存在内忧外患时,通常面临生存危机,这时将迫使经济活动主体采取目标聚集战略或差异化战略,以规避自身内部劣势和外部环境的威胁。

三、镇江市承接服务外包的战略定位

(一)两大战略选择的依据

基于物联网背景的国际服务外包刚刚兴起,就镇江市而言,一方面,面临万亿级物联网产业将衍生出千亿级服务外包的良好发展前景,政府高度重视物联网和服务外包产业的发展,因而镇江市发展基于物联网的服务外包的外部环境良好。另一方面,由于镇江物联网和服务外包产业都处于发展的初期阶段,自身条件还存在很多局限,制约物联网背景下镇江承接国际服务外包发展的劣势凸显。因此,我们认为,扭转型战略(即WO战略)是适合镇江物联网背景下承接国际服务外包的发展战略。只有克服弱点,扭转不利因素,才能促进镇江基于物联网的服务外包健康发展,最终获得核心竞争力,在未来的市场上占据优势。镇江在"十二五"后期至"十三五"中期应该选择WO扭转型战略。

众所周知,战略的灵魂是变革。随着时间的推移,镇江市承接服务外包的战略必然要发生转变。根据前文的分析,"十三五"后期镇江市将由目前的扭转型战略转变为增长性战略(即SO战略)。

(二)"十二五"后期至"十三五"中期实施WO扭转型战略

镇江市对物联网与服务外包产业高度重视,并提供相应的优惠政策,外部环境又提供了万亿级的物联网产业衍生出千亿级的服务外包等机会。但镇江服务外包产业发展也存在某些内部劣势,如复合人才供给不足、知名品牌缺乏和对两大产业融合发展认识不足、缺乏研究团队等,将会阻碍服务外包的发展。因此,镇江市应紧抓机遇,采取措施,尽快克服承接服务外包产业的自身弱点,大力发展三大特色服务外包产业。即发展以汽车、船舶产业为主的研发、设计、物流、软件等中国车船服务外包中心,发展以物联网系统解决方案和信息处理为重点的物联网应用外包中心,发展为长三角区域内企业提供供应链管理、ERP系统开发维护等的外包服务中心。这三个中心之间相互配合,共同形成镇江服务外包的特色和驱动力。其关系可描述为:汽车、船舶企业提出物联网应用以及供应链与物流方面的外包要求;物联网应用企业响应车船企业、供应链与物流企业的外包要求;供应链与物流企业响应车船企业的外包要求,同时提出物联网应用的外包要求。此外,为了保障上述特色服务外包的健康发展,还必须积极引进高端人才,有计划地培育

服务外包品牌和龙头企业等。

（三）"十三五"后期实施 SO 增长型战略

"十三五"后期镇江市承接服务外包的战略应及时从扭转型战略调整为增长型战略。增长型战略是一种内部优势与外部机会相结合的战略。随着WO 战略的实施,镇江市基于物联网的服务外包已具备了一定的优势,具有镇江特色的三大服务外包也已具备了一定的竞争优势,物联网产业基础雄厚,加之镇江商务成本相对较低,发展基于物联网的服务外包的优势凸显。同时,"十三五"后期物联网产业前景依然看好。因此,镇江可以实施增长型战略,加快基于物联网的服务外包的发展。

第四节　扭转型战略的实施路径与阶段性任务

扭转型战略的实施路径主要包括产业路径、品牌路径和国际合作路径。每种路径的重点不同,但不同路径之间的协同配合是镇江实施扭转型战略的关键。在战略实施的不同阶段,其重点任务也有所不同。

一、实施扭转型战略的关键路径

（一）产业路径

产业路径即选择重点产业,重点突破,打造核心竞争力。镇江为三线城市,在国内外的影响力相对有限,不适合模仿北京、上海等将其定位为服务外包产业的"合同中心型"城市。但镇江拥有具备特定竞争优势的汽车和船舶制造、物流运营等,还具有成本、物联网产业基础和基础设施等方面的优势,因此,在重点产业选择方面,可发展 3 个智能外包中心:

◆ 物联网应用外包中心,以物联网系统解决方案和智能信息处理为着重点,结合"智慧镇江"的概念,发展智慧旅游、智能医疗、智能电网、智能交通等外包服务。

◆ 智能供应链管理[①]和智能物流运营中心,为企业提供供应链管理、智能物流管理、智能 ERP 系统开发与维护服务。

---

① 智能供应链管理,是指对供应链上的制造商、批发商、运输商、零售商所产生的产品流、资金流、信息流进行分析,实现企业对供应链信息流的快速最优决策。物联网的出现使企业供应链管理出现以下变化:a. 信息同步化;b. 管理过程优化,企业供应链的管理由物—人—物的模式转变为物—物模式;c. 供应链可视化;d. 网络无缝化(陈利 等,2011)。智能物流系统以信息流动为主线,综合运用现代物流技术、信息技术、自动化技术、信息集成技术、物流活动、物流制品、物流资源和物流规范有机集成并优化运行的物流服务体系。智能物流系统综合运用 RFID 技术、无线通信技术、GPS 技术、GIS 技术、数据处理技术等相关技术和理论,在一个高度耦合的环境中对收集的信息进行综合处理和分析,建立高效、准确的物流控制管理系统。

◆ 智能车船服务外包中心,围绕新能源汽车和船舶产业发展研发、智能车船系统设计、智能车船物流、嵌入式软件等外包业务。

镇江应在上述 3 个特色产业领域,进行重点发展,重点突破。

1. 立足镇江物联网应用基础,发展物联网应用服务外包

镇江在智慧旅游、智能医疗、智能交通、智能电网、智能安防等物联网应用方面具有特色优势,要增加在智慧旅游方面的投入,扩大"畅游镇江"呼叫中心的业务规模,促进镇江智慧旅游外包的快速发展。在物联网应用外包方面,着力培育重点物联网外包企业,通过项目支持和资金支持等,推动更多的镇江物联网服务外包企业上市。配合江苏发展物联网的进度,争取成为江苏省内物联网应用的重点城市,取得更多的政策支持。

2. 依托镇江供应链管理和物流运营方面的良好基础,发展智能供应链管理和智能物流运营业

镇江地理位置优越,交通通信基础设施完备,适宜发展物流产业。国务院批准的《长江三角洲地区区域发展规划》中镇江被定位为区域物流中心。2005—2008 年,镇江市物流业增加值由 42.2 亿元增加至 65.18 亿元,增速持续超过服务业增加值和 GDP 增速,物流业占服务业的比重超过 14%。镇江市已建和正在筹建多个大型物流基地,有良好的物流业务基础,例如金山物流园、大港综合物流基地、惠龙港国际钢铁物流基地、中储粮镇江粮油物流基地、二重重大技术装备物流基地。一方面,镇江市应在目前良好的物流基础上,积极引入大型物流龙头企业,依托身处长三角核心位置的地理优势和丹阳眼镜市场等专业市场优势,重点发展基于物联网信息技术、智能采购、智能物流的智能供应链管理服务产业,积极扩展其他智能供应链管理外包业务,打造国内智能供应链管理与智能物流运营中心。另一方面,对具有较强竞争力的企业进行定向营销、事件营销、体验式营销与传统多媒体营销相结合的方式,打造具有镇江特色的品牌物联网服务外包。运用政府公关手段,大力宣传镇江市在物联网应用服务外包、智能供应链管理与智能物流、智能车船服务外包等方面的优势和政策,逐步在上述重点产业培育品牌企业,放大其在国内外的影响力。

3. 依托镇江车船制造业基础,发展智能车船服务外包

镇江市在汽车和船舶等方面拥有比较优势,是江苏省政府确定的内河船舶产学研基地,拥有世界五百强之一的锚链生产基地。在船舶外包领域,镇江已集聚了 20 多家企业。

汽车产业是镇江重要产业之一,截至 2012 年底全市拥有规模以上汽车及零部件企业 250 多家,从业人员 4 万多人,实现销售 200 亿元以上。北京汽车集团华东基地落户镇江,项目总投资 120 亿元,占地 3 270 亩,一期工程

主要生产 SUV、MPV、轻型客车,规划产能 15 万辆/年;二期工程生产轿车、新能源汽车及汽车发动机、底盘等关键零部件。产业基地两期总产能规划超过 30 万辆/年。总体来说,镇江车船业具有良好的基础。车船服务外包的产业链应包括从最核心的发动机系统研发、电池研发、动力系统研发等 KPO 为主的外包业务,到生产管理、销售、物流过程的 BPO 和 ITO 为主的外包业务,再到售后维护、保养过程的外包业务。镇江应依托现有产业基础优势,挖掘潜力,创新模式,做大智能车船服务外包。在智能车船服务外包方面,由行业主管部门牵头,成立智能船舶外包联盟、智能汽车企业外包联盟等,在发展初期,以资金扶持等方式提升上述产业的影响力,鼓励现有国际汽车及零部件企业将智能生产管理业务和智能动力系统研发等业务外包给镇江专业服务供应商,打造镇江特色品牌。

(二)品牌路径

发包方在选择接包方时,往往依据"先选择国家,再选择城市,最后选择企业"的原则。因此,镇江要努力在镇江城市品牌和产品品牌两方面做工作。

1. 加大镇江城市品牌推广力度,提升城市知名度

大力提升镇江的知名度可采取以下 5 方面的行动:

(1)紧密配合江苏省,一起打造"江苏外包"。镇江可紧密配合江苏省商务厅的工作,一起参与到"江苏外包"概念的建设中,同时寻求机会,嵌入"镇江外包"的宣传推广。配合工作包括合作共建网站,进行频道共享。投入人力、财力合作组织举办峰会,承担部分安排接待工作等,部分会议争取开设镇江分会场。

(2)营造宜居环境,增强城市吸引力。投资者对于一个城市的第一印象往往由城市管理中的细节决定。镇江可通过企业家座谈会,中介机构调研,开展"外国人看镇江"、"外地人看镇江"等活动了解城市管理中的不足之处,及时加以调整与改进。通过优化和完善城市管理,进一步提升发展服务外包的条件,为服务外包的招商引资创造良好的大环境。要打造镇江的宜居环境,加强以下几项工作:一是加强城市和谐管理。在已建成国家卫生城市和争创全国文明城市的基础上,配合打造令人向往的"山水花园城市"的进程,将镇江建设得更宜居、更舒适。二是鼓励创业,增强创业气氛。可以通过发布相关鼓励政策,在城市内营造浓厚的鼓励创业气氛。通过创业带动就业,通过创业促进服务外包;浓厚的创业气氛,有助于增强城市的活力,打造积极向上、努力奋进的人文氛围。三是加强文化及休闲产业建设。通过加强旅游休闲产业建设,丰富居民的娱乐和业余生活,创造更多的就业机会,使得服务外包产业所吸引来的科技类人才有更多旅游休闲的选择,从而

喜欢镇江,愿意留在镇江。

(3)聘请专业公关公司进行创新营销。品牌营销方式可以分为传统营销方式和创新型营销方式①。传统营销一般是"广告主＋单一宣传媒介"的方式,例如投放平面广告、电视广告、网络广告等。传统营销方式,通过重复的出现可以在短时间内提升知名度。而创新营销方式如果应用得好,可以相对低廉的成本,获得更多的关注,从而取得更好的营销效果。因此,镇江可聘请专业机构设计整体推广方案,尤其是可采用创新营销的方式,一方面使得镇江在短时间内提升知名度,另一方面使镇江可在较长时间成为人们关注的焦点。近期,镇江在中央电视台推出了"镇江,一个让您吃醋的地方"广告词,有一定的特色,应当继续扩大宣传面,力促产生更大的影响力。

(4)针对不同客户群体进行定向营销。根据镇江的目标客户不同,采用有针对性的推广方式。由于目标客户的文化、语种的差异性,因此可考虑用差异化的语言、沟通方式等分别进行定向营销。

(5)设计制作专业的招商材料。用于向客户推介的招商材料包括招商手册、规划图纸、展示沙盘、展示视频等。招商材料是展现城市商务能力、体现城市品牌形象和宣传城市投资环境的极好手段,在招商工作中有重要的作用。招商材料的制作应该突出职业化和国际化的形象。职业化体现在材料的内容规范、形式专业;国际化体现在外语翻译地道、发音标准、具备国际化视野等。建议镇江结合城市品牌推广,聘请专业咨询公司或业界资深人士进行系统化规划和准备。在重要场合,可安排对行业理解深刻且表达能力良好的人士进行介绍。

2. 大力培育龙头企业,打造服务外包品牌

任何成功的跨国公司都拥有著名的国际品牌,通过品牌效应带动自身的发展。品牌是企业产品质量、特征、性能、用途等的概括,凝聚企业的风格、精神和信誉。当消费者接触品牌时,这些内容便迅速在头脑中反映出来,从这一方面上来讲,品牌效益还代表企业的市场。目前,在物联网服务外包业方面,镇江市相关企业承接的大多是数额较小的订单,而零散的小订单只能满足发展初期的需要。为了承接更多的基于物联网的服务外包业务,必须大力培育龙头企业,实施企业品牌战略。

(1)立足具有优势产业的龙头企业,培育品牌。在物联网应用外包方面,重点培育知名企业,打造企业品牌。通过补贴支持、宣传推广等多种方

---

① 与传统营销方式不同,创新营销会整合更多的资源,形成立体的营销效果,一般受到关注的时间也会比传统的方式要长很多。比较典型的创新营销方式包括事件营销、体验式营销、病毒式营销等。

式,争取在物联网外包领域培育出上市公司。在智能供应链管理和智能物流外包产业方面,重点培育宝华物流、惠龙国际钢铁物流和丹阳滨江物流等具有一定实力的物流企业,重点发展基于信息技术、智能采购、智能物流等供应链管理服务;围绕供应链和物流行业,还可以扩展人力资源管理、市场营销、客户服务、呼叫中心等供应链管理外包业务,形成长三角地区智能供应链管理和智能物流中心,进而向国际市场扩展。在智能车船外包方面,充分利用本地的船舶和企业产业基础,重点发展智能发动机、智能动力控制系统研发等 KPO 外包业务和智能生产管理、智能物流过程等 BPO 和 ITO 外包业务,扩展售后维护、智能反馈等外包业务,逐步打造核心业务企业。

(2)立足具有镇江特色产业的重点企业,进行品牌营销。可以聘请专业机构来设计整体推广方案,采取包括多媒体营销和事件营销、体验式营销相结合的方式,以获得更好的营销效果,帮助镇江特色产业中的重点企业短时间内提升知名度;也可以借鉴国外企业推广品牌的方式,向不同的目标客户采取不同的推广策略。

(三)国际合作路径

1. 与跨国公司开展合作获得国际经验

物联网背景下承接国际服务外包对企业技术、人员素质以及管理水平等方面均提出了更高的要求。就镇江目前的服务外包业来看,真正有能力独立承接离岸物联网服务外包的企业相对较少,要想发展物联网服务外包,首先需要积极引进知名的跨国公司,通过与之合作承接离岸外包,从最基本的工作做起,不断向高端延伸,在过程中学习,不断集聚发展的能力,最后向国际市场进军。目前,国内重要的服务外包基地城市大都采用这种模式,例如大连 IT 外包发展壮大的一个重要经验就是注重招商引资、走国际化发展道路。近年来镇江市开始重视这项工作,并取得初步成效,如荣获"中国最具成长性物流企业"称号的宝华物流,吸引德国巴斯夫、美国陶氏化学等一大批国际知名化工企业与之建立了合作关系,取得了较好的成绩。

2. 充分利用已有的对外贸易渠道和资源

物联网服务外包是互联网背景下服务外包业的更高端、更智能化的发展,而互联网下服务业的转移某种意义上是跨国公司制造业转移的延续,从承接加工到承接服务,物联网服务外包的要求更高,但二者有共同的产业基础,实现承接加工到承接服务的转型相对容易。例如,某企业承接了某个跨国公司产品代加工业务,并且已经进行了长期合作,如果该企业能够把握这个公司在物联网下外包业务范围扩大的机遇,适时转型,扩大合作,扩展业务范围,提高承接能力,很可能承接到该公司物联网服务外包的业务。

3. 与国外同行业大型企业建立联盟

在物联网应用服务外包、智能供应链管理与智能物流运营和智能车船外包等镇江特色产业领域成立企业联盟，支持跨国行业联盟，增强镇江特色产业与国外同行的交流协作，全方位推动镇江市特色物联网服务外包的发展。

4. 提升国际化服务能力

目前镇江在国际化服务方面还有欠缺，因此，在加强城市建设的同时，应增加国际化的考虑和服务，主动规划国际化居住社区，设立更多的"双语"学校，引入欧美、日韩等国家的餐饮等，逐渐形成国际化氛围。

二、实施扭转型战略的阶段性任务

"十二五"后期至"十三五"中期，镇江市实施扭转型战略。根据先易后难、循序渐进的原则，扭转型战略的实施步骤可分为 3 个阶段。

(一)第一阶段的发展内容

第一阶段是镇江市"十二五"后期阶段，为规避镇江市自身劣势，放大外部环境提供的机遇，应做好以下几方面的工作。

1. 加强有关物联网服务外包的宣传

针对镇江外包企业对物联网能给服务外包带来的机遇认识不足，或者有些企业已经涉及物联网相关服务外包业，但是企业管理者并没有意识到该业务的重要性，镇江市应适时召开物联网服务外包会议，向外包企业宣传物联网等新兴概念及物联网产业对服务外包企业的影响。通过相关宣传文件的学习，让企业经营者真正理解承接物联网服务外包有利于企业占领新一轮制高点的战略意义，从而重视发展物联网服务外包，培育镇江新的经济增长点。通过采用"示范点"的方式，重点引导镇江市车船服务外包企业、供应链管理与物流企业进军物联网产业，例如智能家居、智能楼宇、3G 业务开发、智能供应链管理、嵌入式软件、IC 设计、智能物流等领域。目前，镇江市正在加快物联网的应用和推广，在智能医护、智能家居等领域率先推广应用。下一步要在一些应用领域，例如智能交通、环境监测等方面优先向服务外包企业开放，以形成示范效应，促进服务外包企业做大做强。

2. 组建物联网背景下镇江承接国际服务外包的研发团队

针对镇江目前还没有广泛深入开展物联网背景下承接国际服务外包的研究，为及时抓住物联网与服务外包良好的发展机遇，镇江可成立若干针对物联网、服务外包的研究团队，由镇江市职能部门牵头，吸纳江苏大学、江苏科技大学等已开展物联网与服务外包研究的教授以及物联网服务外包企业中的高层领导联合成立研发团队，开展政府、学界、企业联合研发活动，围绕镇江的特色产业和区域情况，有针对性开展镇江承接物联网服务外包专题研究，以抢占市场先机。

3. 有针对性地做好人才培养与引进工作

（1）树立"人才先于产业"的发展理念，转变思路和视角，从习惯于通过物质资本引导和拉动产业发展，转型到以人才战略引领企业和产业发展的思路上来，构建人才培养与产业发展之间的互动双赢模式。

（2）制定人才培养和引进的政策，从培训政策、补贴政策等入手，例如对企业培训给予补贴，建设紧缺人才住房保障体系，落户补贴政策等。

（3）加快驻镇江高校的物联网服务外包相关学科建设。镇江物联网服务外包企业可与江苏大学等高校建立合作关系，由政府引导江苏大学等重点高校设立物联网服务外包专业，为该专业制定全新的教学大纲和教学计划，培养物联网背景下镇江市承接国际服务外包的管理人才和专业技术人员。镇江技师学院、镇江高等专科学校应充分利用省、市提供的补贴政策，立足镇江本地，培养一线的物联网服务外包人才。

（4）依托驻镇高校的重点学科优势，例如江苏科技大学的船舶设计专业优势，重点培育智能船舶外包所需要的专业人才和复合人才。

4. 建立物联网服务外包实验区

物联网产业目前处于新兴发展状态，发展前景广阔，要重视和整合镇江市已经开展物联网服务外包业的惠通集团、云神科技、中煤电子等 10 多家企业的服务外包优势资源，强强联合，在此基础上形成基于物联网、云计算核心技术的服务外包实验区，有利于镇江市服务外包企业之间形成物联网应用外包、智能物流与供应链管理和智能车船外包的优势。

对镇江的特色产业要进行政策重点扶持。在物联网产业中重点扶持传感器研发制造企业、传感器嵌入式软件企业、RFID 研发制造企业、无线传感网服务提供商；在服务外包产业上，重点扶持承接传感信息外包业务的企业，系统应用、基础技术服务等信息技术外包企业，供应链管理类的业务流程企业和数据挖掘类等的知识管理外包企业，推动镇江特色产业向优势产业发展。

5. 加大招商引资力度

镇江应充分应用成本领先优势，针对特色产业——物联网应用外包、智能供应链管理与智能物流和智能车船外包，吸引国内外的物联网服务外包企业向镇江转移，推动特色产业快速形成产业规模，进而促进产业间的集聚发展和良性协调发展，打造镇江市服务外包的长远竞争力。在这个过程中尤其要加大以下几类企业的招商力度：国内的智能车船服务外包、物联网应用外包、智能供应链管理和智能物流的领军企业；国际及国内服务外包 100 强中符合镇江产业定位的企业；各类工业设计型的企业。

6. 主动对接上海自贸区带来的服务外包发展机遇

对中国刚刚兴起的物联网产业而言,上海自贸区的建设同样影响深远。上海自贸区建立后,将大大提升转口功能和物流功能,吸引大量高端制造、加工、贸易、仓储物流企业落户,随之而来的海关吞吐量以及物流运输、仓储管理、人员管理、场景监管需求等,都将为物联网产业提供海量的应用需求。目前上海自贸区在物流环节监控及其物联网领域的建设不足以达到自贸区开放后的预期要求,镇江在射频识别(RFID)、二维码、无线通信技术、地理信息服务等信息化领域有优势的物联网公司,要紧抓机遇,争取率先从自贸区建设中获得巨大的商机。

(二) 第二阶段的发展内容

第二阶段为"十三五"初期阶段。镇江市在物联网背景下服务外包发展的劣势在第二阶段已经逐步减弱,这时应继续加大扭转型战略的实施力度。具体应做好以下几方面工作。

1. 加大对镇江市物联网服务外包龙头企业的宣传推广

综合应用传统的多媒体模式和新兴营销手段,在国内专业媒体、网站上加大对典型企业的宣传,以增强其在同行业、国内外的影响力。

2. 在物联网服务外包产业实验区的基础上建设镇江市物联网服务外包产业园区

通过建立镇江市物联网服务外包产业园区,进一步加强服务外包与物联网产业的深度融合和集聚,降低公共设施成本,加强产业链上下游企业之间的联系,从而促进技术溢出效应,形成相互促进的互动发展。

3. 鼓励扶持镇江特色产业内的物联网服务外包企业上市

重点扶持特色产业内的物联网应用外包企业、智能供应链管理与物流运营企业、智能车船企业上市,争取成为物联网应用示范城市,提升镇江特色产业在同行业的认知程度。

(三) 第三阶段的发展内容

该阶段定位于"十三五"中期,随着前两个阶段扭转战略的实施,镇江市在物联网背景下发展服务外包的劣势进一步减弱,产业竞争力得到提升,但还没有进入实施 SO 战略阶段。这一阶段应重点做好以下几方面的工作。

1. 面向国内外市场,加大品牌推广宣传力度

通过国内外专业媒体、邀请参与招商大会或其他大型文化活动等方式,继续推广树立镇江品牌。

2. 加强物联网服务外包产业园区的专业化发展

园区通过前面两个阶段的发展渐趋成熟,此阶段应着重加快镇江市物联网与服务外包产业园区的专业化发展。

3. 鼓励有竞争力的服务外包企业对外扩张和兼并

通过技术创新、扩张和兼并，提升龙头企业的核心竞争力。

4. 建立三大领域企业联盟

在镇江市物联网应用外包、智能供应链管理与智能物流和智能车船外包三大领域建立企业联盟，通过资源共享、资源互补等获取持续的竞争优势。

5. 深化研究

由职能部门牵头，组织物联网服务外包企业管理者和该领域的资深专家，提前对战略转型阶段及其实施增长型战略可能面对的问题进行探讨，并做好"十三五"后期镇江市物联网服务外包产业发展规划。

综上所述，扭转型战略分阶段的实施步骤可用表 7-8 进行概括。

表 7-8　扭转型战略的分阶段实施步骤

要点	第一阶段	第二阶段	第三阶段
宣传推广	召开物联网服务外包大会，引导企业进军物联网服务外包业	加大对镇江特色产业内的服务外包企业的宣传推广	面向国内外市场加大品牌推广宣传力度
人力资源	有针对性地做好人才培养与引进工作	加大补贴实施力度，根据镇江特色产业业务扩展维系一批高素质人才	吸引大批优秀的高素质人才入驻
重点产业重点扶持	重点关注镇江市物联网应用外包、智能供应链管理与智能物流、智能车船外包这 3 个镇江特色产业中的物联网服务外包企业	鼓励扶持特色产业内的物联网服务外包企业上市，提升镇江特色产业在同行业的认知程度	鼓励特色产业的物联网服务外包企业对外扩张和兼并，扩大国际影响力
园区建设	建立物联网服务外包实验区	建设物联网与服务外包产业园区	加强物联网和服务外包产业园区的精细化发展
招商引资	建立有针对性的招商引资团队，设定招商目标和考核激励制度	针对镇江 3 个特色领域中的物联网服务外包产业，紧抓物联网服务外包国内外的龙头企业进行招商引资，快速形成产业规模	在物联网应用外包、智能供应链管理与智能物流、智能车船外包三大领域，镇江市外包企业与国内外大型物联网服务外包企业建立战略联盟

第五节　促进镇江市承接物联网服务外包的保障体系

为促进物联网背景下镇江市服务外包产业快速发展,必须构建立体化的保障体系,包括组织保障、政策保障、载体保障、规划保障、要素保障5个方面。

一、组织保障

为保障物联网背景下镇江市服务外包各阶段发展目标的实现,需要协调各方面资源,提供完善的战略保障,包括市级层面的组织保障、园区层面的服务机构。

（一）成立服务外包工作领导小组

强有力的组织保障是有效落实战略规划的重要因素。该组织体系必须能让高层决策者及时了解产业发展最新情况,能够及时调动相关政府部门资源,群策群力参与到服务外包工作中。建议设立"镇江市服务外包工作领导小组"承担组织保障职能,负责制定发展战略和政策,由市领导任组长,商务、发改、经信、科技、人社、教育、财政等相关部门领导为成员;领导小组下设办公室,由商务部门负责统筹协调管理。

（二）优化园区的社会组织结构

转变政府职能,精简机构,用人机制向市场化方向发展,是镇江开发园区的发展方向。剥离园区管委会部分职能,科学分离目前园区管委会的职能,是镇江未来承接更多服务外包的客观需求。按照"小政府、大社会"的改革趋势,园区管委会主要负责园区的整体规划、基础设施投资以及构建公共服务平台等社会管理任务;在资产管理方面,成立园区资产运营管理公司,进行企业化运作,为园区内的企业提供服务;在运营管理方面,成立园区运营管理公司,整合多种资源,不仅为企业提供物业、基本生活配套等基础服务,还可以为企业提供落户、行政手续代办、员工文化生活建设等商务和综合服务,为企业经营管理提供综合解决方案。另外,鼓励社会力量构建镇江市物联网服务外包信息服务平台网站,为服务外包企业提供信息服务、技术支撑服务、市场开拓服务、知识产权服务、公共诚信评价服务、企业/园区交流和法律服务等。

二、政策保障

根据镇江市物联网服务外包发展现状和未来发展需求,构建完善的资金扶持政策、产业扶持政策、知识产权政策等政策保障体系,是镇江发展物联网服务外包的重点。

（一）完善针对服务外包企业的资金政策和融资渠道

为服务外包企业提供各类政策性资金，对于促进镇江市物联网服务外包的发展意义重大。政策性资金是指各级政府对于服务外包企业的扶持资金，包括落户奖励、资质认证补贴、员工培训补贴等。由于服务外包企业大多注册资金在几百万到几千万，规模不大，政策性资金支持对于服务外包企业有很重要的意义。对于政策性资金，镇江市应做好三方面的工作。

1. 加强扶持政策的宣传力度

通过各种途径，加强服务外包产业政策的宣传力度，建立镇江市服务外包门户网站，及时公布相关的扶持政策以及申报时间和流程等，鼓励各园区协助企业进行申报。

2. 努力做到政策性资金的及时足额发放

企业申领各级政府的政策性资金，如果支持的效率不高，发放不及时，将影响投资者的信心和企业对市场的及时响应。因此，要协调好政策性资金的来源机构，包括中央、省、市等各级财政，争取做到政策性资金的及时足额发放，为企业提供好政策服务。

3. 发挥政府投资的引导作用

镇江可通过政府牵头投入资金，吸引其他金融机构和民间资本设立股权投资机构，活跃资本投资市场。可以先设立镇江投资集团公司，下设建设公司和投资公司。投资公司可对一些有前途的企业进行独立投资或联合投资，也可与外界资本联合成立专门的产业投资机构，针对细分产业进行投资。政府资本的介入，一方面起到产业引导作用，帮助需要重点扶持的企业度过早期发展的资金困难，并协助企业寻找战略投资者；另一方面增强外来投资机构和外来企业的发展信心，同时，也是政府通过持股获取投资收益回报的一种方式。政府资本可引导各类金融机构、投资机构和民营资本针对服务外包企业的特殊性开发新贷款方式，支持前景好、潜力大、能形成完整产业链的服务外包项目的发展。

（二）细化产业和企业的扶持政策

在现有政策的基础上，应加强或新设立以下的产业引进和扶持政策。

1. 针对龙头企业引进培育的扶持政策

针对一定规模以上的龙头企业，可采用合资合作的模式与龙头企业进行共建，即政府通过直接投资、合资、入股等方式，与龙头企业在镇江共同设立公司，增强龙头企业的信心。建立重点企业联系机制，明确专人进行跟踪服务；在符合规划的前提下，与企业共同进行企业总部大楼的设计和建设；根据企业规模，提供一定的免费办公场地或租金补贴；根据入驻企业的人才数量，提供一定的免费住房或租房补贴等。

2. 针对不同行业的专门鼓励政策

针对车船、物联网、物流、软件、互联网服务、数字内容（动漫游戏）等不同行业的差异化特点，出台专门的鼓励政策。例如，针对数字内容行业，可以在知识产权登记和保护、传媒宣传等方面给予一定的政策支持等。

3. 针对企业特定活动的鼓励政策

通过政策引导，鼓励现有企业将研发部门、设计部门剥离出来，单独成立公司来运作。企业要做大做强，需要得到客户和行业内的更多认可，应鼓励有条件的服务外包企业申请 ISO9000、CMMI 等的系列国际资质认证，并根据企业成长情况，给予一定补助，增强企业竞争力。

4. 争取享受国家级服务外包示范城市的政策

国家为推动 21 个服务外包示范城市的发展，专门为这些城市的企业提供了税收、进出口和人才等方面的优惠政策。对照国家级服务外包示范城市创建标准，镇江市应该加速推进服务外包各项工作进程，争取早日争创成功国家级服务外包示范城市，以便享受更多更好的优惠政策。

（三）完善知识产权政策

服务外包正逐渐往高端发展，发包方对于知识产权的保护也愈发重视。因此，镇江也急需建立专门针对服务外包的知识产权保护政策，营造重视和保护知识产权的氛围，打消发包方和接包方的顾虑，获得更多知识密集型的外包业务。具体可考虑推出和强化以下政策。

1. 加大知识产权宣传力度

由镇江市知识产权保护相关机构或服务外包行业协会牵头，一年一次或两年一次，制作推出《服务外包知识产权保护白皮书》和《服务外包知识产权保护注意事项》宣传单页，同时整理相关知识产权信息和常见问题，配以相关法律和案例说明，对个人和企业进行发放，从企业层面和员工层面深入普及知识产权保护的知识，提升企业和员工的重视程度，并考虑和安排在企业申请服务外包资质或雇员申请职称资质时，进行知识产权方面的考核。

2. 整合相关资源提供法律服务

镇江市各有关部门和机构要整合知识产权、劳动保障等方面的法律人士和资源，为服务外包等企业优惠提供良好的法律顾问服务。同时加快完善和建设"知识产权公共服务平台"，定期组织开展知识产权方面的讲座和咨询服务，普及知识产权教育，对服务外包企业可能遇到的知识产权纠纷进行预警。

3. 鼓励企业通过信息安全认证

各类服务外包企业通过 ISO/IEC 27001 等信息安全认证是一项很重要的基础工作。ISO/IEC 27001 是国际标准组织（ISO）为了促进企业信息安全管理、减少商业风险和增强企业互信的一个体系标准。对于具备一定实力,可承接国内外大型外包业务的企业,鼓励其进行信息安全认证,同时邀请有实力的认证机构,加强对中小外包企业信息安全管理体系的培训。

4. 建立专门的知识产权仲裁机构

建立涉外知识产权仲裁机构,一方面体现对知识产权的重视程度,另一方面对发生知识产权的纠纷可进行快速处理。

三、载体保障

镇江服务外包产业载体面积预计2015年超过250万平方米,2020年达到500万平方米。载体建设对推进服务外包产业爆发式增长十分重要,如何建设和怎样建设必须与时俱进。

(一)鼓励采用多主体发展模式建设新增载体

多主体发展模式,即"政府投入＋发展商投入＋外包企业自建"并行。如果以市政府、区政府和国有企业为主,有利于园区开发与城区建设并举;如果由发展商主导,引入成熟的示范园区开发商、专业的园区发展商,通过独资、合资、合作等方式进行建设,有利于提高建设效率;如果由龙头型外包服务企业自建,主要以自用及联盟合作伙伴使用为主,有利于形成产业链上下游企业集聚效应。

(二)丰富载体的建设内容

国内外服务外包园区有四大发展趋势:园区功能由原来纯粹的产业转化为向产业、商业和居住一体化方向发展;园区运营商从单一的物业服务商转向综合解决方案提供商,为企业提供包括企业行政服务、知识产权服务、生活配套服务、教育配套服务等;园区范畴从传统的实体园区,发展到实体园区与虚拟园区的结合,有助于协调解决项目发展与用地矛盾;园区的开发从标准化服务,到标准化与定制化并存。标准化服务是产业拓展的基础,定制化服务则适用于特定行业和个别龙头企业。对带动性强、知名度高的龙头企业,可通过"一对一"营销和提供"定制化办公条件与服务"来争取。基于上述四大发展趋势,镇江服务外包园区在建设配套设施时,需考虑:优化传统的基础设施,如交通、商业生活配套等;增加物联网智能基础设施,如全天候电力保障、信息通讯系统等。

四、规划保障

(一)加强规划引导

及时编制和完善镇江市物联网服务外包发展总体规划,专项规划物联网应用外包、智能供应链管理与智能物流、智能车船外包,以指导未来镇江物联网服务外包的发展。对技术先进、优势明显的重大项目,及时纳入镇江市重点项目规划和年度实施计划。对各个阶段的服务外包实施情况进行动态监测和分析评估,并根据实际情况适时修订计划方案,切实发挥规划的引领作用。

（二）落实规划目标

建立健全规划目标责任考核体系和激励机制,细化规划目标任务,明确责任部门,落实时序性的规划任务的完成,定期通报各项目标任务的进展情况,对责任单位完成情况进行督促检查,确保规划目标实现。建立和完善镇江市物联网应用外包、智能供应链管理与智能物流、智能车船外包方面的统计指标体系和统计工作制度,加强统计分析和跟踪监测。

五、要素保障

土地、资本、劳动和企业家阶层是传统的四大要素,信息、技术是 21 世纪经济发展不可或缺的两大新要素。镇江市服务外包的健康发展,离不开上述六大要素的有效供给。为此,要实施积极的人才引进战略,有针对性地引进国内外知名的服务外包企业,促进多种生产要素流入镇江。

（一）实施积极的人才引进战略和培训工作

服务外包产业是知识密集型产业,需要大批知识型人才。据预测,2015年镇江市从事服务外包的人才缺口将达到 2 万人,2020 年人才缺口为 11 万人。

1. 实施积极的人才引进策略

建立服务外包人才住房保障体系,提供人才补贴,例如落户补贴等;在人才的子女教育、文化生活等方面提供便利,采用多种人才引进方式,拓宽人才引进的来源。

对于高级人才,可采用以下引进方式:建立留学生同学会吸引海外人才;与驻外使领馆建立联系,发布高级人才招募政策,把握海内外的高层次人才社团回国考察机会,吸引人才团队;在北京、上海和深圳开展高级人才恳谈和招聘活动,可先期从镇江籍、江苏籍人士开始,重点吸引大型跨国公司的高层在职人才。

对于普通人才,可采用以下引进方式:在华北、华中、西北、西南等地区的高校中重点宣传镇江市良好的服务外包职业环境和未来潜在的职业机会,大力招聘高校毕业生,批量吸引初级人才来镇江。要联合服务外包企业,在国内知名的人才招聘网站,设立镇江招聘专栏。在已经到镇江工作的外地人才中,可以选拔若干有代表性的形象代表,例如来自于东北省份、西北省份、华南省份等,参与到镇江人才招聘的宣传推广中去,提高人才招聘的实效性和影响力。

2. 开展切实可行的人才培训工作

建立"高校＋培训机构＋企业培训"三层次培养体系,鼓励和协调各层次之间的深入合作。鼓励有关机构、企业与高校进行合作等，协调各层次之间的人才培养合作关系。同时力争不断提高人才培训的费用补贴，打造镇江服务外包人才集聚高地，不断开创镇江发展服务外包的新局面。

（二）实施目标招商，引进知名服务外包企业

镇江市的招商目标可按目标地域和目标企业进行划分。在招商目标地域方面，境外可主攻欧美、印度、日韩等重点地区，境内突出上海、北京、广州、深圳、南京等主要的国家级服务外包示范城市，吸引大型服务外包企业到镇江投资。在招商目标企业方面，根据镇江"以三个中心为特色的服务外包高地"的产业定位，重点招入五类企业：国内外的车船服务外包、物联网应用外包、供应链与物流外包的领军企业；国际及国内服务外包100强企业中符合镇江产业定位的企业；知名IT和互联网企业；数字内容开发及应用企业，包括数字出版、动漫游戏、手机应用等；各种类型的工业设计企业。对每一个目标企业，应深入分析其业务需求，有针对性地提出其在镇江发展业务的解决方案。

参考文献

［1］Kamien M I, Li L. Subcontracting, coordination, flexi-bility, and production smoothing in aggregate planning. Management Science, 1990,36(11).

［2］Grover V,Cheon M J. Teng J T C. The effect of service quality and partnership on the outsourcing of information systems functions. Journal of Management Information Systems,1996,12(4).

［3］Bailey W, Masson R, Raeside R. Outsourcing in Edinburgh and the Lothians. European Journal of Purchasing & Supply Management, 2002(03).

［4］Divid L L. Offshore outsourcing: implications for international bisness and strategic management theory and practice. Journal of Mana Qement Studies,2005(5).

［5］Lisa M E, Wendy L T, Corey Billington. Offshore outsourcing of professional services: a transaction cost economics perspective. Journal of Operationgs Management,2008(07).

［6］Martin Falk, Yvonne Wolfmayr. Services and materials outsourcing to low-wage countries and employment: Empirical evidence from EU countries. Structural Change and Economics Dynamics, 2008(06).

［7］Caves. Multinational firms, competition and productivity in host country market. Economica，1974(41).

[8] Findlay. Relative backwardness，foreign direct investment and the transfer of technology：a simple dynamic modle. Quarterly Journal of Economics，VolXCII. ，No. 1，1978.

[9] 李志强，李子慧：《当前全球服务外包的发展趋势与对策》，《研究与探索》，2004 年第 11 期.

[10] 于灵：《经济全球化条件下我国如何把握跨国公司服务外包新机遇》，《辽宁税务高等专科学校学报》，2007 年第 10 期.

[11] 喻美辞：《国际服务外包、技术外溢与承接国技术进步》，《世界经济研究》，2008 年第 9 期.

[12] 井新燕：《我国承接国际服务外包的经济效应分析》，中南大学硕士学位论文，2008 年.

[13] 郑鸿飞，任荣明：《离岸服务外包及中国对策》，《上海管理科学》，2005 年第 2 期.

[14] 赵玉阁：《江苏承接国际服务外包的现状、问题及对策》，《国际经贸》，2009 年第 1 期(上旬刊)，总第 562 期。

[15] 吴群，江心英：《镇江承接国际服务外包的优劣势分析及对策》，《特区经济》，2010 年第 3 期.

[16] 樊世清，等：《论物联网对供应链管理的影响》，《中国经贸导刊》，2009 年第 19 期.

[17] 武明虎，张宇：《试论物联网引入带来的机遇与挑战》，《信息技术》，2010 年第 5 期.

[18] 朱晶晶，姜婧：《物联网环境下的企业发展策略分析》，《中国市场》，2010 年第 19 期.

[19] 黄卫东，岳中刚：《物联网核心技术链演进及其产业政策研究》，《中国人民大学学报》，2011 年第 4 期.

[20] 周建良：《物联网背景下浙江电子商务发展探索》，《企业经济》，2010 年第 11 期.

[21] 张宇：《试析由互联网到物联网的过渡》，《硅谷》，2010 年第 9 期.

[22] Bailey W，Masson R，Raeside R. Outsourcing in Journal of EdinEuropean burgh and the lothians. European Journal of purchasing ＆Supply Management，2002(08).

[23] Grossman G M，Helpman E. Outsourcing in a global economy. NBER Working Paper，2002(01).

[24] 江小娟：《服务全球化与服务外包：现状、趋势及理论分析》，人民出版

社,2008 年.

[25] 刘博文:《江苏省服务外包产业发展战略研究》,江苏大学硕士学位论文,2010 年.

[26] Strassmann P A. Outsourcing: a game for losers. Computer world, 1995,(8).

[27] 科斯:《企业的经济性质》,上海财经大学出版社,2000 年.

[28] Prahalad C K, Gary Hamel. The Core Competence of the Corporation. Havard Business Review, 1990(5~6).

[29] 康利婷:《离岸服务外包的动因及经济效应分析——基于美国和印度的研究》,吉林大学硕士学位论文,2009 年.

[30] Rafiq Dossani. The impact of services offshoring. Asia-Pacific Research Center,Stanford University,USA,2004(10).

[31] Bertolini M,Bottani E,etc. The benefits of RFID and EPC in supply chain: lessons from an Italian. Pilot study, 2010, University of Parna.

[32] 覃正,等:《云计算、物联网背景下服务外包产业的发展政策研究》,《国际贸易》,2011 年第 7 期.

[33] 焉靖文:《物联网将催生千亿元服务外包》,国际商报,2011-6-18(002)版.

[34] 蒋文福:《江苏省承接国际服务外包的策略研究》,江苏大学硕士学位论文,2010 年.

[35] 朱近之:《智慧的云计算》,电子工业出版社,2010 年.

[36] 张金旭,张金社:《物联网中的 RFID 技术》,E-business Journel,2010 年第 10 期.

[37] 樊世清,于泽,郭红军:《论物联网对供应链管理的影响》,《中国经贸导刊》,2009 年第 19 期.

[38] 陈利,等:《基于物联网的智能物流供应链管理研究》,《商品与质量》,2011 年第 5 期.

[39] 陈劲松:《浅谈制造业与物联网技术的融合》,云南省机械工程学会2010 年年会论文集.

[40] 余雷:《基于 RFID 电子标签的物联网物流管理系统》,《微计算机信息》,2005 年第 2 期.